◀仔鹿と狼
▼

▶ガマと宇宙船

◀だんごとるなら
▼

▶ビアンカ

火

▼卵売りと手品師

蛙の臍

◀蛙の臍

そら豆の煮えるまで▶
▼

▼春の忘れ物

◀王様のメガネ　▼

舞台袖から学年劇を見守る著者（1987 年）

岩田健

小学校劇脚本集

指導者の
劇作り入門

渚の姉弟

はじめに

山内慶太

小学校では、学芸会、クラブ活動等で、演劇を行うことは少なくない。これは日本だけのことではなく、たとえば、英国の小学校でも「ドラマ」を重視している学校は多い。しかし、日本では、演劇について専門的な教育を受けた教員は少なく、一握りの熱心な先生を頼りながら、あとは手探りで指導しているのが実際であろう。時には、テレビの流行りの真似事に陥ってしまうこともあるであろう。

演劇を指導しようとする時、まず第一に優れた脚本が必要となる。勿論、新たに作ることも出来るが、本来はそれも多くの優れた脚本に触れてこそ出来ることであろう。大道具、小道具、照明、音楽、生徒への指導についても、どのような点に留意するのか、手引きが必要となる。また、それらを断片的な知識に終わらせないためには、一人の優れた指導者の脚本集を通じて、その演劇の世界を追体験するに限るであろう。しかし、以前に比べ、学校劇の脚本集の出版自体も寂しい状況になってしまっている。

本書は、小学校で演劇を指導しようとする人の一助になることを願って編んだものである。著者は、昭和三十八年、三十九歳の時に、慶應義塾幼稚舎の教諭となってから六十二年に退職するまで工作の授業を担当する傍ら、五、六年生のクラブ活動の演劇部を担当した。そして、演劇部の脚本を書き、部員を指導した。また、学習発表会（学芸会）で、低学年が学年全体で行う劇の脚本を書き、またその他の劇でも大道具の制作を一手に引き受けていた。本書に収めたのは、主にその幼稚舎在任中に書かれた小学生向けの脚本である。

小学校劇の作者としての著者を理解する上で、二点を記しておきたい。

第一に、著者には本書に収められた小学生向けの作品を作る前に、中学生向けの脚本を多く生み出していた時代があることである。

著者の演劇とのつながりは古い。昭和十七年、東京美術学校（今日の東京藝術大学）に入学すると童話劇研究会「緑の丘」で活動した。そして敗戦で学徒動員から復員すると、東京美術学校に演劇部を復活させて演出家芥川比呂志の指導を受けたこともある。また、「緑の丘」を引き継いで主宰した。そして、昭和二十五年に豊島区立雑司ヶ谷中学校の図画工作科の教諭に就任して、板橋区立加賀中学校を経て、幼稚舎に着任するまでの十余年の間、演劇部の顧問として多くの劇を手がけた。また、英語教育の第一人者であった校長の、演劇コンクールに英語劇をとの依頼に応えて英語劇の脚本も毎年のように書いた。そして、演出、装置、衣装、照明と全てを引き受け、生徒と過ごしたのであった。更には、ＮＨＫ教育テレビの中学生向け番組「芸術の窓」の出演、台本執筆、編集委員など幅広く活躍していた。

当時の著者の脚本の多くは、学校劇の脚本集に何度も収録されている。私は改めて多数の脚本集を精査する中で、当時が経済的には未だ貧しい時代ではあったが、青少年にとって精神的には豊かな時代でもあったことを知った。巻末の書誌目録からもわかるように、当時は、童話劇、名作劇、民話劇、歴史劇、生活劇など様々な領域の優れた作品を収めた脚本集が、教育・児童関連の良書を出していた出版社から繰り返し出版されていた。しかもそこには、我が国を代表する著名な作家、劇作家等の名前を何人も見出すことができる。将来の日本を担う少年少女の為に、そして新たな日本の文化の創造の為にと、第一級の作家達も児童劇や学校劇を書いたのであろう。そして、そのような人達の作品と、学校で日々演劇活動の指導にあたる人達によって作り上げられた作品が、互いに呼応するかのように脚本集に収められている。その時代に著者は、中学校劇の世界で精力的に活動していたのである。なお、その作品は、演ずるのが中学生であるだけに、いわゆる名作劇だけでなく、戦争を扱った「蝶になった蟻」、女子生徒の自殺を取り上げた「誰も知らない」をはじめ、根底に平和への希求、繊細な中学生の心への強い優しさが感じられるものが多い。

このような中学校劇での豊富な経験と、社会への厳しい目、子供達への温かな眼差しによって、新たに多くの小学校劇が生まれることになったのであった。

第二に、著者の小学校劇の脚本は、彫刻家としてのあるべき姿と、学校劇作家としての覚醒がまさに融合して生み出されたものであるということである。

著者は、幼稚舎に移ってから六年経った昭和四十四年に中学校時代の脚本をまとめて『岩田健中学校劇脚本集』を私家版で出版した。その冒頭の「ご挨拶」に、当時の葛藤する心境が率直に記されている。

「今、私は慶應義塾幼稚舎で、幸福に工作を教えてい、結局演劇部も引受けています。然し事、演劇に関する限り、中学生相手の時ほど愉しくはないのです。第一私には小学生向けの脚本が書けないのです。将来、中学校の演劇部と巡り合えば、又書く折があるかも知れませんが、今の所、もうその機会が来そうもありません。又、来ては私の彫刻にとって困るのです。」

中学校教員時代の著者は、演劇部の日々に没頭する一方で、管理的な業務も増大し、彫刻に打ち込むことの出来ないもどかしさを持っていたに違いない。そして、幼稚舎に来てようやく彫刻に打ち込めるようになった著者にとって、一時期は演劇は避けるべきものになっていたのかもしれない。当時の著者の葛藤が強く伝わる文章である。

しかし、昼間は学校で子供と接し、夜は彫刻家として自宅のアトリエで制作に没頭する日々の中から、新たに生まれはじめた子供像や母子像が学校劇作家としての姿を呼び覚まし、次第に融合して行ったに違いない。昭和五十五年、毎日新聞社刊『岩田健彫刻集』の「二兎を追うの弁」には、二兎を追える仕合せが記されており、前述のような葛藤を感じとることは出来ない。そしてまた、このような思いの熟成と、東西の神話、天文、生き物など幅広く深い造詣が一つになって、小学校劇の脚本が生み出されて来たのである。

本書の編集のきっかけは、慶應義塾横浜初等部の開設にある。開設準備の時から、教室での授業だけでなく講堂での演劇などの活動にも力を入れたい、そして、将来は、かつての慶應義塾がそうであったように児童文学や学校劇など子供の文化の泉のような存在になりたいものだと考えていた。また、日々の教員諸氏の取り組みの蓄積が大切に保存され次の世代に活かされるような学校でもありたいと考える中で、義塾の先人達の優れた取り組みもまた広く活かされる形で残したいという思いも抱いていた。

そのような中で、中学生時代、岩田先生の演劇部で活動し、幼稚舎では岩田先生の後任として造形科と演劇部を指導した吉岡正紘さんが段ボールに整理されていた演劇部の資料、岩田先生の書き入れのある台本を、主事の近藤由紀彦さんと私で見る機会があった。岩田先生の劇作りの世界を追体験しているような感覚に襲われ、脚本集を出版したいと思い立ったのである。それから三年弱、慶應義塾大学出版会の及川健治さん、大石潤さんの助力を得て、吉岡さんを中心に三人で編集したのが本書である。

私自身、幼稚舎在学中の岩田先生の思い出は多い。遠足で水田の畦道を歩いていた時に、一瞬で蛇を捕まえて見せて下さった時の嬉しそうな表情、高原学校の夜、神話をまじえて星空の解説をして下さった時の姿、しばしば学校からの帰り道、バスに乗らずに目黒駅や渋谷駅まで一緒に歩きながら様々な話をして下さった時の声、工作室で劇の大道具を制作している姿などを思い出す。そして工作の時間には、粘土で何かを作る時に、先生が指先をあててちょっと形を整えて下さった手つき、その後にじっと見つめてから、私達の表情を見てニコッとされた時の温かな眼差しなどが眼前に蘇ってくる。この脚本集を通じて、多くの読者にそのような先生の姿をも感じ取って頂ければ編者としてこれ以上の仕合せはない。

目次

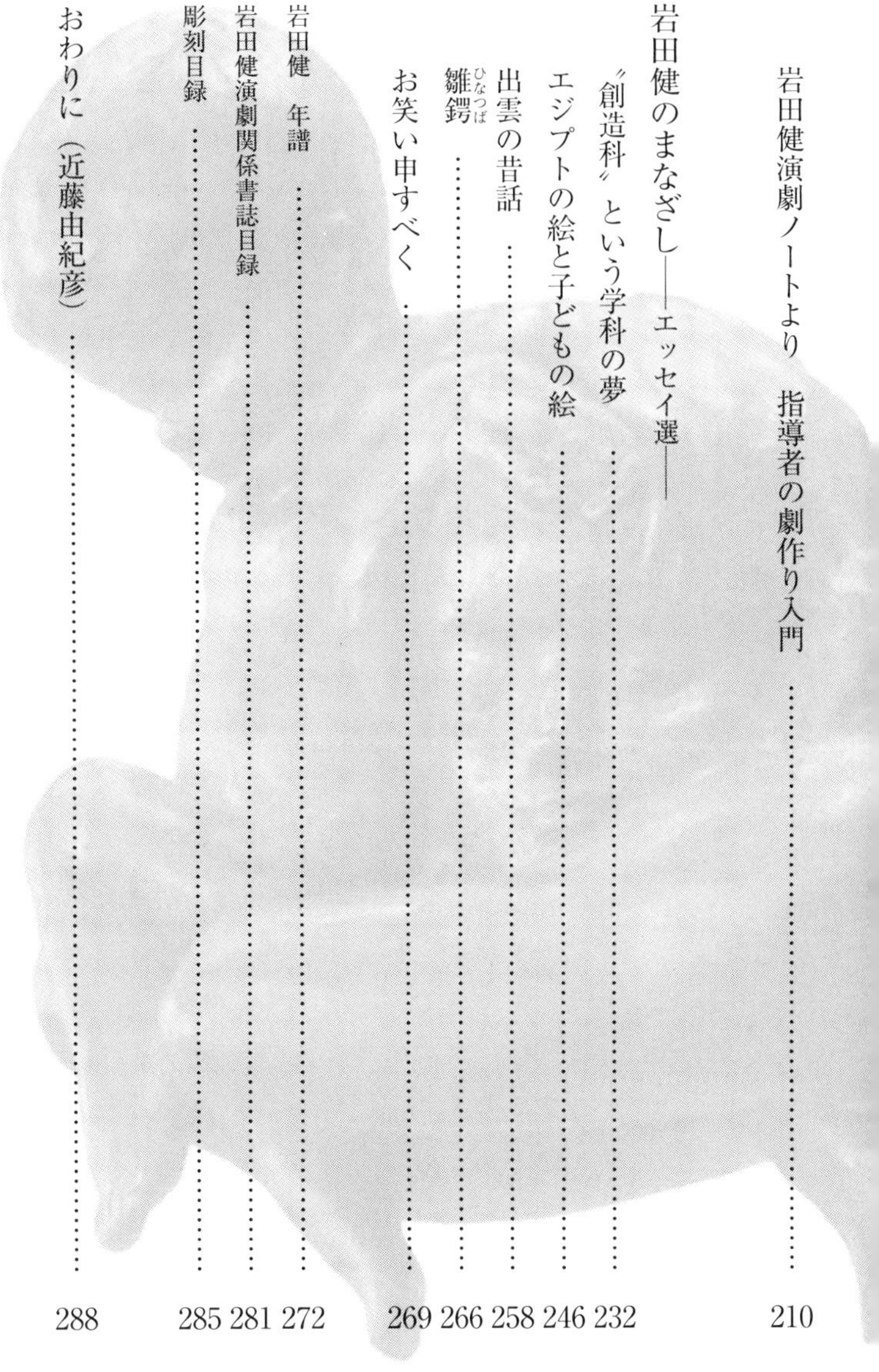

編集にあたって

・本書は学校劇作家としての岩田健による小学校劇脚本を、演劇教育普及のため指導者の実務書となるべく編集した。学校劇の再演では、現場の状況に合わせて初演脚本の一部変更を容認する慣習がある。したがって本書の脚本は著者の生前最後に上演した脚本を底本とし、それ以前の上演時の脚本等も参考に、編者の責任において若干の修正を加えた。
・舞台図に「ＫＥＮ」のサインがあるのは著者の自筆、サインなしは著者が台本に描いた舞台図をもとに編者が加工して完成したものである。
・著者が実際に使用した台本の書き込みを参考資料（①〜⑨）として挿入し、劇作りを追体験できるように工夫した。キャプションは編者によるものである。
・脚本末尾の「演出のポイント」と「舞台装置の注意」は、以下の出版物に発表された著者の解説文をもとにしているが、一部はその後に確認できた著者の改変構想を取り込み、編集したものもある。出典は次の通り。
　「仔鹿と狼」（『みんなの学校劇５年生』ポプラ社、一九八一年）（『イエス・ママ！』晩成書房、二〇〇〇年）
　「ガマと宇宙船」（『新選・たのしい小学校劇中学年下』小峰書店、一九八三年）
　「ビアンカ」（『イエス・ママ！』晩成書房二〇〇〇年）
　「卵売りと手品師」（『イエス・ママ！』晩成書房二〇〇〇年）
・演劇教育の実務書として著者の構想した「指導者の劇作り入門」を収録した。「学校演劇・舞台美術担当者の心得十カ条」は雑誌「演劇と教育」（晩成書房、一九七八年）から転載したもの。これを具体的に解説した「岩田健演劇ノートより」は、著者手書きの演劇ノートをもとに編者が加筆、編集したものである。
・脚本解釈の資料として、美術教諭だった著者が発表した著述から教師の矜持を示すエッセイを選択して「岩田健のまなざし」として収録した。初出は各エッセイ末に記した。
・脚本解釈の資料には、著者の彫刻家としての芸術作品も必携になる。カバーと本文余白数か所に脚本の視点と重なる彫像を掲載した。
・付録として編者による著者の「演劇関係書誌目録」と「年譜」を掲載した。「年譜」は紙面の関係で彫刻作品名についてはほぼ省略してある。

小学校劇脚本集

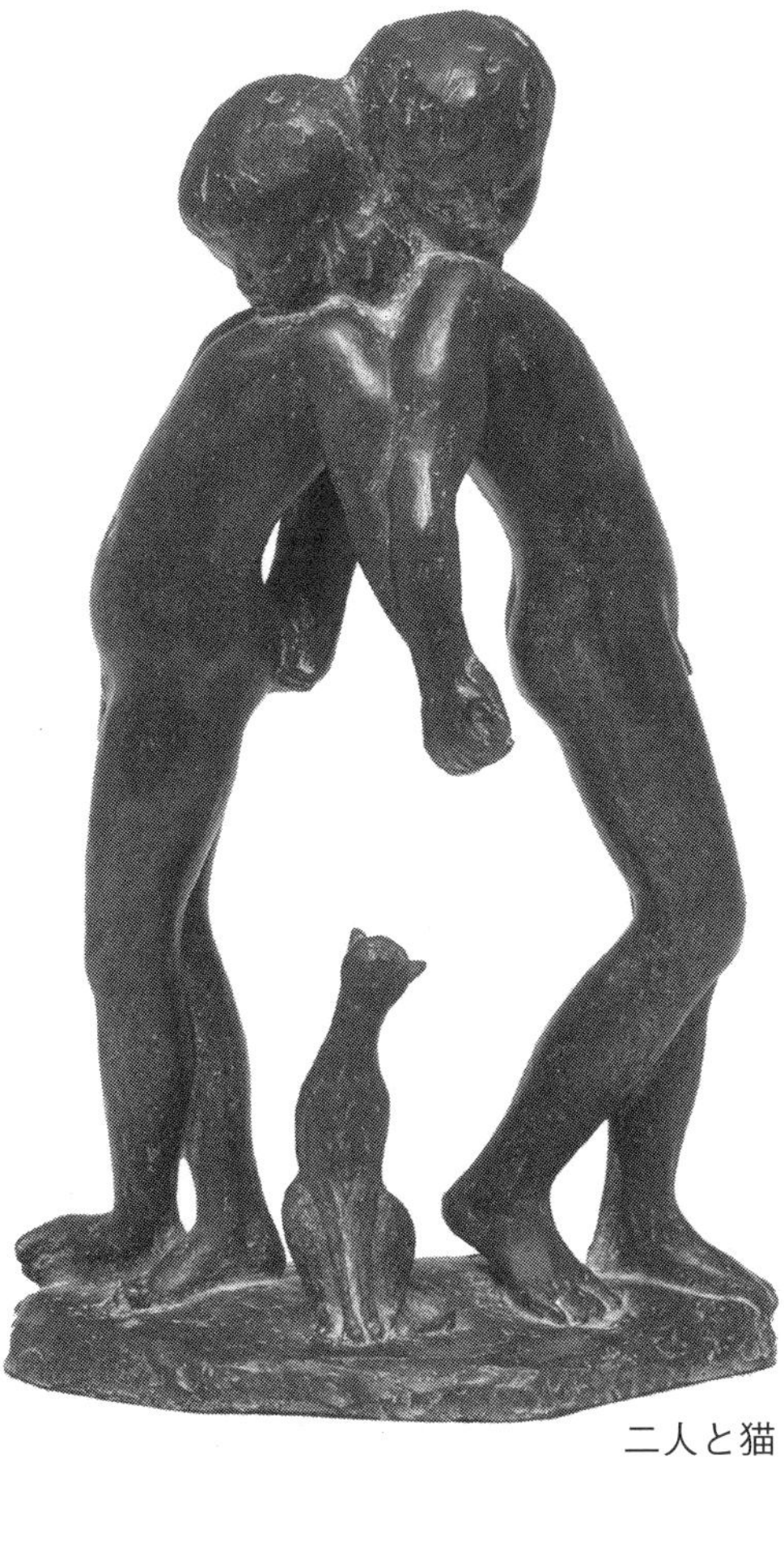

二人と猫

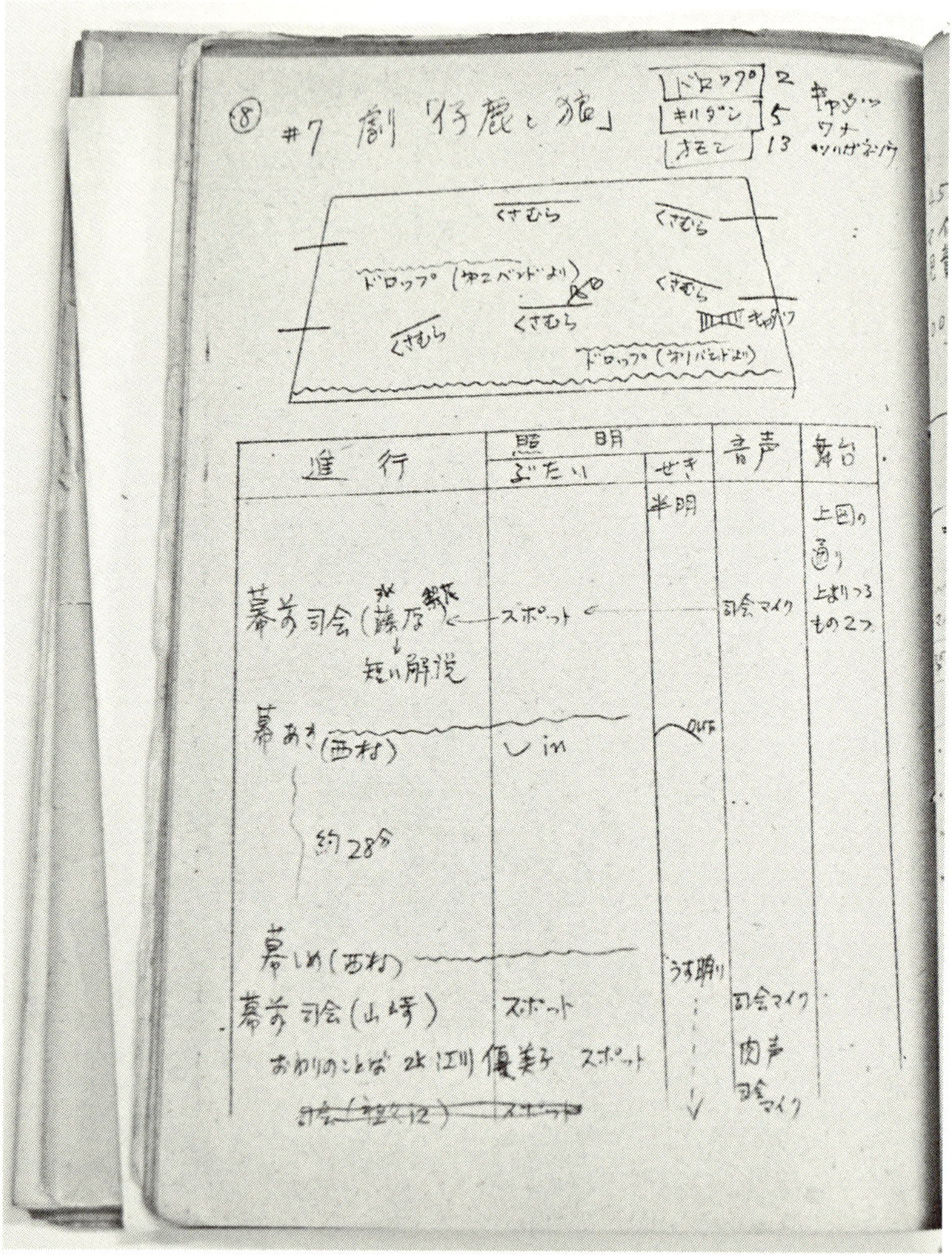

学習発表会での「仔鹿と狼」舞台進行表。舞台平面図にドロップ（＊1）と切り出し（＊2）の配置、片隅にその数と板付きの小道具名を記入。進行欄には司会や幕係の名前と手順及び上演時間を、照明欄はそこに合わせて司会者に当てるライトと客席の明暗指定、音声欄は司会マイクのスイッチタイミングを記入。この劇はフラットな舞台照明なので、劇中の照明指定は記入されていない。（著者手書き資料①）

＊1　写実的に描き込まれた背景幕

＊2　樹木、草むら、お地蔵様など、形に切り抜いたベニヤ板に着彩した人道具

劇　仔鹿と狼《おおかみ》　一幕

舞台　ある森の中　昼下がり

登場人物（12名）

母鹿　猿1
仔鹿　猿2
狼　山羊
母兎　豚
仔兎　狐
栗鼠《りす》　駒鳥

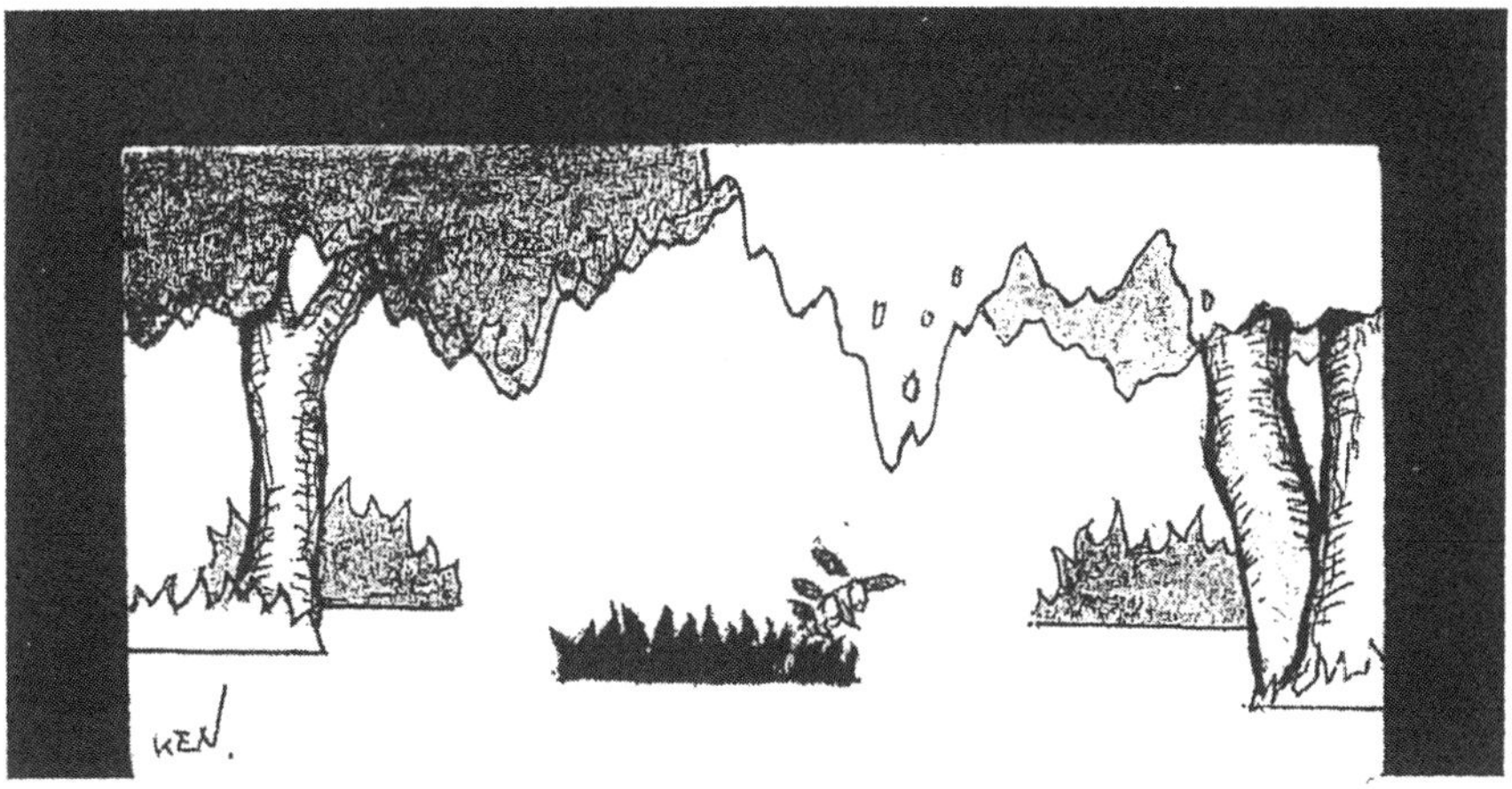

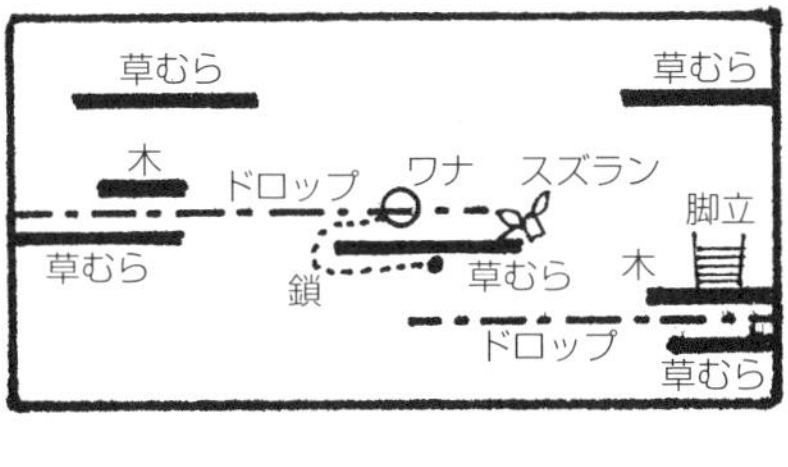

①仔鹿、栗鼠、仔兎、猿1、猿2

仔兎　私は狼…食べちゃうぞ、食べちゃうぞ…。
猿1　兎さん。もっと恐くやれないかなァ。
仔兎　私は狼…。
猿2　だめだめ、そんなの。狼は大きいよ。大きな口、光る目、ピンと立った耳。こんな風に…俺は狼だァ…食っちゃうぞォ…食っちゃうぞォ…。
仔兎　私は狼。…食べちゃうぞ…食べちゃうぞ…。
猿1　よし…そら…。
（一同逃げる。仔兎、後を追う。栗鼠捕まる）
栗鼠　あッ、捕《つか》まっちゃった。
仔兎　さあ、あなたがこんどは狼よ。
栗鼠　僕は狼。食っちゃうぞ、食っちゃうぞ…。
猿1　そら…逃げろ。

---

②前場の人々、母兎

母兎　ここにうちの坊やいない？　あ、坊や、おひるよ。家へお帰り。
仔兎　はい、ママ。
母兎　おひるが済んだら、また遊びましょうね。
仔兎　はい、ママ。さよなら、みんな…。

③仔鹿、栗鼠、猿1、猿2

仔鹿　ちえッ。はいママ、だってさ。
猿2　どうしてそんなこと言うの？　親の言う事きくのは、善い事じゃないか。
仔鹿　だって僕等、一年仔なんだぜ。反抗期だ。誰が「はいママ」なんて言えるかい。
栗鼠　ねえ。そんなこと言ってないで、もう一度遊ぼうよ。さあ、いいかい。僕は狼。食っちゃうぞォ…。

猿2　あッ、ちょっと待って。ここに変なものがある。（草むらに仕掛けられたワナを摘《つま》み上げる）
猿1　ワナだよ。恐いぞ。
栗鼠　ワナ？　ワナって何？
猿1　もし君が前足をその中に入れたとするね。すると、その恐ろしい爪が、前足に食いつくよ。バン！　ってね。
猿2　どうするこれ？　…そんな恐いもの。

④前場の人々、駒鳥

駒鳥　皆さん。逃げるのよ、逃げるのよ。
栗鼠　どうしたの？
駒鳥　狼よ、狼が来るわ。早くお逃げなさい。
猿1　狼だって？　本物の狼？　本当？
栗鼠　大変だ。仔鹿さん早くお逃げよ。僕達は木に登るから。

仔鹿　大丈夫。僕の方が狼より、走るの速いもの。
栗鼠　僕達も早く逃げよう。
駒鳥　来たわ…来たわ…狼が！（皆隠れる）

⑤狼

狼　（獲物を探しながら舞台を横切り、ワナを見つける）ワナだな。ふん、こんなもの…（叩きつけようとして）待てよ。誰かがここを通る。ワナにかかる。それを俺様が頂戴するのも悪くあるまい。（ワナを丁寧に草むらに隠して去る）

⑥仔鹿

仔鹿　（狼を探しながら）へーイ、狼。僕と競争しろやーい。（樹上を見て）おーい、猿さん、栗鼠さん…チェッ、皆臆病だなァ。

ワナはどこに行ったかな…。

⑦仔鹿、母鹿

母鹿　坊や。坊や、こんな所にいたの。さあ、お家へ帰りましょう。

仔鹿　いやだママ。僕はここにいたいの。

母鹿　いけません。狼が来たらどうします。さあ、帰りましょう。こっちへいらっしゃい。

仔鹿　いやだママ。僕は狼より速いの。

母鹿　まあ、いつからあなたは「いやだママ」なんて言葉を覚えたんでしょうね。さあ、帰るんですよ。

仔鹿　いやだママ。僕は一年仔だもの。

母鹿　一年仔なら、善い事と悪い事の区別がつくはずです。さあ、狼が来るのよ。あッ、坊や、坊や。どこへ行くの。坊や…。

仔鹿　ここまでおいで…ママ！（逃げ廻り、舞台を一周して退場）

母鹿　坊や、坊や…ちょっとお待ち、坊や…。（追って退場）

仔鹿　（登場）ママー、こっちだよー。（再び退場）

⑧母鹿

母鹿　（登場）坊や、狼が来ますよ、坊やったら！…あッ痛い！（ワナに挟《はさ》まれ倒れる）ワナ。おお、どうしましょう。…坊や、坊や…お母さんを助けて…ああ、どうしたらいいだろう？　坊や！…おお、ここに釣鐘草がある。これを鳴らして誰かを呼ぼう…（釣鐘草を摘み取り振る）…助けて…誰か来て…。ああ、狼が来たらどうしよう。助けて…誰か…坊や…助けて…。

⑨母鹿、駒鳥、栗鼠

駒鳥　誰？　釣鐘草を鳴らすのは？　おお、鹿さん、どうしたの？（走り寄って）まあ、ワナ…とても私の力じゃとれないわ。

母鹿　あ、駒鳥さん。どうぞ…どうぞ私の坊やを探してください。そしてお家に帰るように言って下さい。

駒鳥　家へ？　ここにじゃないの。

母鹿　ここに呼んではいけないのです。狼が来たら坊やまで食べられてしまいます。

駒鳥　判ったわ。何て素適なお母さんなんでしょう。栗鼠ちゃん…栗鼠ちゃん…（栗鼠樹上から首を出す）今の話聞いたでしょ。私よりあなたの方が仔鹿さんの居場所を知ってるはずだから、木の上から探して、お家へ安全に連れてって頂戴（栗鼠、OKのサインを出して消える）私は森を廻って誰か力の強い人を呼んでくるわ。鹿さん。私すぐ帰って来るから、それまでその鐘を鳴らさないでね。その鐘を聞きつけて、狼が来るかもしれないわ。ね、鳴らしちゃだめよ。（釣鐘草を遠くに捨てて退場）

⑩母鹿、仔兎、母兎

（母鹿、非常な努力で、捨てられた釣鐘草を指先で手繰り寄せてつかみ、振る）

母鹿　助けて…助けて…。

仔兎　誰？　呼んでいるのは…おう、鹿のお母さん…ママ…ママ…。

母兎　何？　坊や…ああ鹿さん。（走り寄り、傷口を調べて）おお、どうしましょう。

母鹿　兎さん。逃げて、私に関わらず…。この辺りに狼がいるの知らないの？

仔兎　えッ、狼が？　…恐い、ママ…。
母兎　坊や、お逃げ。でも私は逃げられない。こんな気の毒な人を置いて…。
仔兎　私だって…私だって逃げないわ。
母鹿　逃げて…逃げて…二人とも…おお、お願い。
母兎　でも、どうしよう。私達の力じゃ、こんな鉄のワナ、どうすることもできない。
仔兎　猿さん、栗鼠さん。木から降りて来て頂戴。

⑪前場の人々、猿1、猿2

猿1　何だい兎さん。狼が来ているって言うのに。
猿2　あッ、鹿のお母さんだ。ワナに挟まったんだね。
母兎　あなた方お猿さんの手は人間みたいに物が摑《つか》めるのね。このワナを両方から引っぱってみて下さいな。
猿1　よし来た。弟、そっちを持てよ。一、二の三で引っ張るぞ。一、二の三…。
猿2　固いなァ、ビクともしない。もう一度、一、二の三…。
猿1、2　（坐り込んで）駄目駄目。どうにもならない、僕達の力じゃ…。
仔兎　じゃ、私の歯で噛《か》んでみるわ。（噛む）あ、痛。私の歯じゃ、とても駄目。
母鹿　有難う、皆さん。これだけして戴いて、もう充分です。どうぞ逃げて下さい。狼の来ないうちに…。

⑫前場の人々、駒鳥、山羊、豚

駒鳥　お待ちどうさま鹿さん。ああ、皆さんもいたのね。力自慢の豚さんと山羊さんを連れて来たわ。

山羊　で、我々は何をするんですかな、駒鳥のお嬢さん。

豚　（暴れ回って）おいらは豚だァ…強い豚だァ。食っちゃうぞ…いや、何でも差し上げて見せるぞォ…狼より強いぞ…おいらはミスター・ジャングルだぞォ。

母兎　判ったわ、あなたの強いのはよく判ったわ。だからどうぞこのワナをとって下さいな。

山羊　ハロー、これは鹿の奥さん。お目にかかって嬉しいです。ご機嫌いかがですか。

仔兎　鹿のお母さんはワナにかかっているのよ。

山羊　ワナ？　それは羨ましい…じゃなかった、お気の毒。で、ご気分はいかがです？

駒鳥　このワナをとって下さい。余計な事言わずに…。

山羊　左様。勿論。豚君、そっちから引っぱりたまえ。

豚　おいらは強い豚だァ。見てろ、こんな物、こんなワナ。いっぺんでチョイと壊しちゃうから、皆見てろ…いいか山羊さん。さあ行くぞ…一、二のブー…。

山羊　一、二のメエー…。

豚｝一、二の｛ブー…。
山羊｝　　　｛メエー…

猿2　どうしたの、ミスター・ジャングル？

豚　なァにね、ちょっと腹が減ってるのさ。一、二のブー。

山羊　一、二のメエー…。

駒鳥　だめね。私、狐さんに頼んでみるわ。

⑬前場の人々（駒鳥を除く）

豚　狐に頼むなんて豚の恥だい。一、二の

ブー。
猿1、2　（猿1、2、それぞれ山羊と豚の腰に掴まる）
山羊　一、二の三…。
豚　ふう！　だめだ。このワナめ！
山羊　レディス・アン・ジェントルメン……ダメですゥ…。
母鹿　皆さん、逃げて下さい。狼が来ます。ああ、坊や…坊やは無事に帰ったかしら。

⑭前場の人々、栗鼠

栗鼠　鹿のお母さん、どうなった？　ああ、仔鹿さんは僕の言う事聞いてくれないんだよ。僕が「君のママがお家へお帰りって言ったよ」っていうと、「じゃ、僕の返事はこうだ。いやだママ、僕は一年仔だい」って。

仔兎　「あなたのお母さんがワナに掴まった」って言ったの？
栗鼠　ううん。鹿のお母さんが言わせないの。
猿2　有りのままお言いよ。そうすればここへやって来るよ。
栗鼠　僕、そうするよ。いいね、鹿のお母さん。

⑮前場の人々（栗鼠除く）

山羊　レディス・アン・ジェントルメン。我々はそろそろお暇《いとま》しようと思いますが…。
猿1　何故だい？
山羊　あなた方のお話ですと、狼がこの辺りにいるそうで…。
猿1　そうだよ。だから鹿さんを助けなければならないんだよ。
山羊　私は余り狼が好きじゃないので…。
猿1　誰だって好きじゃないよ、あんなもの。

猿２　豚さん、狼より強いんだろ。
豚　そ、そうさ。おいらは狼より強いさ。
（狼の遠吠え）
豚　ナ、何だい、あれ？
仔兎　狼よ、ママ、狼よ…。
母鹿　逃げて…皆さん…どうぞ逃げて…。
豚　で、では帰ろうかな。
猿２　卑怯者！
豚　卑怯者？
猿１　そうさ、卑怯者さ。
（狼の吠え声、やや近く）
豚　で、でも、おいらは走るのが遅いからなァ。

母鹿　いけない、皆さん…ここにいてはいけません…さあ…。
⑯前場の人々、駒鳥、狐
駒鳥　来たわよ、狐さんが…。
狐　皆さん、隠れなさい。狼がすぐそこまで来てるんだ。鹿さんは私に任せて…鹿さん、どうしました。うん、こりゃひどい。何とか私がやって見ましょう。
母鹿　有難う狐さん。でも、私…もう駄目です。皆さん逃げて下さい。狐さんも…。
狐　こんな鉄のワナ、引っぱったって駄目だ。（鎖を手繰って）鎖の根元を掘るよりしょうがない。（掘りながら）さあ皆さん、隠れなさい。兎さん、早く。…猿君達、木に登るんだ…駒鳥さんは狼を見張っていなさい。

（一同、指示通りに動く）

狐　⑰母鹿、狐、山羊、豚（猿1、2、母兎、仔兎）さあ、豚君、山羊君。君達…。

山羊　はッ、はい、喜んで…（隠れようとする）

狐　違う！　君達は力がある。ここを掘るんだ。

豚　おいらが？　だって狼が…。

狐　掘れ！　一刻を争うんだ。

（豚、山羊、しぶしぶ掘る）

（狼の吠え声、近く）

豚
山羊　きゃ！（抱き合う）

母鹿　皆さん、どうぞ逃げて…。

⑱前場の人々、駒鳥

駒鳥　来たわ！　狼が来たわ！

狐　豚、山羊、隠れろ！

山羊　も、勿論ですとも（豚、山羊、隠れる）

狐　（立ち上がり）鹿さん、黙って！　動いちゃいけない。…隠れている皆さん、そのまま聞いて。狼は私がおびき出す。私と狼が行ってしまったら、全員、力を合わせて掘るんだ。判ったか？

一同　はい、狐さん。

狐　しっ！

⑲前場の人々、狼

狼　狐だナ…（じりじり近寄る）

狐　来い…狼…。

（双方、舞台を廻る。狼、飛びかかる）

狐　こっちだ、狼！（退場）

狼　待てッ！（退場）

⑳前場の人々（狼、狐を除く）

一同　それッ！（掘りはじめる）

母兎　鹿さん、しっかり。

母鹿　皆さん…もう…ほんとによして。坊やは…坊やはどうしたでしょう。

母兎　そうだ、鹿さんの坊やは…。

駒鳥　私が見て来ましょうか。

㉑前場の人々、栗鼠

栗鼠　鹿さんしっかり！　いま坊やが来るよ！

駒鳥　えッ、来るの？

猿1　来ちゃ駄目だ、来ちゃ駄目だ！

栗鼠　なぜ？　なぜ！　皆がここへ呼んで来いって言ったんじゃないか！　坊やは泣きながら走って来るよ、ママ、ママって。

母兎　（仔兎に）坊や、お前行って止めておいで、そして二人で何処かの穴へ隠れるのよ、狼が行ってしまうまで。

仔兎　はいママ、栗鼠ちゃん、私を連れてって。

栗鼠　あッ、狼が来たのか。判った。こっちだ、おいで兎さん。（栗鼠、仔兎、退場）

駒鳥　私行かなくていい？

㉒前場の人々（栗鼠、仔兎を除く）

豚　お、おいらも行こうかな。

猿2　だめ！　君なんか。

猿1　掘るんだよ、掘るんだよ、もっとしっかり！

山羊　み、皆さん。私が思うに、こんな事しても、無駄じゃないかと…。

猿2　掘るんだ！　ほかに道はないんだよ！

㉓前場の人々、狐

狐　どうした。まだ駄目か？　駒鳥さん、狼を見張ってろ。皆、手を貸してくれ。こいつをゆすってみよう…。えい、えい、えい…駄目か…ビクともしないか。じゃ抜いてみよう…一、二の三…駄目だ！…じゃもっと掘るんだ、皆！

山羊　私が思うに、無駄ですな、こりゃ。

豚　おいらは腹が減って…。

狐　掘れ。さもないと、狼に食われてしまうぞ！

駒鳥　来たわ…来たわ…狼が。

母鹿　皆さん…逃げて…もういいんです。逃げて。ね、狐さん…皆さん。兎さん…。

狐　黙って！　隠れろ皆！

㉔前場の人々、狼

狐　来い、狼！　もう一度俺を追って来い。

狼　待ってろ、狐。一休みしてからだ。

狐　来い。そんな所に坐らないで、来い、弱虫！

狼　まあ、待ってろってことよ。

狐　弱虫狼！　俺が捕まえられないのか。さあ来い（近づく）来いったら（更に近づく）

母鹿　狐さん、そんな事しちゃ駄目！

狐　あッ、黙れ鹿さん！

狼　は…鹿だな。ほう、ワナに挟まれているのか。ふふ、こっちの方がうまそうだ。

狐　あ…あ、狼…よせ！　こっちへ来い！

狼　お前なんか食うのはやめた。鹿の肉の方が狐よりも遥かにうまい。…さあ鹿、気の毒だが、覚悟しろ。

猿1、2　（首を出して）卑怯だ！

駒鳥　（首を出して）よして！
狼　黙れチビども。
豚　（立ち上がり）そりゃずるいや、狼さん。
山羊　（立ち上がり）私の思うに、逃げない者を食べるなんて…。
狼　いたな豚ども、お前達から食ってやろうか。
豚
山羊｝ヒャッ！（隠れる）
　（狼、再び母鹿に近づく）
一同　卑怯者…いじわる…悪魔！
　（狼、手を振り上げる）
一同　ああ……（目を覆ったり、抱き合ったり）
㉕前場の人々、仔鹿、栗鼠、仔兎

仔鹿　ママ…ママ…。
仔兎
栗鼠｝（仔鹿にすがって）｛駄目だったら…。こっちへ来ちゃいけないったら…。
母鹿　坊や！
仔鹿　あッ、ママ！　…どうしたの？　ワナに挟まれたの？　ああ、こんなに血が出て…どうしても取れないの？（見廻して）皆、なぜ立ってるの？　このワナを外して…お母さんを助けて…どうして皆黙ってるの？　どうして手を貸してくれないの？皆…豚さん…山羊さん…お願い…狐さん…あッ、狼！…。
狼　どけ小僧、昼飯の邪魔だ。
母鹿　おどき、坊や！
仔鹿　僕のお母さんを食べようとしてるの？いけない、いけない、食べちゃいけない！　…僕の

狼　お母さんは、世界中で一番いいお母さんなんだぞ。どけ、狼！　どけ、汚い奴！

仔鹿　お母さんの傍に寄るな！

母鹿　ええィ、うるさい。（仔鹿、突き飛ばされる）

仔鹿　ママ！

狼　坊や！　…お逃げ、家へお帰り！

仔鹿　いやだ！　ママ。

狼　小僧、俺を怒らせるな。母親さえ食えば、お前は許してやろうと思っているんだ。

仔鹿　どうしてもお母さんを許してくれないの？　どうしても？……。じゃ、僕を食べて…お母さんの代りに僕を食べて…。ね、ほんと…僕、食べられてもいいんだ。だからお母さんを許して。

狼　断ろう。お前は小さすぎる。さあ、どけ、小さいの。もうお前に構っていられない。

母鹿　（仔鹿、突然狼に飛びかかる）

よして…よして…坊や！

狼　面白い。（一撃で仔鹿を打ち倒す）…来るか小僧…（再び打ち倒す）動くな狐！（狐、狼の後ろへ廻ろうとした出鼻をくじかれ）もし一歩でも近寄ってみろ（踏んでいる仔鹿を指して）俺はこのチビを引き裂くぞ。

狐　畜生！

（狼、母鹿に近寄る。仔鹿、最後の突撃。狼、唸り声と共に倒れる。同時に狼の一撃で仔鹿もはね飛ばされる）

仔鹿　（動けない）ママ…ママ…。

母鹿　坊や…。

狼　（のっそり起き上がり）偉いぞ小僧、この俺をノックダウンしたのはお前だけだ…。

（母鹿に近づく）

仔鹿　（起きようともがきながら）ママ、ママ…。

狼　狐、小僧を抑えていろ。

狐　もうよせ、坊や。

仔鹿　ママ、ママ…。

母鹿　さよなら、坊や…。

（狼、手を振り上げる）

仔鹿　ママ！

（狼の一撃で罠が壊れる）

狼　（ワナをつかみあげて）俺だって…俺だって母親がありゃァ…俺の母さん…アバヨ、小僧。（ワナを投げ捨て、去る）

㉖前場の人々（狼を除く）

仔鹿　ママ！（抱き付く）

母鹿　坊や！

栗鼠　助かったんだ…助かったんだ！

（一同、鹿の周囲に集まる）

母鹿　坊や、これからはお母さんの言う事をきいてね。

仔鹿　はい、ママ。

猿1　おい。あいつ「はい、ママ」って言ったぜ。

狐　おーい、狼！　アバヨー…いい奴。

一同　アバヨー、いい奴…。

――幕――

〔演出のポイント〕

この作品から森の動物たちの仲間意識と善意、そして母鹿を思う仔鹿の勇気など読み取ってほしい。劇を成功に導くには母鹿がワナに挟まれてから、次々と集まって来る動物たちの、一人一人の動きを、丁寧に指導することである。

特に狼と狐の対立、狼と仔鹿の葛藤場面は脚本をよく分析しながら、演じる子ども達とよく話し合って、共通理解を持つようにしたい。

一番のハイライトは（ト書きにはないが）、森の動物たちが狼のスキがあれば、飛びかかりたいという仲間意識の動作化の部分である。また、ワナは草むらの陰で、鎖の根元は草むらの前に差し込まれている設定なので、動物たちが力を合わせて掘りだす場面は、うしろ向きになって、お尻を上下させるコミカルなしぐさを工夫したい。細かく計算して、演出してほしい。

狼がいつ母鹿を許そうと決めたかはこの場面のポイントだが、仔鹿の最後の突撃で「おのれッ」と思う気持ちより、母を助けるためにはこんなにも強くなれるのかという感動がさせたとすべきである。それだからって急に優しい声を出せる狼でもなく、「俺だって」と言いながら壊したワナを掴み上げ「アバヨ、小僧」でそれを放りなげて去って行く狼にしてみて頂きたい。

〔演技について〕

舞台が重苦しくならぬよう笑わせ役の豚、山羊が登場するが、お客が笑うからと云って笑わせるだけの動きは禁物で自然な演技をさせたい。登場する動物たちそれぞれの性格分析も大切である。幕開きの「狼ごっこ」、仔鹿と母鹿の追いかけ、狼と狐の追いかけ等は、回を重ねた練習がほしい。

〔装置について〕

上手側の立ち木の陰に脚立を立てておき、猿やリスが木に登って逃げる場面では、そこを使わせたい。狼が去ったあと、木の上から顔を出す動きが自然になる。

中央の草むらは、母鹿の動きを見せる重要な場所なので、教壇か平台を置いて一段高くすると効果的である。

〔衣装・照明について〕

動物たちは色のあったセーターやズボン、タイツなど利用するとよい。狐は茶色、狼はこげ茶か黒、兎は白など。鹿だけは、所々に布を貼付けてガラを出す工夫がほしい。

かぶりものは、早めに作って練習のたびに被せて下さい。動きの激しい劇なので途中で落ちないような配慮が必要。出演者の目の動きの方が大切なので、狼を除いて、かぶりものに目は付けない方がいい。

照明は、幕開きから幕切れまで、明るい舞台にしてほしい。

劇　ガマと宇宙船　一幕三場

時　秋のはじめ、ゆうぐれ
所　小さな公園のかたすみ

登場人物（10名）

ケン　　姉
ヒロシ　宇宙人A
三郎　　宇宙人B
ヨシコ　宇宙人C
ユリ　　ガマ

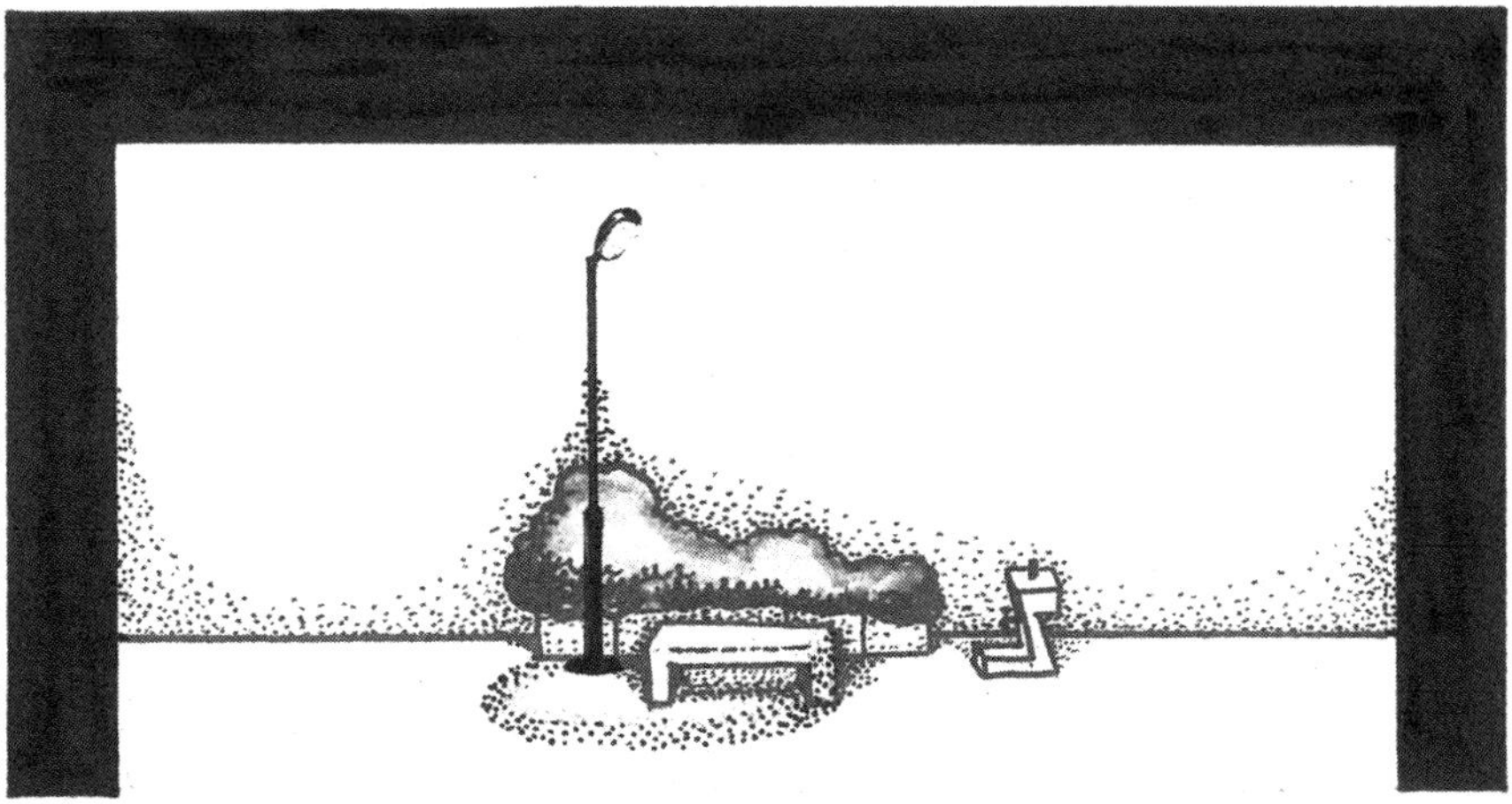

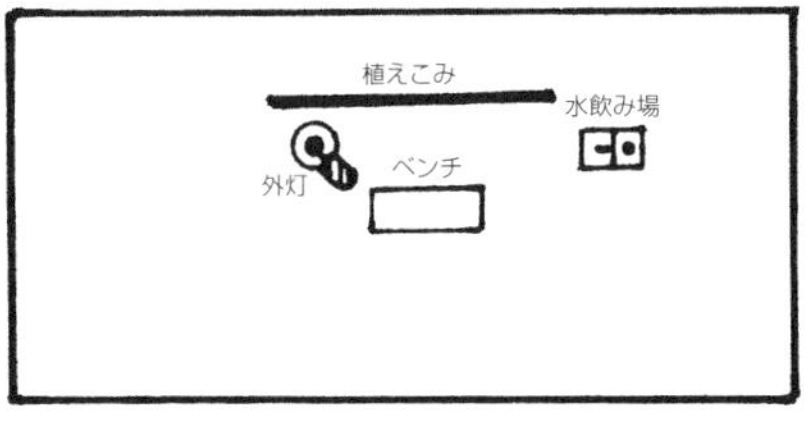

幕が開くと、中央にベンチ、その後ろに植え込み。植え込みの端に水飲み場。ケンとユリ、ヒロシ、三郎、ヨシコが立ったり座ったりして、ポリバケツの中をのぞいている。

三郎　放してやれよ。

ヨシコ　ね、ケンちゃん。放してやって。

ヒロシ　もう弱ってきてるよ、見てごらんよ。

三郎　ガマはね、生きた餌しか食わないいんだって、お前、自分で言ったろ。

ヒロシ　それに水だって足りないよ。その水道の水、かけてやれよ。

ケン　知ってらい。特訓中なんだってば。

ユリ　お兄ちゃんはね、少しくらい水がなくても、物を食べなくても、生きて行けるガマに育てるんだって。

ヨシコ　無理よ、そんな。ガマと人間を一緒にするなんて…

三郎　動物虐待《ぎゃくたい》ってんだ、そんなの。

ヒロシ　バケツかせよ。僕がその草むらに捨てて来てやる。

ユリ　ね、お兄ちゃん。早く放してやって、お家へ帰りましょう。もうご飯の時間よ。

ケン　ユリ、お前だけ帰れ。僕は帰らない。

ユリ　どうして？　何言ってんの兄ちゃん。

ケン　このガマ捨てるくらいなら、僕、今晩ここにいるんだ。ご飯食べないで…

ヨシコ　何言ってんのよケンちゃんてば。ガマさん捨てに来たんじゃなかったの。

ケン　お母さんにそう言っといて。…お父さんだって子どもの頃があったくせに、男の子の気持ち判らないいんだから。

（ケン、バケツを持って上手へ退場）

ユリ　あ、お兄ちゃん。待ってよ…

ヒロシ　ユリちゃん、心配するな。僕達に任せておけ。
三郎　俺達が行って見て来てやるよ。男同士だからな。
（ヒロシ、三郎、ケンのあと追って退場）
ヨシコ　驚いた。ケンちゃんて随分強情《ずいぶんごうじょう》なのね。
ユリ　強情だけど飽きっぽいの。この前も大騒ぎして蚕飼ったくせに、何もしてやらないんで、桑の葉貰いに行ったのは、結局私とお姉ちゃん。
ヨシコ　それ判る。今度も初めは生きた餌さがしに熱心だったのね、一週間位は…
ユリ　三日位よ。あとはご飯粒やおかずの残りやって、これ食べろって…
ヨシコ　ガマさん、ご飯粒食べない？
ユリ　食べないわ。お父さんとは、自分で世話できなくなったら逃がすって約束なの。
ヨシコ　で、食べなくても我慢する特訓だなんて、ひどい事考え出したのね。
ユリ　今日、久しぶりに、お父さん早く帰って来たものだから、捨てて来いって言われないうちに、ガマさん持って飛び出して来ちゃったの。
ヨシコ　だから、お夕飯に帰れないわけか。
（姉〈6年生位〉下手より登場）
姉　ユリ、こんな所にいたの、ヨシコちゃんも。もうじきご飯よ。ケン坊はどこ？
ユリ　お姉ちゃん。お兄ちゃんは今夜ご飯食べないんだって、ガマ捨てるくらいなら。
ヨシコ　で、三郎さんとヒロシさんが様子見に

姉　行ってるの。ハハア、又わからずやのケン坊が始まったナ。じゃ、ケンはお姉ちゃんが連れて帰るから、お母さんにご飯さきに食べ始めるように言っといて。ヨシコちゃんももうご飯でしょ。

ヨシコ　えッ。でも三郎さんとヒロシさん…

姉　二人とも私が見つけて帰ってもらうから大丈夫。ユリと一緒に先帰ってて。

ヨシコ　じゃあ帰るわね。でも何だか心配…

姉　心配ないって。強情ッぱり、ふてくされ。いつものケン坊の手よ。じゃユリ、一緒に帰りなさい。有難うねヨシコちゃん。

ユリ　じゃ、頼むわねお姉ちゃん。

ヨシコ　さようなら、お姉さん。
（ユリ、ヨシコ、下手へ退場）

姉　しょうのないケン坊ね。どこ行っちゃったのかな。よォし…（上手を見て）あ、誰か来る…（植え込みの裏に隠れる）
（三郎とヒロシ、上手より登場）

三郎　強情だな…まるで駄々《だだ》っ子だね、あいつ。

ヒロシ　あんな主人に飼われちゃ大変だな。僕ガマに同情するよ。

姉　（出て来て）待て…そこの二人…

ヒロシ　ああ驚いた。ケンちゃんのお姉さんじゃないか、誘拐魔《ゆうかいま》かと思った。

三郎　冗談じゃないよ。俺達、君の弟のためにこうして心配しているんだぜ。

姉　御免御免《ごめんごめん》。で、ケン坊はどこ？

三郎　ぶんむくれて公園の中歩いてらァ。ガマのバケツぶら下げてよ。

ヒロシ　僕の推理《すいり》じゃ、ここで待っていた方がいいよ。僕達の前じゃ、強情張ってシゴクなんて言ってるけど、実はガマに水やりたいんだ。この水道へ帰って来るよ。

姉　そう。じゃ、そうするわ。

三郎　ヒロシ、もうナイター始まるし、姉さんが探しに来たしさ、俺達帰ろうぜ。

ヒロシ　そうだね。明日、僕達だけにそっと、ガマさんどうしたか教えてね。

姉　有難うね二人とも。じゃ、さよなら。

三郎　アバヨ。（ヒロシ、三郎、下手へ退場。）

（姉、再び植え込みに隠れる。外灯が燈る。ケン登場し辺りをうかがい、水飲み場に近寄る）

ケン　こらガマ。お前がご飯粒でも何でも食えば、こんな苦労しないんだぞ。生きている虫じゃなくちゃ食べないなんて、贅沢《ぜいたく》だぞお前は。（バケツに水をたらしてやる）

姉　（立ち上り）こらァ、そこの問題児ィー。

ケン　あ、お姉ちゃん。驚《おど》かすなよ。僕、今晩家へ帰らないからね。

姉　あらケン坊、覚悟《かくご》しちゃったの？

ケン　そうさ、お父さんの言う事、決まってるんだ。生き物飼うんなら責任持て。命ってものは大切なんだ。

姉　それだけ知ってたら、逃がしてあげればいいじゃないの。ガマさん、どっちがいいと思う？　バケツの中で、ご飯粒の腐《くさ》った水と一緒にいるのと、自然の中に逃がしてあげるのと。生き物は自然の中にいる権利があると思わない？

ケン　生き物は自然の中にいる権利があるか……

姉　そうよ、判った？　じゃ、ガマさん逃がして、そろそろ帰りましょう。

ケン　おっと待った。僕だって生き物ですからね、自然の中にいる権利があるんだ。

姉　ふうん、ケン坊、この公園の中で寝るの？　お巡りさんに掴《つか》まるわよ。

ケン　平気だい。二丁目交番のお巡りさん、皆友達だもん。

姉　誘拐魔《ゆうかいま》が出てきたらどうする？

ケン　ガマ、ぶつけてやるさ。びっくりして逃げて行くよ。

姉　宇宙人が出て来るかもよ。

ケン　出てきたら面白いじゃないか。このガマ連れて、UFOに乗って、ナントカ星まで連れてってもらうんだ。

姉　強情張るのいい加減《かげん》にしなさいよ。お腹が減《へ》ったんでしょ。さあ、帰りましょうってば…（間）…いいわ、じゃ勝手になさい。お姉ちゃん帰るわよ。

ケン　どうぞ。誰も止めないよ。

姉　ケン坊の意地っ張り。あとでお腹減《へ》ったって言っても知らないわよ。（退場）

（ケン一人でぶらぶらする。水飲み場にあるバケツを覗く）

ケン　あーあ（あくびする）。ほんと言うと、僕もうめんどくさいよ。逃がしちゃえばいいんだが、そうするとお母さんやお姉ちゃんが、そらみなさいっていうからなァ…（ベンチの上にひっくり返る）そら見なさいか…空見ましたよ…空に

は何もありませんよ。……あれ何だ、あのUFOみたいなもの

（上手より緑の光が明滅《めいめつ》する）

UFOだ。本物のUFOだ。（起きあがろうとして）こっちへ着陸《ちゃくりく》するぞ…あッ…体が動かない…

（上手にまぶしい光。三人の宇宙人現われる。コンピューターのような喋《しゃべ》り方。光、次第に元の明るさに戻る）

宇宙人A　これは標本《ひょうほん》にちょうどいい少年だ。

宇宙人B　我々の宇宙船に連れて行こう。

宇宙人C　もしもし、あなたはUFOの中がみたくありませんか。

ケン　（起きあがり）UFO？　君達やっぱり宇宙人？

宇宙人A　いらっしゃい。UFOの中を見せてあげましょう。

ケン　僕、一人っきり？

宇宙人B　大人は疑《うたが》い深くて、我々の言う事を信じませんから、誘っても無駄《むだ》です。

宇宙人C　我々の存在を信じてくれる、あなた一人に秘密《ひみつ》を見せます。こっちへいらっしゃい。

（宇宙人C、ケンを連れて舞台を一回りする。その間に宇宙人A、Bはベンチに白布をかけ、その後ろに長い白布を張り、両端を持って立つ）

宇宙人C　さ、ここが我々の宇宙船の中です。

宇宙人A　我々は心から、地球人第一号を歓迎《かんげい》します。

宇宙人B　どうぞお座りください。
ケン　これがUFOの中？　何だ、何にもないじゃないの。（座る）
宇宙人C　あなたは飛行機の操縦装置やメーターを考えておられるようですが、そんなものはありません。
宇宙人A　我々は石油だの原子力だのってエネルギーは一切使いません。だからメーターもなにもいらないのです。
宇宙人B　我々は宇宙の引力と反引力を使って飛びます。だから、離陸の時にロケットのようなショックがなかったでしょう。
ケン　えッ、この宇宙船、もう飛んでるの？
宇宙人C　はい、今は土星の近くまで来ています。

（ホリゾントに土星の環が映る）
ケン　いやだよ、いやだよ、帰してよ。明日、学校に行けないじゃないか。
宇宙人A　お気の毒ですが、帰すわけにはいかないのです。あなたは地球人の大切な標本なのですから。
ケン　だましたな。よし、逃げてやる。
宇宙人B　逃げられるわけないでしょう。ここは宇宙船の中です。外は真空ですよ。
宇宙人C　宇宙服なしで生きていられますか。もし生きていられたとしても、土星から地球までは、ボイジャー2号でも一年半かかります。
ケン　くそ。逃げられないんなら、せめてこの中を方々《ほうぼう》歩いてやる。そこ、どいてよ。
宇宙人C　（押されながら）どこへ行くのですか。

ケン　トイレだよ。
宇宙人C　トイレ？　トイレとは何ですか。
ケン　トイレ知らないのか。ほら、その…アレする所だよ。
宇宙人A　お気の毒ですが、我々の宇宙船にトイレはありません。
宇宙人B　我々は、この宇宙船と同じように、エネルギーを補給《ほきゅう》する必要《ひつよう》がないのです。
宇宙人A　したがって、我々はアレする必要もないのです。だからトイレもないのです。
ケン　（座りこむ）くそ…化《ば》け物…。じゃ、君達は何にも食べないの？
宇宙人B　その通りです。
ケン　ちえッ、何が楽しみで生きているんだ。ああ、僕お腹減ったよ。…そうだ。何か食べさせないと、僕死んじゃうぞ…せっかくの標本が死んじゃうぞ…
宇宙人A　大変だ。我々は人間も我々と同じだと思っていた。食べないと死ぬそうだ。
宇宙人B　どうしよう。大切な標本が死んでしまう。何か食べ物はないだろうか。
ケン　もう死にそうだ。（ベンチで横になる）あーあ、何とかしてくれよ。
宇宙人C　心配いらない。私はこの子の家来《けらい》をつれて来た。その家来はご主人様から食べ物を貰えなかったと聞いたので、食べ物も積んで来た。今、連れて来る。
（退場）
ケン　（半身起こして）僕の家来？　誰だろ？　サブちゃんかな。それともユリかな。何しろよかった。僕一人じゃなくて…あッ、あー？　…あれは誰だ？

（宇宙人C、ガマを連れて登場）

ガマ　あ、坊ちゃん。私が誰だか判《わか》りますか？　ガマです。あなたが飼っていたガマですよ。

ケン　き、君が…あの、ガマ…

ガマ　そうですよ。あなたが可愛《かわい》がってくれた…と言いたいが、シゴいてくれた。食べない特訓をやらされたガマです。でも私達ガマはね、姿はみっともないけど、心は優しいんですよ。だから、坊ちゃんから受けた意地悪《いじわる》を親切でお返しします。お腹が減ってるんですってね。私の食べ物、半分分けてあげますよ。今、持ってきます。ちょっと待っててくださいね。（退場）

宇宙人C　親切なガマでしょう。あなたは可愛がると言いながら、彼を虐《いじ》めていたのです。でも、彼は優しい心の持ち主です。

ガマ　（登場。何かを持っている）さあ、おいしいですよ。食べてみて下さい。

ケン　ありがとう。大きなフランスパンだね。（手を出す。放す）きゃッ！　動いた…あッ！　…あれは何？…

ガマ　手を放しちゃいけませんよ。あーあ、逃げちゃいましたよ。あれゴキブリのごく柔らかい幼虫だったのに…

ケン　ぼ、僕食べない。食べないよゴキブリなんか…

ガマ　そうか。人間は生きているものは食べないんでしたね。忘れていました。今度は殺して持って来ますから、安心して下さい。

ケン　今度は何？　ゴキブリはいやだよ。

ガマ　ハエです。宇宙人が放射線《ほうしゃせん》をかけてくれたので、大きくなりましたよ。鳥ぐらいあります。一匹食べれば充分《じゅうぶん》です。

ケン　いらない…いらないよ、僕。鳥ぐらいの大きなハエだって？　考えただけで僕…げえッ…

ガマ　困ったなあ。じゃあ、何を持ってくれば食べてくれますか。

ケン　ビーフシチューか天ぷらそば。

ガマ　この宇宙にそんなものある筈ないでしょう。坊ちゃん、あなたは私に生きた餌をとってくれないで何て言いました。お前は贅沢《ぜいたく》すぎる、何でも食べろって…

宇宙人A　諸君《しょくん》。この標本は贅沢で、我儘《わがまま》で、何も食べないから、どうせ我々の星に着く前には死んでしまうだろう。

宇宙人B　もう一度地球に戻って、この子よりいい標本をとってこなければならない。

宇宙人A　よし、戻ろう。海王星に向いた方の引力ドアを閉めて、地球に向ったドアを開けて…

（Aはドアを閉め、Bはドアを開けるしぐさをする）

ケン　しめた！　これで地球に帰れるぞ。

宇宙人A　この少年は地球に帰してはならない。帰れば我々の秘密を喋《しゃべ》るだろう。

宇宙人B　すると我々の標本集めも失敗する事になるかもしれない。

宇宙人C　気の毒だが、宇宙船から降りてもらおう。そこの台にねると自動的に台がひっくりかえって、宇宙空間にとび出ることになる。さ、その台にねなさい。
（ホリゾントに土星の環が映る）

ケン　嫌だよ、嫌だよ。こんな所で降ろされたらどうなるの。堪忍《かんにん》してよ。（宇宙人Cに手を掴まれる）あッ…しびれる。動けない、ガマさん助けて…（台の上に寝かされる）

ガマ　お気の毒ながら、私には何ともできないんです。坊ちゃんがゴキブリを食べてくれれば、こんな事にならないで済んだ…（このセリフの途中で舞台暗くなる）

ケン　（声）嫌だよォ。宇宙にほうり出さないでよう…ゴキブリ食べるのも嫌だよォ…
（舞台明るくなる。元の公園。ケン、一人でベンチに寝ている）

ケン　鳥みたいなハエもいらないよォ…助けてよ宇宙人…助けてよガマさん…お母さん…お父さん、助けて…あッ、ほうり出される…（ベンチから落ちる）
（少し前から、下手寄りに姉とユリが登場。ケンに気付き、立ち止まって見ている）

ケン　（目覚《めざ》めて）いてて………あッ、夢か……。（立ち上り、水飲み場の方へ行く）ああ、恐い夢だった。（バケツを取り上げる）ガマさん、逃がしてやるよ。…勘弁《かんべん》してくれよ、…な、ガマさん。
（植え込みにバケツを空ける。ガマを見送るポーズ）

（姉、ユリ、口に指をあて、顔を見合わせ、おかしそうにケンを見ている）

――幕――

〔演出のポイント〕

登場人物の動きは難しくないが、どうしてもケンが中心になってしまうので、脇役がよく動くようにしたい。二場は宇宙人A、Bに白布を持たせ両脇に立たせれば、宇宙人Cとガマの動きに重点が絞れる。ケンは中央の台に座ったり、寝たりしながら喋る演技が多いので、表情とセリフに重点を置く。白布は黒子に持たせる手もあろうが、すると宇宙人三人とガマが前に立つことになり、ケンの表情を隠す事になり兼ねない。

ヒロシ、三郎、ヨシコ、ユリ、姉は、それぞれセリフを繰り返し読めばどんな性格か自ずとわかるだろう。ユリはケンの二つ下の妹ぐらいにしたい。

宇宙人はケンと対照的に、機械的な物言い、感情の表出にした方が面白い。コンピューター的な喋り方は、かえって語尾をはっきり発音できる利点がある。

ケンは、登場人物のセリフの中で悪口の的になっているが、本当は頭が良く回転するし、小動物を飼育したがる、気のいい少年として演じさせていただきたい。そうでないと、幕切れの後悔の場面が嘘っぽくなってしまう。ガマは宇宙人とは反対に人間味あふれる性格にしたい。動作は鈍重でも、誠意をもって一所懸命動き廻る感じがほしい。

〔装置について〕

一、三場は、植込みの切り出しと外灯とベンチ（背もたれのない方がいい）。植え込みは拡げた白布で全部隠れるくらい中央にまとめて飾る。それと傍に水飲み場があればいい。水飲み場は少しでいいから水が出る様に工夫できれば楽しい。

二場の白布は両端に棒をつけて、宇宙人AとBが持って立つ。その前に共布をベンチに掛ける。この手順は演技の練習のたびに繰り返し練習してほしい。土星の環は、ホリゾントに映し出し、徐々に移動させて消す。その後、ケンのセリフ「嫌だよ、嫌だよ。こんな所で降ろされたらどうなるの」の辺りで、もう一度反対側から映し出すと、宇宙船が地球に引き返しかけ、再び土星の傍へ来たなと感じさせる。

二場から三場への転換は特にスムーズに行ってほしい。拡げた白布、台の白布、ゴキブリなど誰が責任を持って片付けるかを決めておき、闇の中でケンのセリフがある間に、一斉に持って退場すること。

〔照明について〕

舞台全体がだんだん暗くなり、ベンチの周りだけに外灯の光が当たっているように、サスペンションで明るく浮かび上がらせてほしい。一場と三場にアンバーを使うなら、二場は白の方がいい。二場の始めで、外灯が故障したように緑や紫がチカチカ点滅したりすると、ケンが夢で宇宙船を見るキッカケになったようで面白い。

〔衣装、小道具について〕

子ども達は夏の服装だが、白っぽいものばかりにならぬよう配色に気を配ってほしい。宇宙人は仮面をかぶらなくてもよいが服は揃えたい。ガマは人間の服装でいいが、できたら立体的なお面を額につけ（演技者の顔は出しておくこと）、お面の後ろは肩まで垂れる黄土色の布をつけて猪首の感じにし、大きな軍手などをはめさせるとよい。

ポリバケツの中には何も入れない方が、余計な時に観客の目を引かない。その代り、最後にケンが植え込みの陰で逃がしたガマを目で追う演技は大切につけてほしい。ゴキブリはウレタンのようなもので作り、テグス糸をつけて白布の後ろに引き込むようにする。

＊口絵の舞台写真は宇宙人四名に改作

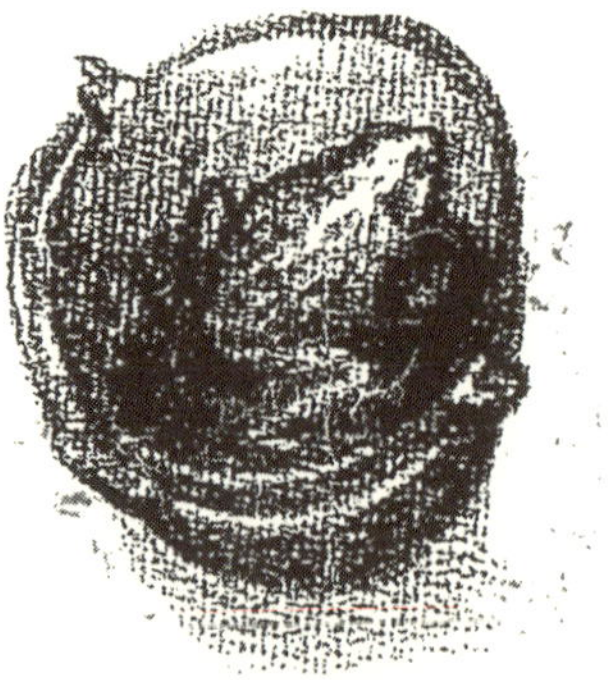

ガマと宇宙船表紙画像
（平成16年度学習発表会
演劇部台本より）

劇　だんごとるなら　一幕三場

時　むかしむかし

所　おだんご屋の店先・山道・お地蔵様の前

登場人物（7名）

だんごやの小母さん

小僧さん

狸1

狸2

狸3

狸4

狸5

♪合唱　①「お寺の小僧さん」

一、お寺の小僧さん　山からホイ
カラリン　コロリン　高足駄《たかあしだ》
ふもとのだんごやへ　だんご買いに

二、だんごやの小母さん　赤だすき
のんのさんにすまない　それ急げ
どっこい　どっこい　どっこいしょと
粉こねる

小母　小僧さんは本当に感心ですねえ。よくお使いもするし、お掃除もするし。はい、これはそのごほうび。いますぐ包みますから、これを食べて待っててくださいね。

小僧　どうもありがとう。（食べる）小母さんのおだんごは、いつ食べてもおいしいなァ。

小母　そりゃあ、自慢のおだんごですもの。それに仏様にあげるんだと思って、腕によりをかけてこしらえましたからね。しっかり包んであげるけど、落としたりしないで持って行って下さいね。

小僧　大丈夫。落としたりなんぞ、するもんか。

小母　それはそうでしょうけれど、この辺りに悪い狸がいて、人をだましてはおだんごをとるんですよ。

小僧　え、狸が出るの？　いやだなあ、僕、狸に化かされるの、あまり好きじゃないんだがなァ。

小母　誰だって化かされるのなんか好きじゃありませんよ。でも大丈夫、小母さんがいいおまじない知っていますからね。いいですか「兎だ兎だ、兎の親類だァ」というんですよ。

小僧　そういえば、狸は化かさないの？
小母　化かすどころか、びっくりして逃げて行きますよ。なにしろ、カチカチ山このかた、狸はうさぎが一番苦手なんだそうですから。
小僧　ふうん「兎だ兎だ、兎の親類だ」か。
小母　はい、お待ちどう様。では気を付けてお帰りなさいね。和尚様によろしく。
小僧　どうも有難う。やあ、まだぽかぽか温かいね。
小母　出来立てのほやほやですからね。じゃあ、狸に化かされないように、注意して帰るんですよ。
小僧　うん大丈夫。いいおまじない教わったもの。じゃあ小母さん、さようなら。どうもご馳走様。
小母　はい、毎度ありがとうございます。

---

②

♪ハミング「お寺の小僧さん」
♪ハミング「證誠寺の狸囃子」が重なり大きくなる。

狸1　おい、お寺の小僧の持っている包を見たかい。
狸2　見たよ。なんておいしそうなんだろう。
狸3　何とか、だまして取り上げる工夫はないかしらねえ。
狸5　食べたきゃ、お前行って取って来いよ。
狸4　いやだあ、怖いもの。
狸1　そういう君こそ、行って来いよ。
狸5　行くとも。一人で行って取って来てやる。その代り、取ったおだんごは、一人でみんな食べちゃうから。
狸4　ずるいよ、そんなの。

狸3　皆で代り番こに行こうよ。あの小僧さん、なかなか利口そうだから、誰かが失敗したら、次の者が行って取るというようにしなくちゃァ。
狸1　よし、そうしよう。ところであのおだんごは、何本くらいあるのかなあ。
狸2　二十本はあるよ。
狸5　また出まかせのでたらめだろう。
狸2　何となくそんな気がするんだよ。
狸1　まあいいや。二十本あるとして、それを五人で分けると、一人何本だい？
狸2　十二本。
狸3　そんなに来やしないよ。
狸4　一人一本くらいは貰えるだろうね。
狸2　五三が六…五四十二…五五十七…五六三十八…
狸3　四五二十だから、一人四本ずつ来るよ。
狸1　四本か。じゃあ、四人が四本食べないで、三本ずつにすると、何本残る。
狸2　一本半。
狸3　うそだよ。四三十二だから、八本残るよ。
狸1　よし。うまく取った一人が八本、残りの四人は三本ずつ食べることにしよう。
狸4　賛成、賛成。
狸1　じゃあ、一番はじめは誰が行くんだい？
狸2　僕が行くよ。
狸5　また一人ぎめして失敗するなよ。
狸2　大丈夫さ。化かしちゃえばいいんだろ。
狸1　その次は誰だい？
狸3　僕が行こうか。
狸1　よし、その次は？　君、行くかい。
狸4　いやだなあ。一番お終いがいいなあ。
狸5　だめだい。お前は臆病だから、僕の前にやれ。

狸1　よし。じゃあ、君が三番で、君が四番だ。僕は一番最後にやる。どうせ君達は失敗して、僕が一人で八本食べる事になるんだから。
狸5　冗談言うなよ。僕がいるのを忘れるな。
狸2　僕が一番先に取るに決まってるさ。
狸1　じゃあ、出かけよう。…気をつけ…右向けェ左。前へ…歩け。（退場）

③

狸2　皆、いろんなこと言ってるけど、一番はじめに僕が取っちゃうんだもの、順番なんか決める必要なかったのさ。そうすると僕が八本貰う。あとの四人は三本ずつか。まてよ、三本より八本の方が多いんだろうね。三本。（指を折って）一、二、三…。三本ってのは三っつだよね。じゃあ、八本てのは…一二三四五六七九十…（片方の五本の指を、もう片方の人差し指で押さえて行く）一二三四五六七九十…ないよ、八っての。一二三四五六七九十…変だなァ。あらら、小僧さん、もうあそこまで来たぞ。それでは化けなくっちゃ。何に化けるかって？　皆さん、教えてあげましょうか。道の小石、石ですよ。道に落ちている石。あの小僧さん、大きな下駄をはいているんだから、石につまづいて転ぶに決まってるさ。転べばおだんごの包を投げ出すから、僕がその包を拾って逃げる。おだんご八本は僕のものです。まてよ、八本ってのは幾つかなあ？　一二三四五六七九十…変だなァ。わッ、来た来た。それでは化けるぞ…一二三の四…（ヒュードロドロドロ…煙）

小僧　④狸が出たら困るなァ。おまじないまだ覚えているだろうな。あれ、こんな道の真ん中にあるなんて、邪魔な石だなァ。ここを通る人が困るじゃないか。交通妨害ってことを知らないんだナ。よし、僕がどかしておいてあげよう。あれ、この石、毛が生えているぞ。それに何だか柔らかそうな石だな。蹴っ飛ばしたら割れるかしら。どこまで飛んで行くのかためしてみよう。一二の三。

狸2　ぎやァー…痛い痛い痛い…（飛び上がって逃げ去る）。

♪合唱「だんごとるなら」

だんごとるなら　のんのさんに化けな
道の小石にゃ　だんごはやれぬ
トヨイト　ヨイトサのヨイトサの
ドッコイサ

小僧　ああ、びっくりした。何だ、狸が化けた石じゃないか。ハハハハ、なんてバカな狸だろ。やーい、バカ狸…待て、こら…

狸3　⑤もしもし、小僧さん、小僧さん。

小僧　え？　あ、小母さんかァ、もう狸が出たよ。

狸3　狸が？

小僧　石に化けてね、僕を転ばそうとしたの。ところが僕が思いきり強く蹴とばしたもんだから、狸の奴、痛い痛いって逃げちゃった。あのおまじない唱えるまでないや。

狸3　おまじない？　何のおまじない？
小僧　おばさん忘れん坊だなァ。さっきおしえてくれたじゃないか。
狸3　そうそう、そうでしたね。で、狸を追いかけていたんですね。
小僧　うん。捕まえたら、和尚さんに内緒で、狸汁にして食べようと思って…
狸3　狸汁！…
小僧　小母さん、なんだか顔色が悪いよ。それに体が木の葉みたいにブルブル震えてるよ。
狸3　木の葉？…え、ええ、これ、小母さんの病気でね。時々なるんですよ。狸汁ノイローゼって言うんですって。
小僧　僕が狸汁の話をしたからこうなったの？悪いこと言っちゃったなあ。あれ、でまかせだよ。ほんとは可哀そうだもの、狸汁なんかにしやしないよ。
狸3　そうですか。それならいいけど。
小僧　小母さん、早く帰って寝た方がいいよ。さよなら。
狸3　あ、小僧さん、ちょっと待って。あのう…さっきのおだんごね、あれ…昨日のおだんごなんですよ。で、新しいのと取り替えてあげようと思って、ほら、ここに持って来たんだけど。
小僧　これが昨日のおだんご？　だって、小母さんが自分で包んだんじゃないの。
狸3　それは…包んだんですよ。ええ…包んだんですけどね。その…包むときに、あまり一所懸命包んだもんで、包みすぎちゃって…
小僧　包みすぎ？
狸3　ええ、その、包みすぎて、お隣りにあった昨日のおだんごまで、一所懸命包んじゃったんです。

小僧　どうしてそんなに一所懸命包んだの？

狸3　ああ、そりゃ、仏様にあげようと思って、つい興奮して…

小僧　何だか変だなァ。

狸3　昨日のおだんごなんて、まずくて食べられませんよ。

小僧　だってこれ持った時、確かに温かかったよ。

狸3　気のせいですよ。さあ、こっちの新しいのと取り替えましょう。

小僧　あれ、小母さん、随分沢山入っているんだねえ。

狸3　ええ、それは…そうですよ。私が間違えたんですもの。だからお詫びに沢山入れて来たんですよ。さあ、取り替えましょう。

小僧　ふうん。随分おまけしてくれたんだナ。（替える）あれ、小母さん。大きい割に随分軽いね…この包み…

狸3　そ、それは…できたてのおだんごってものは、ふわふわして、柔らかくて、軽いものですよ、木の葉みたいに。

小僧　木の葉みたいに？

狸3　いえ、あの、その…気のせいでそう感じるんですよ。昨日のおだんごが重かったから。古いおだんごは石みたいに固くなるから、重くなるんですよ。じゃ、小僧さん、早くお帰りなさいよ。その包み、狸に取られないようにね。

小僧　あ、小母さん。さっきのおまじない、もう一度教えてよ。僕、忘れちゃったんだ、頭悪いから。

狸3　さあ、小母さんも忘れてしまいましたよ、

小僧　頭悪いから。
狸3　困ったなあ、何とか思い出してよ。
小僧　小僧さんが思い出してくださいな。
狸3　あ、思い出した。小母さんこうじゃなかったかい。
小僧　どう？
狸3　兎だ兎だ、兎の親類だァ。
小僧　ぎゃー。
狸3　やっぱり狸か。待てェ、狸…（ニセ包みを放り出して追いかける）

⑥

狸4　あいつ、どうしたんだろうなァ。うまくいけば、もうおだんごを持って来る頃なんだがなァ。どうしたんだろうなァ。失敗したのかな。
（狸3、駆けこんで登場。手に包みは持ってない）

狸4　おい君、どうしたどうした。
狸3　わッ、お助けェ…
狸4　君、僕だよ僕だってば…
狸3　なあんだ、君か。僕はまた小僧さんかと思ったよ。
狸4　どうしたの、失敗したのかい。いやだなァ。
狸3　うん。おだんごやの小母さんに化けて、おだんご取る事は取ったんだ。けど、頭のいい小僧でね。反対におまじないとなえられて、追っかけられて、とうとう取り返されちゃった。
狸4　そんなに強い小僧さんなのかい。困ったなァ、僕どうしよう。
狸3　そうだ。こうしちゃあいられない。小僧さんが追っかけて来る。君、後はよろしく頼むよ。

狸4　⑦そんなに強い小僧なのかなァ。何だか僕一人じゃ心細いなァ。おだんご八本なんていらないや。三本で我慢するから、誰か変わってくれないかなァ。あッ、来た。弱ったなァ…恐いなァ…えい、仕方がない。何とか化けてしまえ。

（ヒュードロドロドロドロドロ、煙）

小僧　⑧（手に包みを持つ）ここは確か、さっき狸が出た所だけど、こんな所に木があったかなァ。あ、これはさっきの狸のニセ包みだ。面白いから持って帰って、和尚様にお目にかけよう。それにしてもこんな所に木があったかなァ。まあいい…くたびれた。ちょっと休んで行こう。（木の枝—実は狸の手—に包みを掛ける。根元に座る）

♪ハミング「お寺の小僧さん」（ゆっくりと）

小僧　何だか眠くなってきたぞ。ああーッ（あくび）

（木に寄りかかってコックリコックリしだす）

狸4　逃げるなら今…

（狸4、包みを取り直し、逃げようとする）

小僧　地震だァ（とびおきる）…あれぇ、何でもないや。木がグラグラってしたようだったけど。（また根元に座る）休むだけだぞ…こんな所で眠ったら、狸におだんご取られるぞ。でも枝に掛けているから、狸じゃ手が届かないだろ。…何か喋ってないと、寝ちゃいそうだな。ええ…オンオン、アボキャア、ペールシャノ、マカモダラーマニ、ハンドマ、ジンバラ、ハラハリタヤ…か。百編唱える間だけ休んで行こう。オンオン、アボキャア、ペールシャノ、マカモダラーマニ、ハンドマ、ジンバラ、ハラハリタヤ（二、三回繰り返すうちに眠ってしまう）

⑨

狸1　おい。（と、首を出す）上手くやったナ。早く逃げろ。

狸4　駄目なんだよ。僕が退《ど》くと、小僧さん、ひっくり返っちゃうんだよ。

狸1　ひっくり返るかどうか、やって見ろよ。

（狸4が退こうとし、小僧が倒れかかり、元に戻る。小僧を見て狸1は逃げる）

小僧　オンオン、アボキャア、ペールシャノ、マカモダラーマニ、ハンドマ…むにゃ、むにゃ、むにゃ…

狸1　（また、首を出す）どうも、うまくいかないな。

狸4　ね、だめだろ。どうしよう。僕、くたびれてきちゃった。

狸1　もう一度やってみろ。

（狸4、退こうとし、小僧が倒れかかり、元に戻る）

狸4　（涙声で）ね…だめだよ、これ…

狸1　その包みだけ、僕が先に持って行ってやろうか。

狸4　うん、そうしてくれる。でも、小僧さんが目を覚まして行っちゃうまで、僕はこうしているんだなァ。だけど、そうなるとおだんご八本は誰が貰うの。

狸1　そうなると、君が取ったことにはならないから、三本だけさ。

狸4　えーッ、いやだよ、いやだよ、そんなの。
小僧　ああー、あ、ハックショイ！
狸4　ヒックショイ！
小僧　（とびおきる。狸1、引っ込む）おやッ、誰かクシャミしたぞ。……誰もいないや。ああ、そうだ。こんな所で居眠りしてるから、狸がねらってるんだ。早く帰ろ。（木の枝―実は狸の手―から包みを取り、退場する）
（狸4、あっけにとられて見送り。すごすごと反対側に退場）
♪合唱「だんごとるなら」
だんごとるなら　のんのさんに化けな
バカな立木にゃ　だんごはとれぬ
トヨイト　ヨイトサのヨイトサの
ドッコイサ

⑩場面変る。中央に石地蔵。
狸5　やれやれ、皆バカな奴だ。ふん、だらしのない奴ばっかりだ。だいいち、小石だの、だんごやの小母さんだの、立木だのって、坊主に少しも関係ない物に化けたってダメだ。やっぱり、僕の目の付け所は違うんだナ。ええ、お地蔵様、ちょっと失礼しますよ。（と、地蔵の首を取り外し、自分の首をのせる）
へへん、どんなもんだい僕の知恵は。これなら小坊主が引っかからない方が不思議な位さ。おだんごは僕に取られる運命に決まっているのである。やッ、来た来た、シーッ。
⑪
小僧　やれやれ、あと一息だ。やっといつもの

お地蔵様の所まで来たぞ。（拝む。立ち上りかけると、狸5が作り声で重々しく）

狸5　これこれ小僧ちょっと待て。

小僧　ひゃあッ…（腰をぬかす）

狸5　びっくり致すな、これ小僧。汝《なんじ》毎日我《わ》が事を、拝めることは奇特《きとく》なり。その心根《こころね》をわれ愛《め》でて、わが身の秘密を聞かすべし。そもそも我《われ》はその昔、恐れ多くもかの聖《ひじり》、弘法大師がこの地にて、修養なされしその折に、刻み給いし地蔵なり。それより後はこの山に、黙して立てる一千年。その有難き御仏《みほとけ》と、知るや知らずやそち達は、しばしば立ちて我が前に、手を合わせるもよけれども、供物捧げる者もなし。そこで今日汝《な》が持てる、おいしそうなるおだんごを、お供え致せよ、これ小僧。

小僧　ふわ、ふわァ、驚いたなァ、石の地蔵が口をきくなんて…。まてよ、和尚様がおっしゃったぞ、修業が出来た者は、仏様の声を聞くことが出来るって。これは僕も修業ができたのかな。

狸5　そうじゃ、まさにその通り。修業が出来たその祝い、おだんごそなえて帰るべし。

（小僧、考え込む）

♪ハミング「だんごとるなら」

狸5　早く汝《なんじ》がおだんごを、捧げて帰れよ、こら小僧。

小僧　このお地蔵様はおだんごの事ばかり言うぞ（小声で）やっぱり、狸かな。…よ～し、試してやれ。（大声で）ああ、そうだ。和尚様はまだおっしゃったぞ。仏様の声が聞こえる様になった者が拝むと、仏様が頭を撫でて下さるそうだ。このお地蔵様も撫でて下さるかしら。

（小僧拝む。狸5、手を伸ばして小僧の頭を撫でる。すぐ手を引っ込める）

小僧　いよいよ本当だ。それから頭を撫でて貰える様になった者が拝むと、仏様は右手を挙げて下さるそうだ。これも試してみよう。

（小僧拝む。狸5、右手がどちらなのか迷ってから挙げる）

小僧　あ、そうじゃないや。左手を挙げるっておしゃったんだ。

（狸5、あわてて左手にかえる）

小僧　いや、やっぱり右だったかな。そうだ右だ。

（狸5、右手にかえる）

小僧　いや、そうじゃない、左だ。ちがう、右がほんとだ。左だ。右だ。左だ。右だ。左。右。左。右。…ええい、両方。

（狸5、声に合わせて左右の手を挙げ、最後にとうとう万歳の形）

小僧　（地蔵と狸の胴体を一緒に捕まえて）そら、逃がさないぞ。

狸5　わッ、ごめんごめん。（振りほどいて逃げる）

小僧　こら、待て狸汁…

（小僧、地蔵の首を元に戻し、合掌してから去ろうとする）

⑫

狸1　これこれ小僧や。

小僧　あ、和尚様。どちらへお出かけですか。

狸1　うん。ちょっとふもとの村まで用があって行って来たよ。おだんごは買って来てくれたかな。

小僧　はい。お言いつけ通り、買って来ました。
狸1　おお、それはご苦労ご苦労。どりゃ、わしが持ってやろう。
小僧　いや、和尚様に持たせちゃ悪いから、僕が持って行きます。
狸1　なに、かまわんかまわん。仏様にあげる大事なおだんごじゃ。わしが大事に持って行こう。（受け取る）そっちの大きな包みは何だい。
小僧　これはさっき、狸が僕を騙《だま》そうとして作って来た、ニセのおだんご包みです。だけど、僕は騙されないで、分捕《ぶんど》ってやりました。
狸1　そうかい。それはそれはバカな狸じゃ。いやァ、狸の中には利口な狸もいるが、バカなやつもいるからのォ。
小僧　でも今の二匹は、どちらもバカでしたよ。
狸1　あとの一匹は一番利口じゃ。
小僧　え、何ですって？
狸1　あわわ、何でもない何でもない。あ、そうそう、お前ご苦労だが、今からまたちょっと、お使いにいっておくれ。
小僧　何処へですか。
狸1　何処へでもいいから…、いや、なに、その、あっちの方…いや、あの、おだんごやへ行ってな、もう一包み買ってきておくれ。
小僧　またおだんごですか。どうして？
狸1　いやあ、お前もよく働いてくれるから、お前にあげようと思って。
小僧　いいですよ、いつもの通り、仏様のおさがりで…
狸1　いや、和尚がこんな気持ちになった時、遠慮なく貰っておくものじゃ。そうでないと、あの和尚、なかなかケチじゃからのォ。

小僧　和尚様、ご自分でそう思いますか。

狸1　思うとも、思うとも。あの和尚、大根のシッポまで捨てないで食べてしまう。少しは狸の栄養になるものを捨ててやったらどうじゃ。

小僧　（吹き出す）ほんとですね。じゃ行ってきますから、オアシをください。

狸1　オアシ？　お前に二本生えているではないか。それで足りなきゃ、シッポがいいか。

小僧　いやだなァ、お金ですよ。

狸1　オカネ？　鐘《かね》はそれ、鐘つき堂にぶら下がって居るぞよ。

小僧　もう判りました。いいですよ。じゃァ行ってきますけど、その前に和尚様、さっき狸がイタズラしてお地蔵様の首を取ってしまいました。申し訳ないから。お経をあげて下さい。

狸1　よしよし、お前が行っちゃったらすぐにでも、有難いお経を沢山あげとくから、さあ、早くいきなさい。

小僧　でも、首が取れたの、僕にも関係があるんで、お地蔵様に悪いんです。今すぐあげて下さい。

狸1　弱ったなァ…その、弱ったなァ。じゃあ、わしがお経をあげだしたら、安心して、すぐ行きなさい。いいかね。まず、おだんごをここにおいて…これ小僧、触るんではないぞ。ではお経をあげるぞよ。ナムくくくえゝ、ナムくくく…これ小僧、お前も一緒にあげなさい。

小僧　和尚様の方がいい声なんだがなァ。

狸1　わしはちょっと風邪を引いたので、一緒

小僧　にあげてくれ。

小僧　じゃあ、あげますよ。一、二、三。オンオン、アボキャア、ペールシャノ、マカモダラーマニ、ハンドマ、ジンバラ、ハラハリタヤ。

狸1　おんおんねぼけたペルシャ猫。中村羊羹食い過ぎて、バンドがばらばら腹はりたや…

（小僧、この間に包みをニセ包みとすり替える）

小僧　兎だ兎だ、兎の親類だァ。

狸1　ヒエッ、大変だァ。（包みを取り、飛び上がって逃げ去る）

⑬

♪ハミング「お寺の小僧さん」

小僧　あははは…あははは…とうとう、あのニセ包みを持ってちゃった。バカだなァ。おだんごを取りたいんなら、お寺のご本尊様に化けるのが一番いいのさ。さあ、ほんとの和尚様が待っていらっしゃるだろうから、早く帰ろう。

⑭

狸1　（ニセ包みを振りかざし）おーい、おーい。皆集まれェー、集まれェー。とうとう、うまく取ってやったぞ。

狸2　わァ、すごいなァ。アイタタタ…お尻が痛い。

狸3　変だなァ、あの包みは…

狸4　やっぱり君は偉いなァ。

狸5　おい、早く開けて、配ってくれよ。

狸1　よおし。八本は僕が貰うんだぜ。じゃ、開けるぞ…そら。おいしそうな…ウギャァ…木の葉っぱ…

狸3　やっぱりあの包みだ。

狸1　しまった。狸が人に化かされたァ。

♪合唱「だんごとるなら」

だんごとるなら　のんのさんに化けな

化けた和尚さんは　シッポ巻いて逃げた

トヨイト　ヨイトサのヨイトサの

ドッコイサ

（狸1の手から木の葉が散る。狸たち、合唱が終るまでダンマリのポーズ）

――幕――

劇　ビアンカ　一幕

斎田　喬作「雪の少女」より

岩田　健脚色

舞台　イタリアの山奥。冬の夕暮。

登場人物（5名）

子ども1

子ども2

お爺さん

お婆さん

ビアンカ

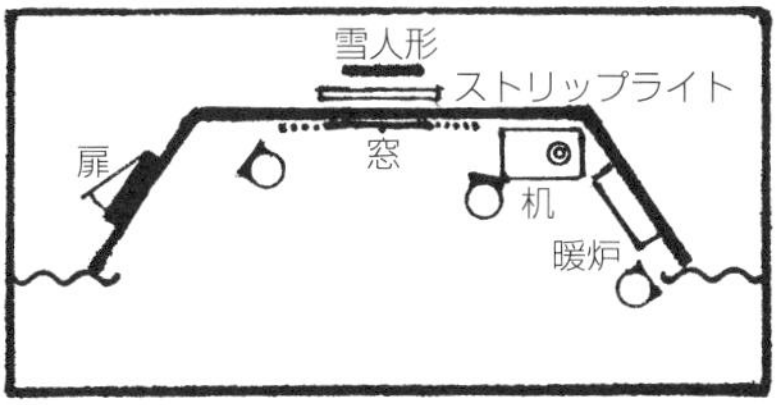

幕が開くと、老夫婦の住む小さな家の中。室内にテーブル、椅子数脚、ランプなど。上手に暖炉、下手に外への扉。中央にカーテンの開かれた窓。窓越しに子どもが二人で雪人形を作っているのが見える。外は雪。お爺さん、お婆さんは部屋の中で何かしている。

①お爺さん、お婆さん、子ども1、2

子ども1　（外から）出来たよ、お爺さん。
子ども2　（外から）見てよ、見てよ、お婆さん。
お爺さん　（暖炉のそばで）おお寒かったろう。
……火の傍へおいで。
お婆さん　（外を見て）まあ、すてき！
子ども1　（子ども2と入って来る）すてき？
子ども2　そう思う？　…お婆さん。
お婆さん　そうとも…そうとも…、来てごらんなさいよ、お爺さん。
お爺さん　おお、見事だ。
お婆さん　ありがとうよ、坊やたち、ありがとうよ。
子ども1　お婆さん、嬉しい？
お婆さん　嬉しいとも、私達の子どもが出来たんだもの。
お爺さん　（外に出て、人形に向い）娘や…お前は、このお爺さんの子なんだよ。
子ども1　あんなに喜ぶとは思わなかったなぁ。
子ども2　兄ちゃん、僕達いいことしたねぇ。
子ども1　うん。家に帰って、お父さんやお母さんに話そうね。喜ぶぜきっと…
子ども2　もう、お家に帰るの？
子ども1　そうさ。もう遅いもの。
子ども2　また明日来ようね。
子ども1　うん。…お爺さん、僕達もう帰るよ。
お爺さん　（戸口で）何だって？　もう帰るのか。お婆さん、この子達帰るとさ。
お婆さん　帰るんですって？　ちょ…ちょっと

お爺さん　お待ち。（退場）

お婆さん　お待ち坊や。お婆さんが何かあげるから。

子ども1　（登場）はい、クッキーだよ。お婆さんが作ったの。

子ども2　どうもありがとう。

お婆さん　ありがと、どうもありがと。

子ども1　明日、学校が終ったら、また来てくれるかい？

お爺さん　ええ。

子ども2　もう暗いから、気をつけてな。

子ども1　うん、さようなら。（退場）

お婆さん　さよなら、お婆さん。（退場）

子ども1　ああ。さよなら、ありがとよ。

お爺さん　（外で）アバヨ。また明日。

ああ、また明日。

（子ども達退場。二人は見送る）

---

②お爺さん、お婆さん

お爺さん　（家に入る）いい子たちだなあ。

お婆さん　親切な子…

お爺さん　（雪人形に目を移して）なんて可愛い雪だるまだろうねぇ、お婆さん。

お婆さん　ええ、まるで生きているようですね。動き出しそうですよ、もうじき…

お爺さん　私達の娘なんだよねぇ。

お婆さん　名前を付けてやらなくちゃ…

お爺さん　そうだ…ええと、マルタ…マリア…ルジィナ…

お婆さん　ベアトリーチェ…カッサンドラ…そうそう、ビアンカってどうでしょう？　白だから…

お爺さん　そりゃあいい、うん、ビアンカ…これはいいね…ビアンカ…ビアンカ…

お婆さん　（窓から）ビアンカ…あなたの名前は

ビアンカよ。

お爺さん　お前はビアンカだよ、分かったかい？

お婆さん　…お休み、ビアンカ。明日遊んであげようね。（布と道具を出して縫い物をする）

お爺さん　ゆっくり、お休み。（カーテンを引く）…お婆さんや、いつもの歌を唄っておくれ…ビアンカにも。

お婆さん　ええ、ええ、唄いますとも。…ビアンカもお聞き、唄ってあげるから。

「アイルランドの子守歌」

♪トゥラ　ルラ　ルラー　トゥラ　ルラ　リー
トゥラ　ルラ　ルラー　なかないで
トゥラ　ルラ　ルラー　トゥラ　ルラ　リー
トゥラ　ルラ　ルラー　眠れ　いとし子

♪トゥラ　ルラ　ルラー　トゥラ　ルラ　リー
トゥラ　ルラ　ルラー　あしたまで
トゥラ　ルラ　ルラー　トゥラ　ルラ　リー
トゥラ　ルラ　ルラー　眠れ　しずかに

（お爺さんはウトウトし始める）

お婆さん　お爺さん…お爺さん…風邪をひきますよ。

お爺さん　うーうーうー、ああ、眠い。さてさて、寝るとしようか。

お婆さん　私は、ちょっとする事があるから。

お爺さん　一体、何を作っているんだね？

お婆さん　赤頭巾ですよ…小さな赤頭巾なんですよ。

お爺さん　ほう、誰にやるんだい？

お婆さん　小さな、可愛いビアンカに

お爺さん　それァいい…それァいい。あの子も外で寒いだろ。どれ、私は寝るよ。

お婆さん　おやすみなさい。

お爺さん　おやすみ、お婆さん。おやすみ、ビアンカ。（退場）

③お婆さん

お婆さん小声で唄いながら頭巾を縫い続ける。やがて出来上がり、自分で被ってみて微笑む。それを暖炉の上に片付け、ランプの灯を吹き消す。寝室へ行こうとする。…扉をノックする音

お婆さん　おや？　誰かしら？（又ランプを点ける）お爺さん…お爺さん…起きて下さい。

お爺さん　（声）何だ…どうした？

お婆さん　誰か、外へ来たらしいんですよ。（ノック）…しッ！　…（ノック）…そら…（ノック）…ね…

---

④お爺さん、お婆さん、ビアンカ

お爺さん　（登場）はぁい…。どうぞ…どなただね？（扉を開ける。小さな白い少女が立っている）

お爺さん
お婆さん｝おや、まあ！

ビアンカ　今晩は、お爺さん。

お爺さん　…こんばんは。

ビアンカ　今晩は、お婆さん。

お婆さん　…こんばんは。

ビアンカ　入ってもよくって？

お爺さん　ああ…もちろん、どうぞ…

お婆さん　さあさあ、お入り…まあ…ひどい雪。（少女の雪を払ってやる）

お爺さん　お前さん、どこから来たの？

ビアンカ　あのね、遠い遠い所から…ううん、すぐ近い所から。

お爺さん　遠くて、近い所から？
お婆さん　お前さん、これからどこへ行くの？
ビアンカ　あのね、近い近い所へ…ううん、すごく遠い所へ。
お婆さん　近くて遠い所へ？
ビアンカ　ええ、お婆さん。……まだ、何か？
お爺さん　まだ何か…何だね？
ビアンカ　まだ何か、私に聞く事あって？
お爺さん　う…うん。その…お前さんの名前は？
ビアンカ　私の名前？
お婆さん　そう、何て言うの？
ビアンカ　私の名前？
お爺さん　うん、お前さんの名さ。
ビアンカ　ビアンカ…
お爺さん
お婆さん　ビアンカ？
ビアンカ　どうしたの？
お爺さん　いや、いや。何、ちょっとビックリしただけさ。
お婆さん　私達にもビアンカという娘がいてね。
お爺さん　お前さんと同じ名さ。
お婆さん　でも、その子は、歩きもしなければ、喋りもしないんだけど…
お爺さん　ビアンカ。お前さん、いつまでここにいられるのかね？
ビアンカ　明日の朝まで。
お爺さん
お婆さん　明日の朝まで？　それだけ…
ビアンカ　ええ。…でも今夜、私、お爺さんとお婆さんに、歌や踊りを見せるわ。
お婆さん　ビアンカ、唄えるの？
ビアンカ　ええ、唄えてよ。
お爺さん　ビアンカ、踊れるの？

ビアンカ　ええ、踊れるわ。
お婆さん　ああ、それじゃ、ぜひ唄っておくれ。
お爺さん　ダメダメお婆さん。ビアンカは寒かったろうし、お腹も減っているんじゃないかと思うんだがね。
お婆さん　あ、そうでしたね。ビアンカ。火のそばにお座り。こっちへおいで
ビアンカ　お爺さん、私、お腹減ってないわ…ここがいいのよ、お婆さん。
お爺さん　（薪をくべながら）さ、こっちへおいで。
お婆さん　ビアンカ、何が食べたい？
ビアンカ　ありがとう…でも、いらないの。
お爺さん　そんな事いわないでさ。私達はお前が来てくれて、とても嬉しいんだよ。
お婆さん　ビアンカは何が好きなんでしょうねぇ。
ビアンカ　私、お婆さんの歌が好きよ。
お婆さん　私の歌？
ビアンカ　ええ…お婆さんの…そら…あの…アイルランドの子守歌。
お婆さん　まあまあ、ビアンカ。私の歌を知ってるの？　まあ驚いた。
お爺さん　ビアンカ、お前さん踊れるといったねぇ。
ビアンカ　ええ。
お爺さん　じゃあ、お婆さんの歌に合わせて踊っておくれ。
ビアンカ　いいわ、お爺さん。
お婆さん　それはいいわねぇ。じゃ、唄いますよ。
お爺さん　ちょっと待った。鈴が何処かにあったはずだ…踊りの鈴が…
お婆さん　そうそう。どこだったでしょうねえ。
（二人は鈴を探す。お婆さん、暖炉の頭

巾に気付く）

お婆さん　あ、忘れていた。ビアンカ、ちょっとこれを被ってごらん。

ビアンカ　これ、なあに？

お婆さん　頭巾だよ、赤頭巾なの。お前のような可愛い女の子にあげようと思って作ったのさ。（ビアンカに被せる）まあ、可愛い。お爺さん、ごらんなさいよ。

お爺さん　やあ、これはいい。まるでビアンカのために、誂《あつら》えたようだ。

お婆さん　ビアンカ。ちょっとさがってみて…廻ってごらん、ぐるっと…それからお辞儀…まあ、なんて可愛いのでしょう。

お爺さん　さ、ビアンカ。これを持って踊っておくれ。

ビアンカ　これ、なあに？

お爺さん　踊りの鈴さ。こんな風に…♪ジングルベル、ジングルベル、鈴が鳴る♪ってな。ハハハハハ…

ビアンカ　私、するわ。（鈴を持つ）

お婆さん　よくってビアンカ、一、二の三…

（ビアンカ、お婆さんの「アイルランドの歌」に合わせて踊る）

お爺さん　（拍手）お婆さんや、私はこんな可愛い踊りを見たことがないよ。

お婆さん　私もですよ…こっちへおいでビアンカ。ありがとうね。

お爺さん　ビアンカおすわり、暖炉に薪をどっさり燃やしてあげるから。

ビアンカ　いいのよ、いいのよ。私、寒くなんかないの。

お爺さん　そんなこと言うもんじゃない。私達は嬉しいんだよ。お前が踊ってくれて…
お婆さん　熱いお茶を入れましょうね。
お爺さん　そうだ、それァいい。
お婆さん　ビアンカ、私達がどんなに喜んでいるか知らないのね。（ビアンカぐったりとしている）ビアンカを振り返る。ビアンカ…ビアンカ…どうしたのビアンカ？…
ビアンカ　（元気なく）なんでもないの、お婆さん。
お爺さん　ビアンカは寒いんだよ。毛布をおだし。
ビアンカ　（ますます元気がなく）いらないわ…お爺さん。
お婆さん　お爺さん、もっと薪を燃やしてくださいよ。

お爺さん　（毛布を持ってくる）そ、そうだとも。
（暖炉に走り寄る）
お婆さん　ビアンカ…ビアンカ…ああ、どうしよう。
ビアンカ　大丈夫よ、お婆さん。
お爺さん　早く、熱いお茶！
お婆さん　はい…はい…。今すぐ（退場）
ビアンカ　（かすかに）ありがとう、お婆さん…でも私。
お爺さん　ちょっとお待ち…ビアンカ。暖かいベットを作ってあげよう。（退場）
（ビアンカ立ち上る。ゆっくりと、名残惜しそうに扉より去る）

……間……

お婆さん　はい…熱いお茶だよ…ビアンカ。おや、どこへ行ったの？　お爺さん、お爺さん、（お爺さん登場）ビアンカがいないんですよ。

お爺さん
お婆さん　ビアンカ…ビアンカ…ビアンカァ…

（二人は部屋中のあちこちを探す。やがておばあさんが気になる窓のカーテンを開ける。雪人形が赤頭巾を被って立っている）

お爺さん
お婆さん　ビアンカ！

お婆さん　ビアンカ、お前だったの…。………お休み…ビアンカ。

お婆さん　（お婆さん、カーテンを閉める。それから窓辺にもたれて子守歌を唄う）

――静かに幕――

英語劇「ビアンカ」の台本。音声担当者用と照明の上手・下手スポット担当者用の台本として、この中にそれぞれの作業内容を具体的に書き加え、更にセリフ脇に on/off のタイミングを記入した台本を作成して裏方に演出イメージの徹底を進めていた。（著者手書き資料②）

〔舞台装置の注意〕

最も注意したいのは、窓の外の雪の人形が客席前の隅の席に座った人にも良く見える事。そこで図ではイタリアには珍しい大窓になっています。すると今度は窓の幅が大きくて、開け放つと雪人形をなぎ倒してしまう、そこで人形を奥に引くと客席端から見えなくなるというイタチごっこになってしまいます。それを防ぐために真ん中から左右に折り込む開き窓にしたら、写真のように窓に付いた雪の吹き溜まり裏のベニヤを見せる失敗を犯しました。引違窓にして人形をすぐ近くにした方が良いかもしれませんが、その場合おばあさんに当てるスポットライトの影が人形に当たらないようにしてください。

次に別の注意。演技上、テーブルを舞台の真ん中に置くと、正面前列の客席から人形が見えにくくなり、ランプが点いたらなお邪魔です。ランプの電球は10ワット位にして観客の目を刺激しないこと。テーブルはなるべく低いものにして下さい。

雪の深い地方の家は玄関まで何段か上る形で床が地表より高くなっています。従って、外の人形が窓から水平に見えるはずがないのです。そういう矛盾をなるべくお客様に悟られないように作るのが装置家の仕事でしょう。暖炉だって図のように薪がはみ出したら、本当ならば床が焦げますね。

ハリモノの裏側にストリップ・ライトを吊りこんで、青の光線を雪人形に当てて下さい。ドアの蝶番はどちらに付けたら舞台裏が見切れないで済むか考えて下さい。

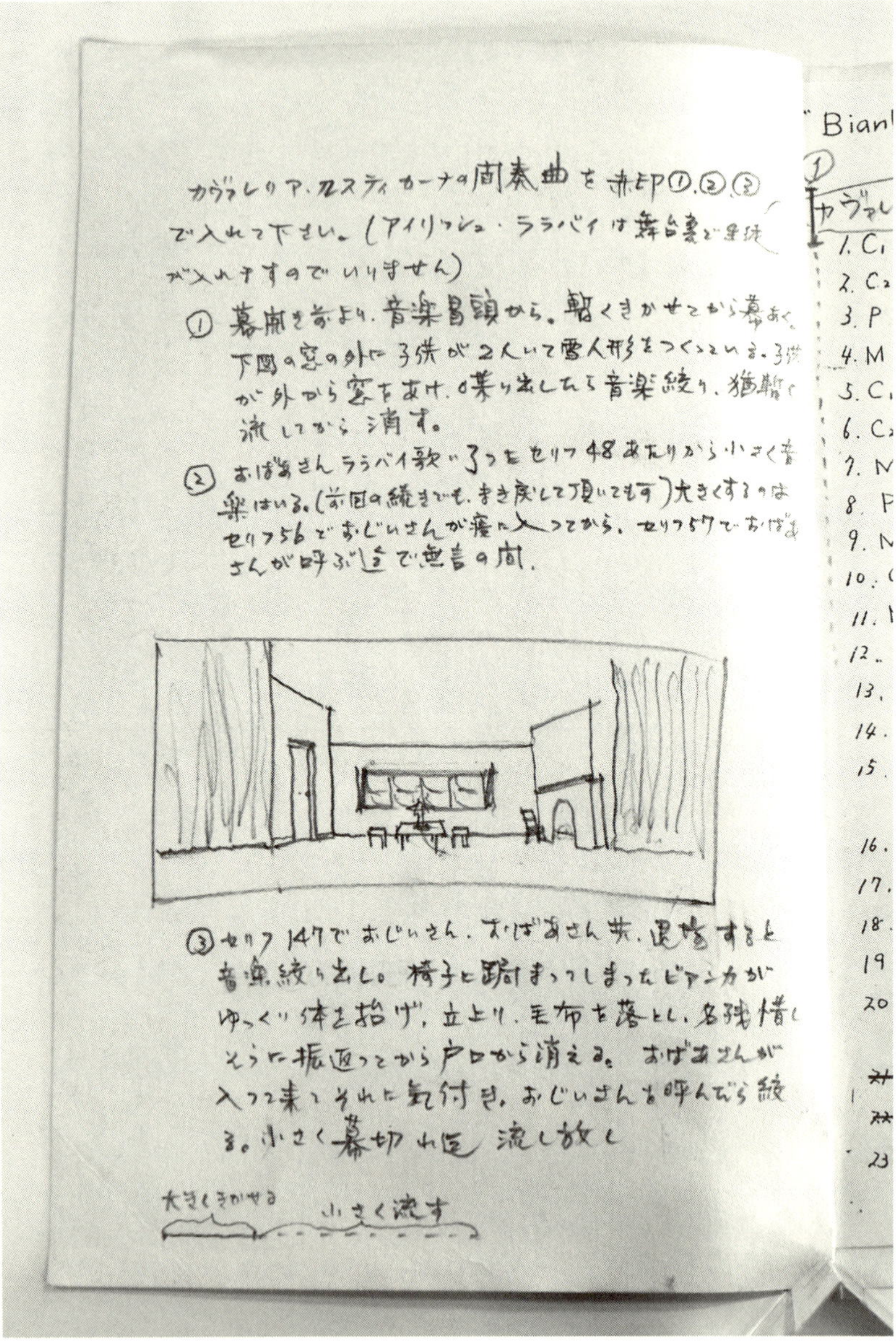
カヴァレリア・ルスティカーナの間奏曲を赤印①.②.③
で入れて下さい。(アイリッシュ・ララバイは舞台裏で生徒
が入れますのでいりません)
① 幕開き前より、音楽冒頭から。暫くきかせてから幕あく。
下図の窓の外に子供が2人いて雪人形をつくっている。子供
が外から窓をあけ、喋り出したら音楽絞り、猶暫く
流してから消す。
② おばあさんララバイ歌い了ってセリフ48あたりから小さく音
楽はいる。(前回の続きでも、まき戻して頂いてもです)大きくするのは
セリフ56でおじいさんが寝入ってから。セリフ57でおばあ
さんが呼ぶ迄で無音の間。
③ セリフ147でおじいさん、おばあさん共、退場すると
音楽絞り出し。椅子と踞まってしまったビアンカが
ゆっくり体を抬げ、立上り、毛布を落とし、名残惜し
そうに振返ってから戸口から消える。おばあさんが
入って来てそれに気付き、おじいさんを呼んだら絞
る。小さく幕切れ迄流し放し
大きくきかせる
小さく流す

英語劇「ビアンカ」。岩田が音声用台本に手書き記述した頁。

音楽を流すタイミングや音の強弱について舞台図とセリフ番号を書き込んで具体的に記述。当時の音響は録音テープを流していたことが読み取れる。(著者手書き資料③)

劇　火　一幕

岡田　陽作「火」より
岩田　健脚色

時　むかしむかし
場所　村の共同の火種置き場
登場人物（15名）
アズサ（若者）　　ナレーター
ナギサ（アズサの妹）　　村人A
オジカ（アズサの友）　　B
メジカ（オジカの妹）　　C
村《むら》　長《おさ》（老人）　　D
タカヒ（村の若者）　　E
オナミ（村の若者）　　F
オガイ（村の若者）

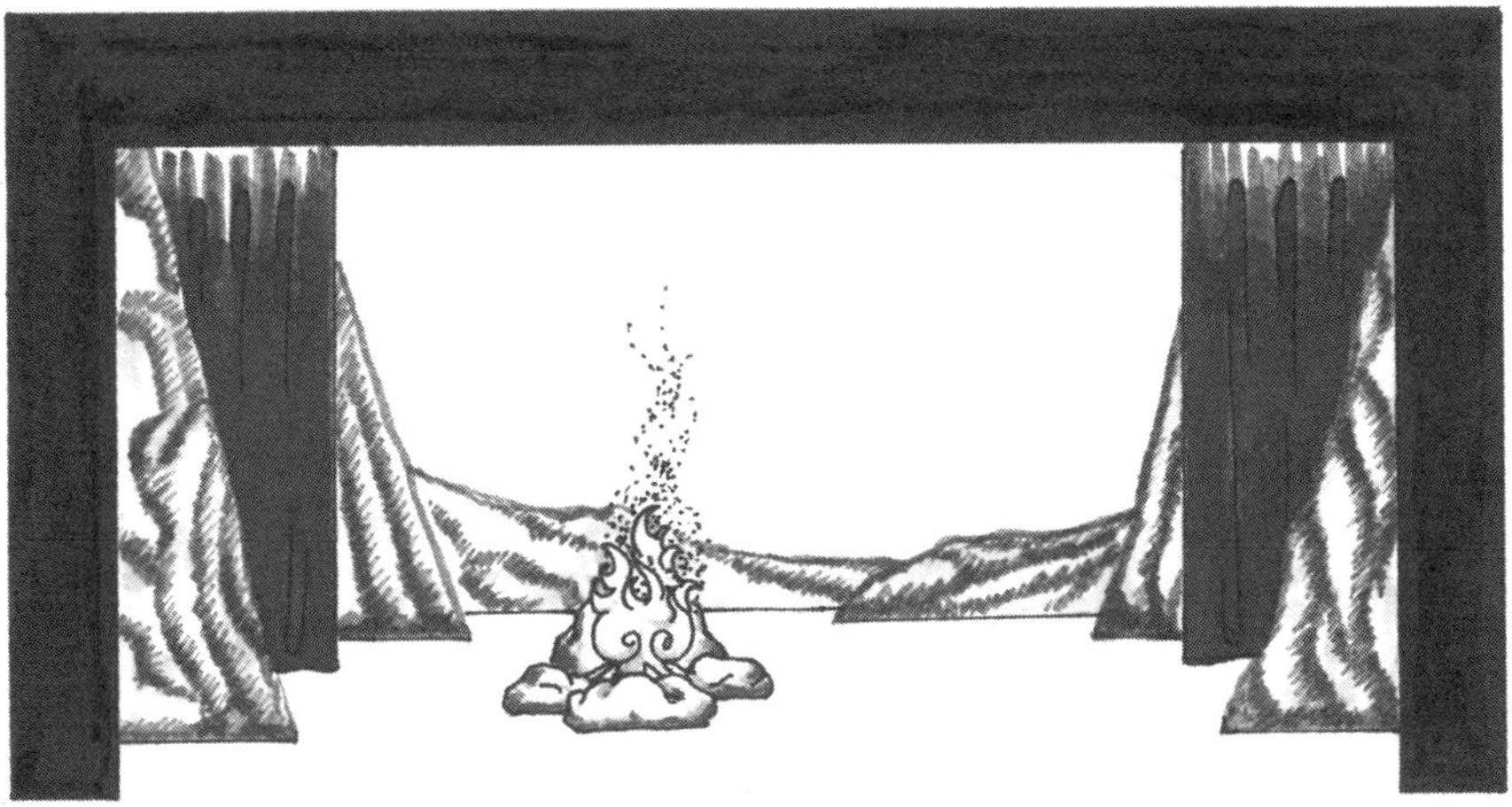

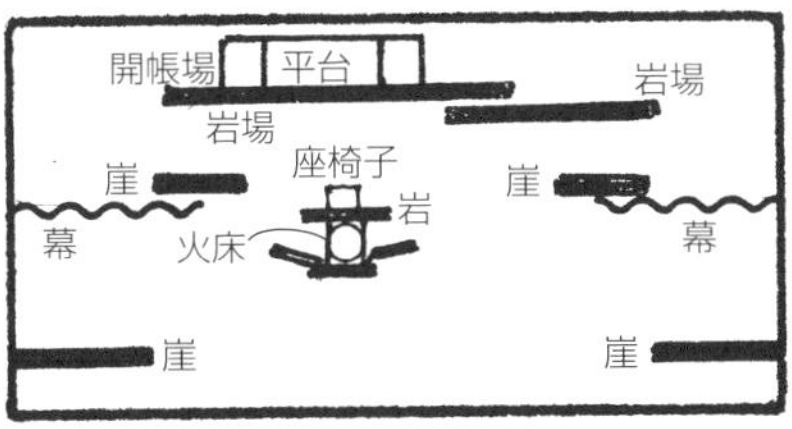

舞台は両袖が高くなる岩場。中央が谷底で、そこに小岩で囲った火種置き場があり、火が赤々と燃えている

①幕前　全員

テーマ曲が流れるなか登場人物14名が二手に分かれて、灯のついたタイマツを掲げて暗い客席両側から登壇し、幕前舞台に一列になって客席に向き一斉に灯を消す。続いてナレーターが上手袖に登場

ナレ　この変な服装をした人達は誰だろう。そう、あなた方の考え通り、この人達は昔々の人達なのだ。

A　火

全員　火

B　火

全員　火

C　火は人間にとってなくてはならぬもの。

D　もし火がなければ、暗い恐ろしい夜を過ごさなければならない。

全員　暗くて恐ろしい夜。

E　もし火がなければ、寒く凍《こご》える冬を我慢しなければならない。

全員　寒くて凍える冬。

F　火が欲しい。

全員　暖かい、火が欲しい。

A　火があれば、狼も熊も襲《おそ》ってこない。

B　火があれば、凍え死にしないですむ。

C　火があれば、水をお湯にすることも、お米をご飯にすることもできる。

D　肉を焼いたり、魚を煮たり、おいしい食事ができる。

E　火は生命の源、太陽のかけら。

F　火があれば、獣とは違った生活が出来る。

全員　火が欲しい。火が…

ナレ　その頃の人は、まだ自分で火を起すすべを知らなかった。火を手に入れる事は、人間にとって、大変で、極《きわ》めて難しい事だった。

タカヒ　（タイマツを灯し掲《かか》げる）火が採《と》れた。

（左右のタイマツに順次点火して全員が掲げる）

A　命知らずの男が山火事に近寄って

B　火を部落に持ち帰った

C　部落の人々は喜んだ

D　人々はその火を大切に守った

E　人間は獣と違って来たのだ

F　この火を大事にしよう。

全員　大事にしよう。

（曲が流れて「燃えろの歌」を歌いながら全員両袖に分かれて退場）

♪「燃えろの歌」

燃えろよ燃えろ　火よ燃えろ
獣も魔物も追い払え
闇を明るくしておくれ

燃えろよ燃えろ　火よ燃えろ
コメもアズキも煮ておくれ
肉も魚も焼いとくれ

燃えろよ燃えろ　火よ燃えろ
凍てつく冬も暖かく
守っておくれ僕達を

②開幕。ナレーター、タカヒ、ナギサ、メジカ

ナレ　ここは村の共同の火種置き場だ。村の若者たちが交替で、寝ずの番をする大

タカヒ　切な場所だ。（退場）

（火の世話をしている）変に風が止まっちゃったな…嵐でも来そうだな。この岩陰で雨は大丈夫だけれど、風が吹きこんで予備の薪に燃え移るとことだぞ。今夜の分だけ残して、後は洞窟《どうくつ》の中に入れとこう。おや？　ナギサとメジカじゃないか。君達、今日のわざくらべはどうだった？

（ナギサ、メジカ登場）

ナギサ　私の兄とメジカの兄さんが勝ち残っているんですって。

タカヒ　思った通りだ。けど、あの仲のいい二人に勝負させるのは気の毒だな。

ナギサ　私、どっちが勝ってもいやだから、メジカの家へ行ったの。

メジカ　ナギサが来た時、母が発作を起こしてお薬を飲ませたとこだったの。一応治まったけれど、いつ再発するかわからないし、お薬が切れたんですぐに薬草採りに行かなければって話したら…。

ナギサ　そうなの、私が代わりに薬草を採りに行くところよ。メジカ、その場所はここからよく見えるって言ってたわね。

メジカ　ええ、ここからだとよく見えるわ。むこうの丘に狼みたいな形の岩が見えるでしょう？　あの岩の裏の、陽の当たらない所にあるの。あの薬草はそこだけに生えているの。

タカヒ　狼岩ならここの坂を下りて行くんだ。谷川にぶつかったら左に行くと岩伝いに川を渡れるところがある。渡ったら左に登っていくと狼岩に出る。

ナギサ　ありがとう。じゃ、採りにいくわね。

（退場）

メジカ　お願いねナギサ…。じゃあ、母が心配だから私も帰る。

タカヒ　うん。…あっ、オジカがここに来たら、お母さんが苦しんでるって伝えようか。

メジカ　ええ。…いえ、試合前だったら言わないで、気にするから。終っていたら、すぐ帰るように言って。（退場）

タカヒ　そうだな、そうしよう。じゃあね…。

③タカヒ、アズサ、オジカ

タカヒ、メジカを見送り、ナギサが下りた方を確かめ、薪運びにかかる。アズサ、オジカ登場

タカヒ　あれえアズサとオジカ、どうなった、君達の勝負。

アズサ　あッ、夕べからの火の番はタカヒだったのか。今夜は僕の番だ。ご免よ、勝負が済んだらすぐ交替するからね。

オジカ　タカヒ、アズサの奴なかなか俺に負けないんだよ。でも、今度こそ負かしてやるからな。すぐ交替に来させるよ。

アズサ　へーイ、そうはいきませんよ。返り討ちにしてやる。

オジカ　ところでアズサ、矢を一本貸せよ。

アズサ　何だ。弓くらべするのに矢を持ってないのか。

オジカ　さっき試し打ちしたら、どこかへ飛んでっちゃった。

アズサ　敵ながら呑気であっぱれ。そら、四本あるから二本とって…

オジカ　一本でいいよ。飛ぶ鳥に二の矢は無理だ。

アズサ　そうだな。じゃ僕も一本。余った二本

はここに刺しておこう。二人の友情のしるしだ。負けても恨みっこなし。

（二人、二本の矢を崖《がけ》に突き刺し握手）

オジカ　じゃ、アズサはここだな、俺は狼岩へ行くぜ（去りかける）

タカヒ　狼岩？　あッ、オジカ、狼岩にナギサが

オジカ　ナギサ？　アズサの妹がどうしたって…

タカヒ　（頭を振り）いや何でもない。それより、狼岩まで何しに行くんだ。

オジカ　ワシを射るんだ。アズサに聞きな…

（退場）

---

④タカヒ、アズサ、村人A、B、C、D、E、F、ナレーター

アズサ　あの杉の大木にワシが巣を作っているだろ、最後の勝負は飛ぶ鳥にしようとオジカが言うのさ。

タカヒ　ワシを巣から追い出すのかい？　飛ぶ鳥を射るのは一番難しいからね。

アズサ　ここからだと追い出しやすいのさ。村の人も来るんじゃないかな。僕、ワシの様子を見て来る。（退場）

タカヒ　こりゃあ面白い勝負になるぞ。

（村人ＡＢＣＤＥＦ登場）

タカヒ　やあ、みんな集まって来たな。さっきまでの試合を教えてくれないか。

A　聞いて、聞いて、タカヒ。

B　それはね、こんな具合の勝負だったのさ。

《歌と踊り》

♪「わざくらべの歌」

ちからくらべ　わざくらべ
勇士を選ぶ　わざくらべ
村一番の勇士は誰だ
勇士は誰だ

ちからくらべ　わざくらべ
相撲　跳躍　駆けくらべ
最後に残ったアズサとオジカ
どっちが強い

ちからくらべ　わざくらべ
最後の勝負は　弓くらべ
村一番を決めねばならぬ
決めねばならぬ

C　どんなちからくらべしても、アズサとオジカが強くて勝ち残るのさ。

D　勝ち残ったアズサとオジカの直接対決では、みんなの応援合戦さ。

タカヒ　そりゃあ、盛り上がったナ。

E　でも、最後の弓くらべでも的に当てた矢が同じ数で勝負はつかなかった。

F　そこで村長が生きた動物を的にしようといいだしたのさ。

ナレ　（登場）村長、つまりこの村の長老で、みんなの上に立つ人だ。ああ、その村長が二人の若者を連れて、ここにやって来る。

⑤前場の人々、オナミ、オガイ、村長、アズサ

村長　みんな集まってくれたか。これだけいればワシも飛び出すだろう。

オナミ　（アズサ登場）おおアズサ、用意はいいか。それではみんな聞いてくれ。

オガイ　村長は、ここと川向こうにいるオジカの両方が見える、あの神様のお社《やしろ》に立たれる。オジカの用意できたの合図があったら、村長は杖を高く上げられる。

オナミ　そしたらみんな、思いっきり大声で怒鳴るんだ。巣からワシを追い出すんだ。

村人　オゥー

村長　わかったなみんな。これで村一番の勇士が決まるだろう。誰になるか神様に報告できるのは楽しみじゃ。（一同うなずく）では追い出しを頼んだぞ。（退場）

⑥前場に人々（村長を除く）

アズサは奥の岩場上で狼岩やワシの巣をみて太陽の位置と風向きを確認する。村人たちは「わざくらべの歌」を歌いながら、薪や石を拾い、ワシの巣の方を見ながら徐々に舞台奥に集まって、村長のいる方を注視する

ナレ　緊張が高まる。（アズサ、矢を弓につがえる）村長の合図はまだだ。アズサは今になってなぜオジカが遠い狼岩を選んだか分かった。あっちの方が光線もよく獲物が見えて追い風なのに、こっちは向かい風だ。今更そんな事いってられない。……そらッ、村長の合図だ！

村人　ワァー！（一斉に喚声《かんせい》。薪を打ち鳴らし、石を投げつけて、飛び跳ねる）…ワシだァー、飛んだぞォー…（アズサ、矢を放つ）射《い》たァー、アズサの矢だ…矢が見えない、葉陰に消えた…あッワシが、落ちてくぞォー

（アズサ、勇んで退場。続いてオナミ、オガイ退場）

村人　矢が一本だ、アズサがやった、あっちだ、行こう、行こう…（村人が続いて退場）

タカヒ　⑦タカヒ、ナギサ、ナレーター

アズサが勝ったな。オジカの矢は見えなかったもの。（谷を見下ろし村人の動きを目で追う）矢は一本しか刺さってなかったし…（ちらばった薪を片付ける）

ナギサ　タカヒ、さっきはありがとね。（薬草を入れた籠《かご》をもって登場）

タカヒ　やあナギサ、薬草は採れたかい。

ナギサ　お陰でこんなに。早くメジカに渡さなくちゃ。

タカヒ　待ったナギサ。狼岩でオジカをみたか？

ナギサ　ああ、あれやっぱりオジカだったの。

タカヒ　私もそうじゃないかと…（行きかける）待てってて、で、オジカは矢を射たのかい。

ナギサ　射たわよ。その音で、すぐそばに人がいるって気づいたんですもの、私…（退場）

タカヒ　射たのか。それでその矢は…あれ、おーいナギサァー…

ナギサ　（声）あとで、あとでねえー

ナレ　ナギサは行ってしまった。タカヒは狐につままれたよう。（タカヒ、パントマイム）でも、やっぱりアズサが勝ったんだろう。おやおや、バタバタしてたら日が暮れてきたぞ、早く薪を片付けなければ、だいぶ風がふいてきた。（退場）

⑧タカヒ、アズサ、オナミ

アズサ　（登場）ごめんごめんタカヒ、遅くなっちゃった。さあ交替だ。

タカヒ　おうアズサ、勝負はどうなった。

アズサ　うん。ごらんの通り僕の勝ちさ。

タカヒ　オジカはどうした？

アズサ　俺の勝ちだっていいながら川を渡って駆けつけて来たよ。でも誰もあいつが射るとこ見てないし、ワシに刺さっていた矢は、君が知っての通り僕の矢だし、オジカだという証拠がないもの。

タカヒ　そうか、それじゃ怒っていたろ。

アズサ　うん。村長が僕の勝利を宣言してくれて、僕が火の番に向う時にも、まだなんか言ってたよ。

タカヒ　大丈夫かい。親友を怒らせたままで…

アズサ　一晩寝れば直るさ。オジカと僕の仲だもの。それより疲れただろ、帰ってくれよ。

タカヒ　そうするか。（立ち上がり）おや、オナミが来るぞ…何か用かな。

オナミ　（矢をもって登場）やあ、ひどい風になったなタカヒ。アズサ、もう来ていたのか。丁度いい、この矢を見てくれ。

アズサ　何だ、僕の矢じゃないか。

オナミ　うん、ワシに刺さっていた矢だ。オジカがな、これはアズサから借りた矢で、ここに自分で傷つけた跡があるから、ワシを射たのは俺だってしつっこく言い張るのさ。アズサから借りたとき、タカヒが見ていたというから確認しに来たんだが。

アズサ　傷？　岩角に引掛けたってできるぞこんな傷。証拠にはならん。

タカヒ　オジカがアズサから矢を借りたのは見ていたが、傷まではわからないなあ。

アズサ　村長の裁定が出てもまだぐちぐち文句つけるなんてオジカらしくない。

オナミ　タカヒ、一緒に来てオジカの証人にはなれないって村長に言ってくれるかい。

タカヒ　いいとも、どうせ帰る所だ。じゃあ、アズサ頼んだよ。

オナミ　風が強いから注意しろよ。（二人退場）

⑨アズサ、ナレーター、オガイ、オナミ、村長

ナレ　（登場）それからだいぶ時がたち、すっかり夜になった。（アズサ、パントマイム）やあ、ひどい風になって来たぞ、まるで獣が吼《ほ》えている様だ。あれ、薪が一束しかないいな、こんなはずない。

タカヒに聞いておけばよかった。まあいいや、今晩はこれで足りるだろう。

—激しい風の音

（オガイ、オナミと村長登場）

オガイ　アズサ、ご苦労さん。村長の見回りだ。

村長　アズサ、昼間は見事じゃったのう。それなのに夜はまた火の番でご苦労様じゃ。

オナミ　夕方から、急に風が強くなったろ。村長が心配して自分から見回りにいらっしゃったんだよ。

オガイ　やはりこんな風の晩、あの山の向うの村で風上の家が火を出したら、たちまち村中火事になった事があったなあ。

オナミ　あれからだよ。村長の命令で、風の強

い晩には村中の竈《かまど》の火を消す決まりが
できたのは。

——激しい風の音

村長　そして今夜もその決まりに従った方が
いいほど風が強くなった様じゃ。オナ
ミ、オガイ、あんたがたはどう思う。

オナミ　はい、火を消させた方がいいと思いま
す。

オガイ　私もそう思います。

村長　アズサ、お前は？

アズサ　はい、同じです。

村長　よし、オナミ、オガイ。これから村中
を廻ってくれ。火種はここだけにして、
村中の火を消すように。明日の朝、風
が治まったら、また命令を出すほどに。
それまではここの火種を持ち出しては
ならぬとな。

オガイ　はい。じゃあ、俺はこっちから廻る。
お前はそっちから廻れ。そして村はず
れのアズサの家で落ち合おう。

オナミ　判った。じゃあ行って参ります。アズ
サ頼んだぞ。（二人退場）

村長　アズサ、村中の火が消えてしまうと、
火種はここ一ヵ所のみ。こんなときに
村一番の勇士が寝ずの番とは心強いこ
とじゃ。しっかり頼んだぞ。

アズサ　はい。おやすみなさい。（村長退場）

⑩アズサ、ナレーター、メジカ

ナレ　皆が去った。さすがのアズサも少し心
細い。そして眠い。昼間のわざくらべ
で相当疲れている。…ああ、でもよ

かった。あれはオジカの妹のメジカだ。何か用のありげな様子だ。アズサの眠気も覚めるだろう。

メジカ　（薬草を入れた籠と壺を持って登場）こんばんは。今夜の当番はアズサだったの。すみませんが、火種くださいな。

アズサ　君の家では、火はどうしたの？

メジカ　消えちゃったの。兄のオジカはわざくらべで一日いないし、母は病気で寝込んでいるし、私は出かけてたから、その間、薪をくべる人が誰もいなくて…

アズサ　メジカ、悪いけど今夜は火種あげられないよ、村長の命令でね。このひどい風で村中の家でも火を消すことになったんだ。

メジカ　まあ、どうしましょう。折角ナギサが採って来てくれた薬草なのに煎じることができないわ。

アズサ　えッ、ナギサが？

メジカ　ええ、ナギサが私の代りに狼岩まで薬草採りに行ってくれたの。

アズサ　そうか、妹の奴、それで僕の試合にはこなかったのか。オジカはまだ帰らないのかい？

メジカ　ええ、あなたとのわざくらべで負けたんですってね。あれからずいぶんたつのに。

アズサ　メジカいいことがある。火種は無理だけど、薬をここで煮るんなら構わないだろ。水汲んでおいで、煮てあげるから。

メジカ　あッ、そうね。ありがとう。

（薬草の籠を置き、壺を持って退場。アズサはそばの小岩で竈を作り火を起す）

メジカ　（登場）お水汲んで来たわ。

アズサ　こっちに貸して。この草は全部煮て時々かき廻せばいいんだね。よし、煮といてやるよ。お母さんが心配だろ、いったん帰って、煮えた頃取りにおいで。

メジカ　ありがとう。じゃあ、様子を見て来るわ。兄さんが来たら、すぐ帰るように言ってね。ほんとにありがとうねアズサ。（退場）

⑪アズサ、ナレーター、オジカ、ナギサ

ナレ　メジカは喜んで帰って行く。アズサはまた一人になった。（アズサ、火のそばに座る）…おや、誰かそこに居る様だ。その暗闇の中に…。ああ、オジカだ。だがオジカはなんで親友のそばに近づかないんだ。黙ってアズサを睨《にら》み付けている。やはり、昼間のわざくらべを根に持っている様だ。

ナギサ　（遠くの声）兄さァーん。

（オジカの姿消える）

アズサ　ナギサかァー、風が強いから気を付けろォー。

ナギサ　（登場）ご苦労様。きょうは疲れたでしょ。

アズサ　さあさ、火のそばにおいで。あったまるから。何か持って来てくれた？

ナギサ　うん。これクルミ。ねえ兄さん、オジカは今日のこと怒ってんじゃない？

アズサ　そんな事あるもんか。あれは男同士の勝負だもの。

ナギサ　だったらなおさらよ。私、兄さんに悪いけど、ワシを射たのはオジカだったと思うのよ。

アズサ　バ、バカな。お前がそんな…なぜ？

ナギサ　兄さん、怒らない？　怒るんだったら話さない方がいいもの。ね、怒らないって約束してよ。

アズサ　何だか言ってみろよ。言わなきゃわからないだろ。

ナギサ　兄さんのわざくらべも見ないで、私、狼岩へお薬の草を採りに行ったの…メジカのお母さんが苦しそうだったから。ごめんね。お薬の草が随分採れたので、戻ろうとしてふと見たら、谷の向う、丁度この辺りに大勢の人が見えたわ。

アズサ　うん、それが僕と村の人達だ。

ナギサ　何だろうと見ていたら、急に喚声が上がって、あの杉の木からワシが飛び出したの。その時、私の立っている岩のすぐ下からビュンと音がして、矢が谷を越えて飛んでったわ。ワシはその矢に当たって。

アズサ　待てナギサ。矢は一本しか刺さってなかった。それは僕の射た矢だ。

ナギサ　でも、私が見たのは、谷を越えて飛んでった矢でワシが落ちたという事よ。オジカもそう思ったのよ。思わずやったって叫んだわ。そして私が声を掛ける間もなく、駈け下りて行ったわ。川を越えて向う岸を駈け上がって行ったの。よほど自信があったのね。兄さんだって、絶対自分の勝ちだと思ってみんなの前へでていって、誰にも認めてもらえなかったら怒らないでいられる？

アズサ　帰れよ！
ナギサ　えッ？
アズサ　帰れよ、もう。
ナギサ　あら、怒ったの？　ごめんなさい。だから、話さない方が…ねえ、ごめんなさいってば…
アズサ　お前は自分の兄が信じられないんだな。そしてオジカを信じるんだな。そんな奴…妹とは思わない。
ナギサ　いやだあ…兄さん…ごめんなさい。ねえ、ごめんなさいって言ってるじゃないの。返事してよ兄さん…ねえ、ねえ、兄さんてばァ…
アズサ　帰れってば。
ナギサ　そう…じゃ帰るわ。ごめんなさいね。明日の朝、ご馳走作って持ってくるから、許してね。…風邪ひかないように…さよなら兄さん…まあ、ひどい風。

（退場）

⑫アズサ、ナレーター、オジカ

アズサ　誰がなんと言ったって僕の勝ちだ。ナギサのバカヤロウー…
ナレ　アズサの胸は煮えくり返っている。眠気も覚めてしまった。（アズサ、怒りに任せて歩き廻る）オジカがここに来ないでよかった。いま会ったらケンカしてしまいそうだ。（アズサ、火のそばに座る）やっぱり少し疲れている様だ。クルミでも食べよう…（石でクルミを割ろうとする）…そうだ、薬の事忘れていた。壺をかき廻さなくっちゃ。（小枝でかき廻す）…かき廻していると目が廻ってしまう来る。何か喋っていないと眠ってしまいそうだ。

アズサ　今日のワシは大きかったな…ワシはトビより大きいな…トビはカラスより大きいな…カラスはトビより（あくびする）…小さいな…トビはワシより小さいな…カラスはワシより…（あくび）…

ナレ　アズサ、アズサ、眠っちゃダメだよ。ほら、オジカがまた戻って来て君を見てるんだ。目を開くんだアズサ。（退場）

アズサ　（はっとして）カラスはワシより小さいな…トビとワシとは…カラスだな。…カラスはワシより…大きいな…（眠り込む）

オジカ　（暗闇からでてアズサを見下ろす）アズサの奴、眠ってしまったな。フン、今日の勝負は何といっても俺の勝ちだ。それをみんなの前で男らしく認められない、お前なんか、女の腐ったような奴だ。大事な火の番をしながら眠ってしまう村一番の勇士なんてあるものか。（薪の束を引きずって来る）同じ様に見えるけど、こっちは谷川の底から拾って来た薪だ。くべたら水が出て火が弱くなるのさ。（元の薪を片付ける）さあアズサ、目を覚ませ。そうだ、もう少し火を弱くしておこう。（薪を二、三本引き抜き、谷に捨てる）さあ、目を覚ましてみろ、女の腐ったの。そして泣きっ面するがいい。（アズサの身動きを見て素早く隠れる）

アズサ　ハクッションョン…ああ、寒くなったな。おや、火が消えそうだ。（薪をくべる）

おかしいな、いやにくすぶるなあ…変だぞ、薪から水がじゅうじゅうでてくる。…いけない、消えそうだ。…おかしいな、この薪も、この薪も湿ってる。大変だ。火が消えそうだ。乾いた薪を探さないと… 洞窟にあるかな（退場）

⑬オジカ

オジカ　（薪で火種をかき回す。アズサを気にして、壺を引っくり返す。火は完全に消える）
あッ、壺が倒れた。こんなに全部消すつもりじゃなかった…いいさ、これでも（突いて）…何だこれ、アズサの奴こんな草を煮て食うつもりだったのか。
フン、腹減らしめ。

---

⑭オジカ、アズサ

アズサ　（新しい薪束を抱えて駆け込んでくる）
あッ、火が消えちゃっている。ど、どうしてだ。あれ、オジカ？

オジカ　アズサ、火が消えちゃってるぞ。村一番の勇士が何てザマだ。ははァ、寝ぼけて壺まで蹴とばしたな。

アズサ　ああー、壺が倒れてる。オジカ、君が倒したのか。

オジカ　知るもんか。お前が寝ぼけたんだろ。それとも居眠りしなかったとシラを切るつもりか。今日の試合を自分の勝ちと嘘をつき通した様に。

アズサ　なに？　僕の勝ちじゃないというのか。村中の人が見ていたんだぞ。

オジカ　みんなの目が間違う事もある。俺は、矢が飛んでいって、俺の計算通り、飛び出したワシに当たるまで、ずっと目を離さなかった。俺の目に間違いはない。

アズサ　証拠を出して見ろ。自分が勝ちました。自分独りで見ていましたからで誰が信用するもんか。

オジカ　だから、だから親友のお前が証人になってくれると思っていた。（崖の矢を抜き取り、踏みつけて折る）何が親友だ、友達の手柄を横取りする卑怯者。

⑮オジカ、アズサ、メジカ

メジカ　アズサありがと…あッ、兄さんも一緒。よかったァ。お母さんが又苦しがっているの。一緒に帰って頂戴。だけどアズサ、火はどうしたの？　お母さんのお薬はどこにあるの。

オジカ　えッ、あの壺はお母さんの薬？

アズサ　（オジカの胸ぐらをつかむ）あの壺、あの壺って言ったな。やっぱり壺を倒したのは貴様だったか。

オジカ　（振り払い）証拠を出せ。「大事な持ち場を離れていました。その間にオジカが火を消しました。僕は見ていません が本当です」なんて、誰が信用するもんか。

（アズサ、無言で薪を二本持ち、一本をオジカに投げ渡す）

オジカ　こいつァ面白い。やるかアズサ。

アズサ　どっちが勇士で、どっちが卑怯者か、力で決めよう。

メジカ　あ、よしてアズサ、よして兄さん。

オジカ　（ビュンと薪を一振りして）よーし、来い。

メジカ　どっちが卑怯者か分らせてやる。よして、お願い。アズサ、兄さん。バカな真似やめて…ああ、どうしよう。誰か、誰か来てェー

（オジカ、アズサ激しく打ち合う）

⑯オジカ、アズサ、メジカ、ナギサ

ナギサ　（飛び出して来て兄にしがみつく）兄さんやめて、なにしてるの。

アズサ　どけナギサ、女の知った事か（振りほどく）

メジカ　（オジカにしがみつく）お願い、止めて兄さん。（オジカに突き飛ばされる）

オジカ　どいてろメジカ、男と男の勝負だ。

（二人は薪を放して取っ組み合いになる）

ナギサ　メジカ、メジカ、私たちの力じゃ駄目、すぐそこまで男の人が来てるから、助けを呼んで…（二人に組み付く）

メジカ　助けてェー、助けてェー、誰か来て、止めてェー

ナギサ　（振り飛ばされながら）やめて兄さん。やめてオジカ。ああ、助けて、オナミ、オガイ、助けてェー。

⑰前場の人々、オナミ、オガイ

オナミ　（登場）アズサ、オジカ、どうしたんだ。やめろ！（組み付く）

オガイ　（登場）やめろ、やめろ二人とも。（組み付いて二人を引き離す。二人激しい息遣いでにらみ合ったまま）

オナミ　あッ、火が消えている。アズサどうい

うわけだ。
オガイ　大変だ。村中の火がなくなった。ナギサ、村長に知らせろ。
ナギサ　はい。兄さん、バカな真似やめて。（駆け去る）
オジカ　オガイ、もうやらないから手を放せ。村中の火が無くなったとはどういう訳だ。
オガイ　知らないのか。さっきまでのひどい風で、ここの火種のほかは村中の火を消せと村長の命令が出た。俺たちは一軒一軒回って火を消させてきたところだ。
オナミ　最後のアズサの家によったら、ナギサがアズサを怒らせたからもう一度謝りたいというので、三人で来たんだ。
（オジカ、突然崩れる）
オガイ　オジカ、どうしたんだ．おい…
オジカ　ああ、俺はなんてバカなんだ。大変なことをしてしまった。母さんの薬が無くなったのもその罰だ。
メジカ　兄さん、やっぱり火を消したのは…
オナミ　どうしてそんなバカな真似を…
オジカ　俺としては、ちょっとアズサを懲《こ》らしめたら気が済むはずだった。それがこんなに大それたことになってしまって、俺はバカで卑怯者だ。
オナミ　オジカ、この責任はどうする。君とアズサに何があったか知らないが、自分たちの小さな恨《うら》みで村中の人に迷惑を掛けたんだぞ。
⑱前場の人々、タカヒ、ナギサ、村長
タカヒ　（駆けこんで登場）ほんとだ。火種がない。これからどうするんだ。アズサど

うするんだ。村中の火は消えたんだぞ、どこにも火はないぞ…（興奮してアズサに詰め寄る）

オガイ　まてタカヒ、誰に聞いてきた。

タカヒ　村長に呼ばれて先に行けと言われたんだ。村長はナギサと一緒に、もう来るはずだ。

（村長、ナギサ登場）

ナギサ　村長をお連れしたわ。（アズサに駆け寄る）

村長　ううむ…火種が消えておる。アズサ、どうしたわけじゃ。

オジカ　村長、アズサの罪じゃない。私が昼間の勝負を根に持って、アズサに恥をかかせようとして火を消しました。

アズサ　オジカ、何を言う。村長、火が消えたのは私がうっかり居眠りしたからです。オジカのせいではありません。

タカヒ　バカヤロウ。二人で罪をかぶり合っても、消えた火が再び燃えることはないんだぞ。

オナミ　この村は、当分、火のない不便な暮らしを我慢しなければならない。

オガイ　君達は村中の人から罰を受けなければならない。

オジカ　みんなで私を殴って下さい。それと、これから一年間、村中の水汲みは私一人でやらせてください。

村長　それは有難いが、火を消した償《つぐな》いにはならんのう。

アズサ　村長、私とオジカを旅に行かせて下さい。北の方に、火を吹く山があると聞きます。その山に行って火を取ってきます。

オガイ　しかし、火の山までは三日かかる。行って帰って六日。その間に雨にでもあったら、その火はどうなる。

村長　オガイの言う通りじゃ。まあ、火の山まで行かんでも、あの山の向うの村まで行って、訳を話して頼めば火を分けてくれよう。これなら朝でて、その日の夜中までには帰えれるが…

オジカ　行きます。ぜひ行かせて下さい。なあ、アズサ。

アズサ　うん。それで罪が消えることないけど、帰ってから罰してもらうことにして、では早速…

村長　待て、待て、タイマツを持たずに出かけて、獣に襲われたらどうする。明日の朝たつがよい。二人とも薪を背負っていくのじゃ、一人の火が消えても、片方の火が残る様にな。さあ、火の番もいらなくなったことだし、みんな家に戻って寝るがよい。明日の朝、二人を見送ってやる事にしよう。二人は明日の準備じゃな…

アズサ・オジカ　はい…すぐに。

（一同は互いに挨拶を交わしながら退場）

⑲オジカ、アズサ、メジカ、ナギサ

メジカ　何て優しい村長でしょう。兄さん、お母さんの為にも早く火を貰ってきて。

オジカ　アズサ、俺、悪かった。勘弁してくれ。

アズサ　いや、オジカは間違ってない。口惜しいけど君の矢がワシを射止めたという証人がここにいる。ナギサだ。

オジカ　えッ、ナギサが？　見ていたのか。

ナギサ　そう、わたし狼岩の上にいて、オジカの矢がワシを射た所をしっかり見ていたわ。
アズサ　だから、君こそ村一番の勇士だ。
ナギサ　でも兄さんを卑怯者と言わないで、誰もが兄さんの勝ちと思ったんだもの。
オジカ　卑怯者は俺だ。ナギサ、お願いだから、その話は誰にも言わないでくれ。卑怯者が村一番の勇士だなんていわれたら、俺はこの村にいられない。
メジカ　仲直りできてよかった。さッ、お母さんが待ってるわ。帰りましょ…
ナギサ　ちょっと待って。ねえ兄さん、火をもらいに行くより、私たちで火を作れないかしら。
メジカ　火を作る？　私達が？
ナギサ　ええ。さっき、兄さんの棒にしがみついたでしょう。喧嘩止めるために。…兄さんあの棒、火のそばにあった薪？
アズサ　いいや、火のそばじゃない。
ナギサ　あの棒、すごく熱かったの。夢中だったから、変に思う暇なかったけど…
メジカ　そういえば、うちの兄さんの棒も熱かったわ…なぜかしら。
オジカ　棒と棒で殴り合うと。熱くなるのか。
アズサ　よし、やってみよう。（二人で薪を何回も打ち合わせる）
オジカ　もっと強くたたくんだ。
アズサ　同じところをたたく方がいいのかな。
オジカ　（触る）おッ、熱いぞ。これはいけそうだ。
メジカ　棒をこすりあわせてみたら？　思い出したの、いつか風の強い日に枝がこすれ合って変な音がしてたの、面白いから触ってみたらびっくりするほど熱かった。

オジカ　よし、やってやるぞ。

テーマ曲低く流れる。オジカ、横にした薪に握りしめた細い棒の棒先を前後にこすりつける。触ってみて熱いという思い入れ。疲れてオジカとアズサは何度も交替する。ナギサとメジカは乾いた苔や枯れ草を集め、こすっている棒のそばに置き、代わる代わる息を吹きつける。やがて煙が立ちはじめ、ポッと火が燃え上がり、四人が狂喜して小枝をくべると勢いよく燃えはじめる。

テーマ曲に歌声が重なり村長ら一同が登場して全員で火の周りを踊り始める。歌が終ると、ストップモーションで全員の動きを止める。

ナレ　（登場）火を使う事を知ってから、何千年か何万年かたったころ、こうして人間は火を作ることを覚えて行った。火を作れる人々は完全に他の動物とは違って、本当の人間といえるようになったのだ。獣たちは火を恐れたが、人間は火を使って色々なことができるようになった。今、私達はあらゆる所で絶え間なく火を灯している。薪の火、炭の火、石炭の火、石油の火、ガスの火、電気の火、そして原子の火。それらの火を使う事によって、現代の文明は成り立っている。私達はもう一度、火のなかった昔の人達のことを考えてみよう。

——幕——

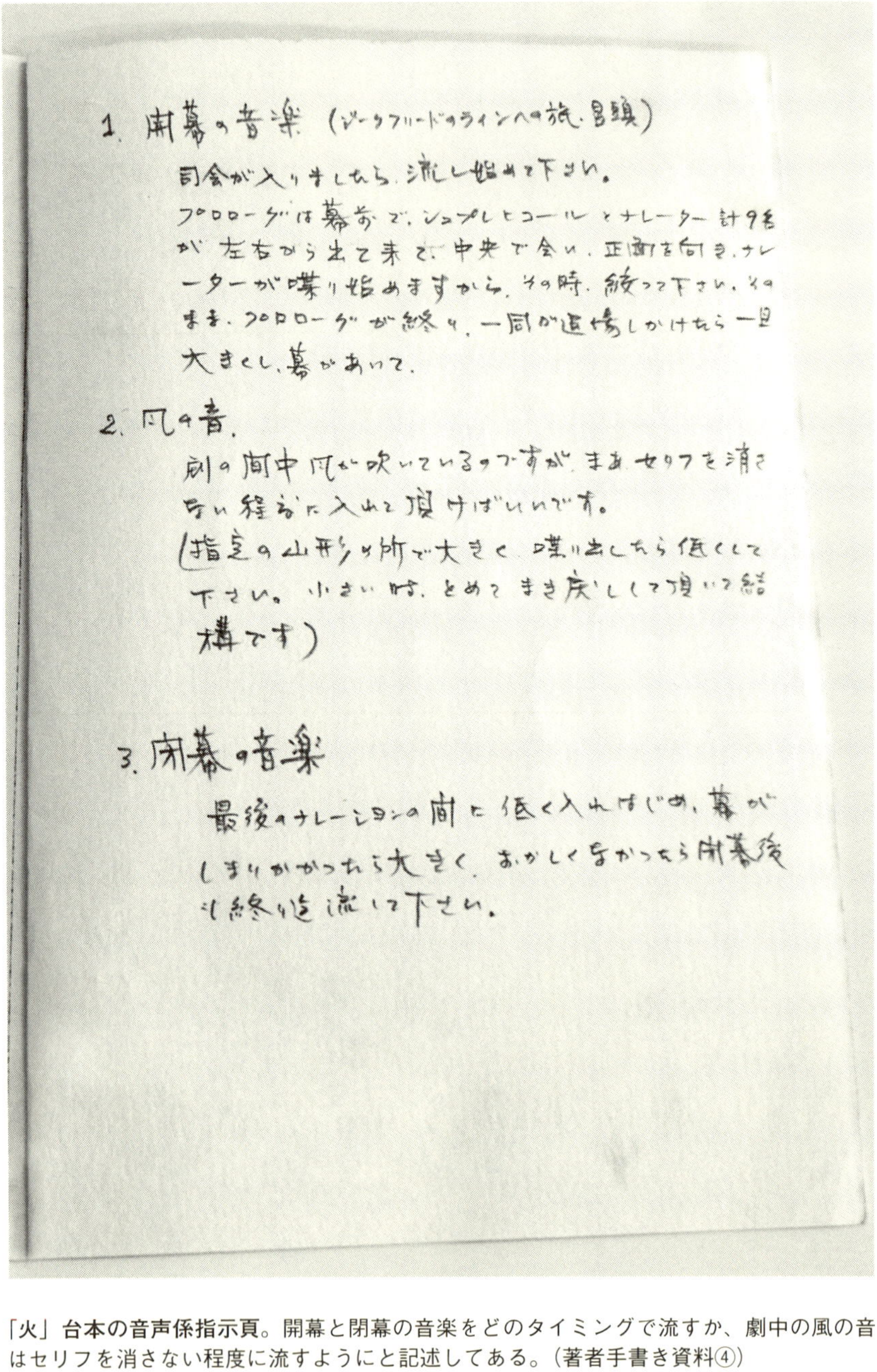

1. 開幕の音楽（ジークフリードのラインへの旅、冒頭）

司会が入りましたら、流し始めて下さい。

プロローグは幕前で、シュプレヒコールとナレーター計9名が左右から出て来て、中央で会い、正面を向き、ナレーターが喋り始めますから、その時、絞って下さい。そのまま、プロローグが終り、一同が退場しかけたら一旦大きくし、幕があいて、

2. 風の音。

劇の間中風が吹いているのですが、まあ、セリフを消さない程度に入れて頂けばいいです。

（指定の山形ヶ所で大きく、喋り出したら低くして下さい。小さい時、とめてまき戻しして頂いて結構です）

3. 閉幕の音楽

最後のナレーションの前に低く入れはじめ、幕がしまりかかったら大きく、おかしくなかったら閉幕後も終迄流して下さい。

「火」台本の音声係指示頁。開幕と閉幕の音楽をどのタイミングで流すか、劇中の風の音はセリフを消さない程度に流すようにと記述してある。（著者手書き資料④）

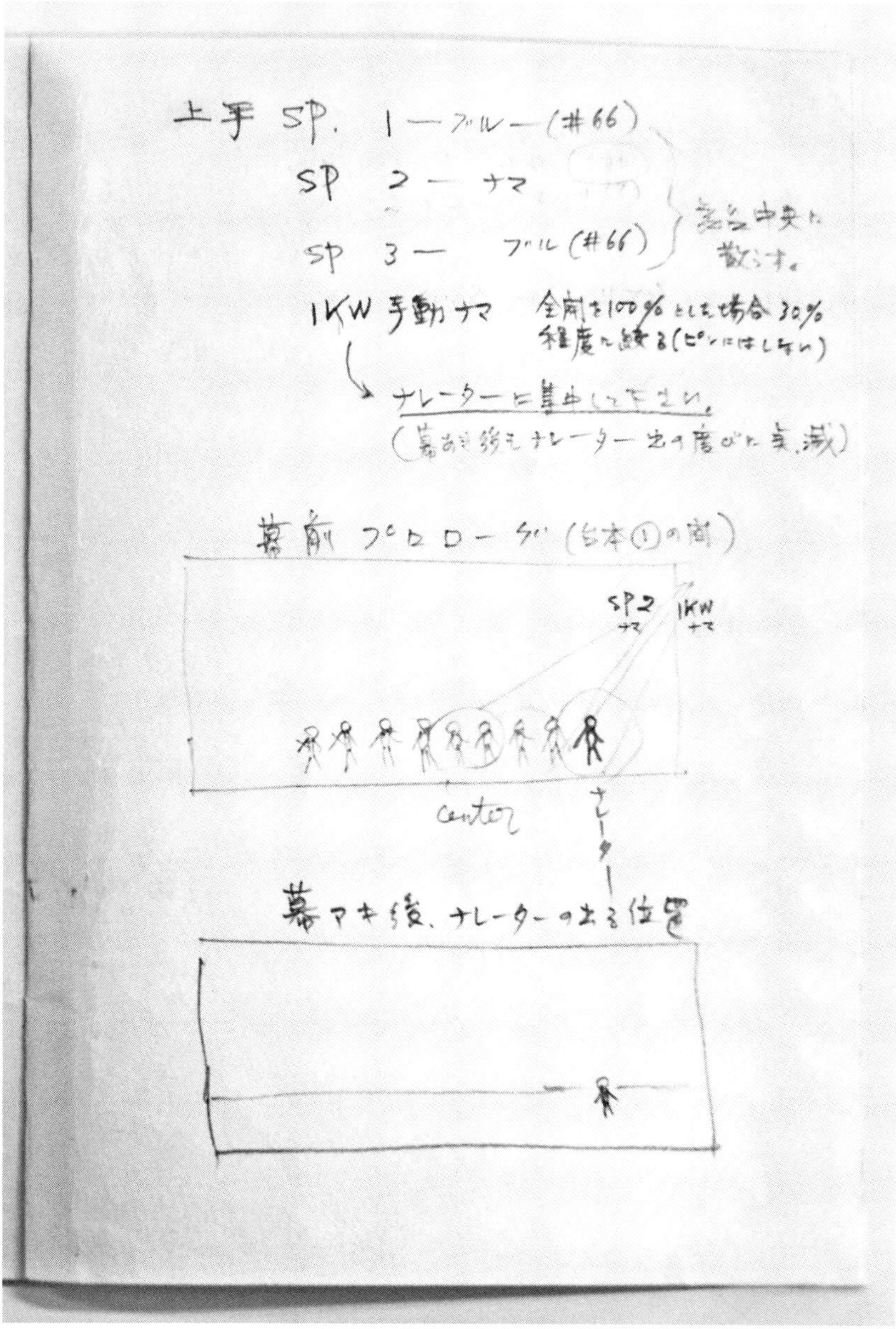

「火」台本の照明スポット係指示頁。上手フロントサイドに吊るす500Wスポットのカラー番号指定と舞台のどこに当てるかの記述。それと手動の1kw スタンドスポットはナレーターに当てることなどを図解で指示している。(著者手書き資料⑤)

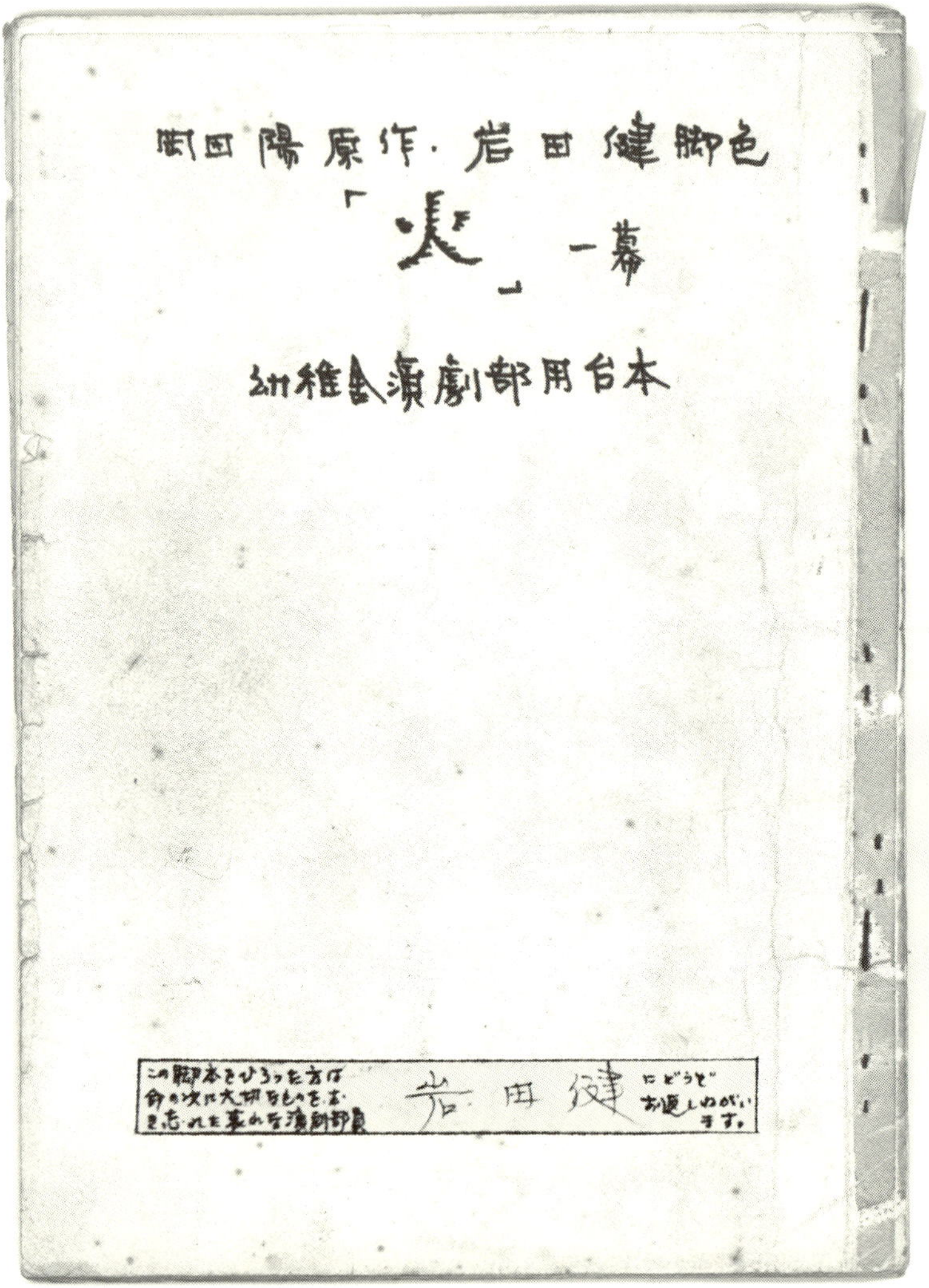

「火」台本表紙の所有者記名欄。枠内には「この脚本をひろった方は命の次に大切なものをおき忘れた哀れな演劇部員××××にどうぞお返しねがいます。」と書いてある。岩田は演劇部員が台本を粗末に扱うことや紛失することを厳しく戒めて、どの台本にもこのような記名欄を設けた。(著者手書き資料⑥)

劇　卵売りと手品師　一幕

斎田　喬作「ぶどう祭り」より
岩田　健脚色

舞台　イタリアの或る町の公園
時代　聖ヴァレンチノ祭の夕方にかけて

登場人物（11名）
卵売り（ピッポ）
少年A
少年B
少年C
少年D
少女E
少女F
少女G
少女H
手品師1（少年）
手品師2（少女）

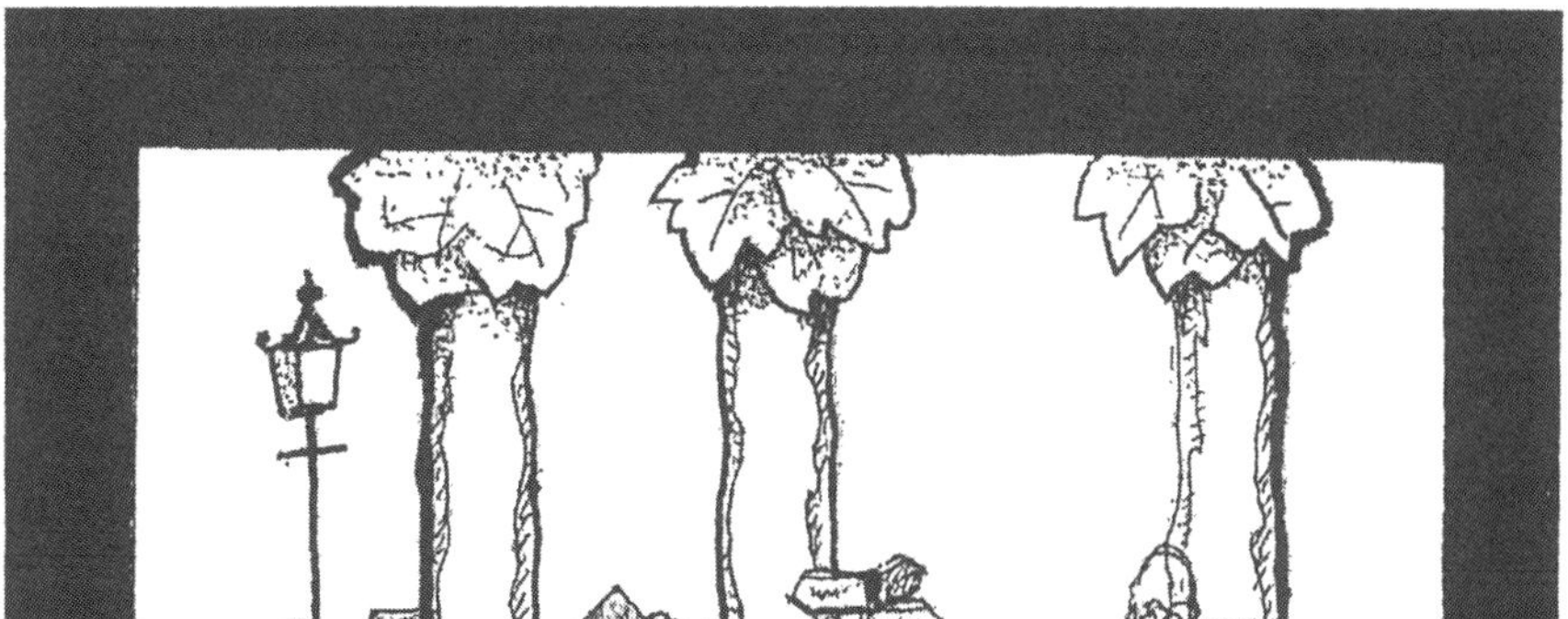

公園の広場。木々。外灯。幕の開く前から歌が聞こえる。幕が開くと子ども達が遊んでいる。ピッポは少し離れて、机の上にゆで卵の籠を置いて売っている。遊びがひとまず終わり子ども達が休む。ピッポが売り声をあげる。

①ピッポ、少年A、B、C、D、少女E、F、G、H

ピッポ　卵…新しい卵…卵…

B　ピッポ、今日も卵売りかい。

F　あなたのお母さん、まだ病気？

ピッポ　うん。まだよくならない。

B　それでお祭りの日にも卵売りか、気の毒だな。

A　（Bを引き寄せ）ニイノ、誰だいあの人？

B　僕の友達さ、ピッポって言うんだよ。

ピッポ　卵…新しい卵…

E　お祭りなのに遊ばないの？

F　あの人のお母さん、病気なのよ。

E　まあ、気の毒に。

F　卵、売れるのかしら。

B　あんまり売れないらしいよ。

ピッポ　卵…おいしい卵…

B　ピッポ、僕も一緒に売ってやるよ。

F　私も。

ピッポ　ありがとう。

A／B　卵…新しい卵…

E／F　卵…おいしい卵…

B　（大声）タ・マ・ゴォー…

A　（大声）タァ・マァ・ゴォー…

G　しィー…

H　うるさいわ。

A　何だと。

C　うるさいと言ったんだ。

A　なにィー？

C　こっちは大事な相談中だ。
A　おい。そいつ、ちょっと出てこい。
C　何だと…
G　やめなさいよ。
H　そうよ、やめてよ。
D　いいよ、やらせろ。
（C、D、前に出る。Aとにらみ合う）
A　おい。卵売りが「卵」と言うのが、なぜいけない。
C　うるさいと言ったんだ。
D　売るんなら、もっと静かに売れ。
E　こっちは商売なのよ。
C　そんな事、知るもんか。
D　大きな声で「タァ・マァ・ゴォ」だなんて…
C　そうだ。商売なら、もっと静かにやれよ。
A　（小声で）「卵」…
チェッ、そんな声で「卵」なんて言ったって、誰が買うもんか。（大声で）「タァ・マァ・ゴォ」と言わなくちゃ。
C　じゃあ、あっちへ行って売れ。
A　お前達こそあっちへ行け。
C　何を…
A　何だと…
B　カルレット、やめろよ。（皆に）ピッポのお母さんは病気で寝てるんだよ。
E　それでピッポは卵売ってるのよ。お祭りなのに…
B　卵買ってやれよ。
D　お前達が買ったらいいじゃないか。
A　買うとも。ピッポ、卵一つ、いくら？
ピッポ　三リラ。
D　高いやそんなの。

G　高くはないわね。
H　私、分らないわ、卵の値段…
A　安いよ、安い。…三つおくれ。
ピッポ　そんなに…一つでいいんだよ。
A　三つって言ったんだぞ。僕が食べるんだ。
C　まずいよ、あの卵…
A　うまい…うまいよこの卵…。安い…そしてうまい。（一つ食べ終わる）…うまい、とってもうまい…すっごくうまい。安い。…とても安い…すっごく安い。（二つ食べ終わる）…ふう…うまい…安い。…じつに安くてうまい。（三つ目を呑み込んで涙をふく）
G　ふふ、ごくろうさま。
H　もう一度、遊びましょうよ。
G　そうね、遊びましょう。

A　ちょっと待て…。卵…卵はいかが？
C　お金がないよ。
G　買いたいんだけど…本、買わなくちゃ。
D　卵より、チョコレートの方がいいや。
H　買い食いすると、お母さんに叱られるの。
B　ピッポ、幾つかおくれ。僕、あっちへ行って売って来る。
ピッポ　ありがとう。（B退場）
E／F　私も行くわ。
A　おっと、僕も行こう。
D　カルレット、遊ばないのか。
A　遊ぶもんか、ケチンボ。…卵…卵…（退場）
H　ルジィナ、遊びましょう。
F　ええ、帰って来てからね。（E、F退場）

C　②ピッポ、少年C、D、少女G、H
H　ぷゥ…さあ、遊ぼう。
D　じゃ、こんど、あなたからよ。
H　俺かい、じゃ、やるぜ。
　　じゃ、行くわよ。そら…ケンケンパ…
G　そら、ケンケンパ…
D　あら、もうだめよ。
C　ちえッ、そんなによく見てるなよ。
G　今度は俺だぞ。
D　あら、私の方が先よ。
　　そうだよ、お前は後だ。それ…ケンケンパ…それケンケンパ。
G　あッ、間違っちゃった。
H　ピッポ、あなたもやらない？
ピッポ　うん…あとで…
D　あいつはダメだよ。
G　卵、売れたらやるわね。

H　そうね、商売の方が大事ね。
　　（しばらく、ケンケンパのあそび）
　　③前場の人々、E、F
E　ピッポ、ごめんなさい。やっぱり私達じゃ売れないわ。
ピッポ　いいんだよ。どうもありがとう。
F　その代り、私、一つ買うわ。
E　私にも一つ。
ピッポ　いいんだよお金。さッ、これ取っておくれ。
E　ダメよ、お金とってくれなきゃ。
F　それが当り前よ。
ピッポ　いけないってば…あッ…ちょっと待って。
E／F　いれて頂戴…
　　（E、F、遊びに加わる。ピッポ、遊びの

外をウロウロする）

ピッポ　ありがとう、ルジィナ…ありがとう、もう一人の人…

④前場の人々、B

B　ピッポ、ごめんよ。一つしか売れなかった。それから僕が一つ食べた。さ、六リラ…

ピッポ　ありがとう、ニイノ。

B　おい、入れてくれ。（遊びに加わる）

⑤前場の人々、手品師1、2

1　この辺りでいいかな。

2　この辺りでいいわ。

1　さあさあ、皆さん。ご覧ください。まかり出ましたるはイタリア一の大手品でござい。

2　坊ちゃんも、お嬢さんも、ご覧下さい。

C　何だい。

G　手品よ。

H　さっき向うでやっていたわ。

D　見よう、見よう。

1　奇々怪々、珍妙不思議な手品でござい…

2　さがって…さがって…皆さん、この線までおさがり下さい。

C　何をやるんだい。

G　トランプや旗の手品。

D　面白いのかい？

H　とてもうまいそうよ。

C　早くやれェ…

G　そんなに前に出ちゃ駄目よ。

D　静かにしろよ（口笛）

H　あなたこそ静かにしなさいよ。

1　まず最初は、赤玉と白玉の手品でござ～い。赤玉をこの白玉のコップに入れます。

2　ハイ、ここの方。済みませんがこの棒で、玉をよくかき混ぜて下さい。

D　（立ち上がり）こうかい。よく混ぜるんだナ。よォ～し（混ぜてコップを返す）

2　ありがとう。この玉が一瞬のうちに元に戻ります。

（手品師1、紅白玉の手品）

一同　（拍手、ざわめき）

1　次は、不思議な筒の手品です。

2　さあ、この小さな紳士。この紐の端をもってください。そちらの、小さなレディ、こっちの端を持ってください。

（筒の手品）

一同　（拍手、ざわめき）

D　あれッ、おかしいなァ。

H　変ねェ、紐は切れてないし…

1　次はカードの手品でございい。

2　どなたか前へ出て下さい。誰も居ませんか…その後ろに隠れている坊ちゃん、ちょっと出て来て下さい。

（ピッポ、引き出される）

2　この坊ちゃんの体から、カードが出ます。

（カードの手品）

一同　（拍手）

G　トリックが判らないわ。

C　どこかにカードが残ってはしないか？

（ピッポの体を探す）

1　次は色のついた紐の手品です。

2　この紐は、ご覧の様に輪に結んでありま す。どうぞ、お調べください。

（F、G、Hに渡す。三人調べる）ハイ、確かに結んでありますね。（三人うなずく）では、これをこうして…

（手品師1、三つの輪を受け取る。手品師2、ハンカチを拡げて覆い、はずすと、輪は三つとも繋がっている。2、もう一度ハンカチを拡げ、はずすと、輪はバラバラになっている）

一同　（拍手。口笛）

G　変ねェ、確かにほどく暇なかったわね。

H　ほどいたって、又結ぶ暇なんかないわ。

1　最後は不思議な袋の手品です。その前にお金を戴きます。

2　では、この帽子の中に、いくらでもいいからお入れください。（帽子を持って廻る。皆入れる。ピッポ、もじもじするが結局入れる）どうも有難うございました。では最後の手品…

（袋の手品を始めて、終了する）

一同　（拍手、ざわめき）

2　お終いでございます。どうもありがとう。

B　うまいなァ。

D　僕、手品師になりたいな。（真似して）

G　ワン、ツー、スリー…
D　私、ジェノヴァ公園でも手品見たわ。
F　僕も見た。もっとうまかったぜ。
　　ビアンカの体から卵が出ます。ワン、ツー、スリー…
E　（笑って）あまりうまくないわ。
C　ビアンカ、その卵、僕に貸してよ。僕も手品やる。この卵、無くしてご覧に入れまーす。（食べる）
E　食べちゃった、私の卵。
H　ずるいわ、ずるいわそんなの。
C　オウ…オウ…オウ（顔をしかめ、別の卵を出す）
D　ははははは、ははははは、うまい、うまい。
H　あんなのインチキねえ。
　　（パレードの音楽が聞こえて来る）

G　パレードよ、パレードよ…あっち…
一同　行こう…見よう…来いよ…

⑥手品師1、2、ピッポ

1　いくら儲かった？
2　はっきり判らないけど、八十リラくらいよ。
1　朝から千リラくらいになるかな。
2　七、八百リラよ、多分。
ピッポ　君達はいつもそんなに儲かるの？
1　今日はお祭りだから、特別だよ。
2　大体五百リラくらいね、いつもは。
ピッポ　へえ、いいなァ。
2　卵、売ってるのね、売れない？
1　今日、いくらぐらい売れた。
ピッポ　五十四リラしか…

2　いつでもそんなもの？
ピッポ　うん、いつでも。
2　朝から夜までで？
ピッポ　朝から夜までで…
2　兄さん。（1、2、囁き合う。ピッポに向って）少ないけど、これ、取っといて頂戴。
ピッポ　何だい、これ。
1　君はここにいたんだ。僕等はそこへやってきた。手品を君の場所でやったんだから、その…場所代さ。
ピッポ　いらないよ、こんなもの。
1　そんな事言わずに。
ピッポ　いらない、いらない。
2　だって、あなたの場所で…
ピッポ　ここは公園だ。僕の場所じゃない。
1　だって、君はいつもここで…
ピッポ　いらないって言ってるんだ。
2　そんなこと言わないで…
ピッポ　いらない、僕は乞食じゃない。
1　あ、そう…判ったよ。（1、2、囁き合う）
1　どうも失敬した。じゃ、でかけようか。
2　兄さん。私、卵、一つ欲しい。
1　僕も食べようかな。（ピッポに）買うんならいいだろう。
ピッポ　それならいいさ。
1　二つおくれ。（ピッポ、渡そうとする）おっと、待った。この卵、中身黄色いかい？
ピッポ　もちろんさ。
1　黒くはないだろうね。
ピッポ　黒？　…僕の卵が？　…全部真黄色だよ。
2　でも、もし古いのがあったら？

ピッポ　古いの？　…チェッ…全部新しいよ。
2　本当？
ピッポ　本当だとも。
1　信じられないなあ。
ピッポ　全部真黄色だ。
1　もしこの卵割って、中身が黒かったら、その卵全部くれるかい？
ピッポ　やる…全部やる。
1　面白い。本当だね。

⑦前場の人々、A

A　ピッポ。みんな売って来たよ。さあ、十八リラ。
ピッポ　ありがとう。何てお礼言ったらいいか…
A　何でもないよ。何しているの？　誰？この人達。

1　いま僕達、賭けした所さ。
2　この卵の中身が黒かったら、卵みんなくれるって言うの。
A　大丈夫かい、君。
ピッポ　勿論。みんな、うちのニワトリが産んだ卵だもの。
A　面白い、もし黄色だったら、君達何をくれるの。
1　今日の僕達の儲け、全部やるよ。
A　よし、いま言ったこと忘れるな。
2　黒かったら、卵全部もらうわよ。
A　この子のお母さんは、病気で寝ているんだぞ。
1　それはこの卵が黄色いと言う理由にはならないよ。
A　よし、どれか一つでも黒かったら、みんなやる。ついでの僕の上着もやる。

（手品師2、1に目配せして紙にメモする様子）

B　カルレット。ここにいたの。
E　私達、パレード見て来たの。素適だったわ。

⑧前場の人々、B、E、F

F　何しているの、ここで…
A　賭けだよ。この卵の一つでも中身が黒だったら、卵全部と僕の上着やる。
1　黄色だったら、僕達が儲けたお金と着物、全部やるよ。
B　よし面白い。もし黒かったら、僕のお金みんなやる。
E　大丈夫？　そんなこと言って…
B　ピッポの卵が黒いなんて事ないさ。
1　よし。君は卵、君は上着、君はお金だね。
A／B　そうだよ、早く割れ。
1　君、割ってくれ。（卵を出す）
A　よし、見ていろ。着物とられて風邪ひくな。（木の幹に卵を当てて割る）一、二の三…あッ、黒…。
B　黒？
E　ほんと？
F　ピッポの卵が黒いなんて…
（ピッポ泣きだす）
ピッポ　持ってけ、持ってけ…みんな持ってけ。
A　ピッポ、ごめんよ。（上着を脱ぐ）さあ、これもやる。
B　約束だ…お金だよ。
ピッポ　いけない。僕の卵が悪いんだ。僕の上着とお金を代りに持ってっておくれ。
2　こんなものもらっても仕様がないわ

1　ねぇ。
　いらないよ、こんなもの。卵だけが欲しいんだ。…じゃ約束だ。卵だけは貰って行くよ。（卵の籠をとる）
ピッポ　持ってけ…お金も…上着も、みんな持ってけ。（地面にお金と上着を叩きつける）
1　卵のほかはいらないよ。さあ、帰るとしようか。アバヨ…
2　さよなら。
E／F　（低い声で）さよなら。
⑨前場の人々（手品師を除く）
A　畜生…
B　泣くなよピッポ。
F　おう、上着が汚れるわ。（拾う）
E　風邪ひくわよ。（お金を拾い集める）

B　ヤッ、卵が一つ落ちている。
A　卵が一つ？
E　あの女の子が置いて行ったのよ。
B　置いて行った？　わざと？
E　ええ。私見ていたわ。
F　何故でしょう？　気の毒だからかしら。
A　何だい、一つぽっち。
B　（卵を拾い）あれ、軽いよ。ひびが入ってる。
A　見せろ。（卵を取ろうとすると、卵が割れる）あれッ！
F　紙？
B　お金だ…五百リラ。
E　手紙よ、こっちは。
B　読んでごらん。
E　「卵の代金五百リラ。お母さんをお大事に」…

……間……

Ｂ　手品だったんだ。

Ａ　あいつ…

Ｆ　ピッポ…

（ピッポ、再び泣き出す）

Ｅ　いい人だったのね、あの人達…

（遠くでパレードの音楽）

Ａ　おーい、手品師ィ…（外灯に火が灯る）

あばよ…いい奴…（一同手を振る）

――幕――

〔演出のポイント〕

一番頭を悩ますのは手品でしょう。脚本にとらわれず出演者が出来るものを五つばかり選んでください。その間に喋るセリフは自分達で考えることが大切です。ただ客席の後ろの人にも良く見える手品でなければならないので、ゼスチュアの大きな派手な身振りでやること。

子ども達の遊びはなるべく輪になって全員で遊べるものがよく、その時の歌とかアドリブ（脚本に指定していないセリフ「押すなよ」「わあ、ずるい」など）も、自分達で考えさせてください。

Ａが食べる卵は、白身はパン、黄身はカステラでも入れてそれらしく見せる。本物のゆで卵を三つも食べさせられたら、セリフなんか言えやしません。卵の殻を復元させるのにセロハンテープを使うと照明の光がテープで反射したりしますから、柔らかな和紙を澱粉糊で貼るようにしましょう。

Ａの最後のセリフ「おーい、手品師ィ…」で、手品師兄妹が気が付いて振り返るのが見えるのか、それとも兄弟が去ってしまって見えない相手にセリフを云うのかで、一同の視線も手の降り方も違ってくるはず。皆で相談して決めておいてください。

暮れかけた公園に外灯の明かりがポッとともるのが印象的ですが、光が強すぎてお客さんの目を刺激しないように。

劇　蛙の臍　一幕十場

吉永　仁郎作「蛙のへソ」より
岩田　健脚色

登場人物（21名）

ケロパパ　女蛙2
ケロママ　王様
ゲー母　総理大臣
ゲー子　将軍
ケロ　博士
コロ　助手1
コロ兄　助手2
アナウンサー　助手3
男蛙1　宇宙蛙A
男蛙2　宇宙蛙B
女蛙1

場面
第一場　ケロの家　　　第六場　臍付け会場
第二場　テレビ　　　　第七場　王宮
第三場　王宮　　　　　第八場　テレビ
第四場　テレビ　　　　第九場　沼のほとり
第五場　ケロの家　　　第十場　ケロの家

第一場　ケロの家

ゲー母　ケロパパ　ケロママ　ケロ　コロ
ゲー子　コロ兄　男蛙1　2　女蛙1　2

ゲー母　こんちは。うちのゲー子はお邪魔していませんか？

パパ　やあ、ゲー子ちゃんのお母さん。母さんや、ゲー子ちゃんは来ているかい？

ママ　あら、いらっしゃい。うちのケロとお隣りのコロ坊と三人で外へ遊びに行きましたが。

ゲー母　まあ、そうですか。沼の岸まで行っていないといいんですが。この頃、よく人間の子どもたちが、あの辺りに遠足に来るんですよ。

パパ　そうだ。人間の子どもは蛙を見ると石をぶつける悪い癖がある。

ママ　お父さん、ちょっと沼の岸へ行って見て来て下さいよ。

パパ　心配かける子ども達だ。よし行って来よう。おや泣声がするぞ、ケロの声じゃないかな。

（ゲー子、ケロと泣いているコロを連れて登場）

ゲー母　まあ、ゲー子にケロちゃん。コロちゃんはどうして泣いているの。

ケロ　おばさん…あ、パパも。コロちゃんは ね人間の子に馬鹿にされたって泣いてるんだよ。

ゲー子　私達ね、岸の近くで遊んでたの。そしたら人間の子が、一番近くにいたコロちゃんを捕まえちゃったの。

ケロ　人間の子たちはコロちゃんをぶらさげて暫《しばら》く見ていたけど、そのうち皆で笑いだしたんだよ。

ゲー子　それからコロちゃんをポーンと水の中へ投げ返して、皆で大声で囃《はや》し立てたの。

ゲー母　何て言われたの、コロちゃん。

コロ　(泣きながら)蛙のおナカにゃヘソがないって…。

パパ　な、何だって?

コロ　蛙のおナカにゃヘソがないって。…おじさん、なぜ僕達のおナカにはオヘソがないの?

パパ　そ、そうか。人間の奴、そんな失敬な事言ったのか。これは重大な侮辱《ぶじょく》だ。

ケロ　なぜ僕達おヘソがないの?

ママ　それはね、私達が両棲類《りょうせいるい》だから、おヘソなんかないの。当たり前なのよ。

パパ　女は黙っていなさい。これは我々蛙族に与えられた重大な侮辱なんだ。

ゲー母　おや、コロちゃんのお兄さん。お帰りなさい。

(コロ兄登場)

コロ兄　只今。あれぇ、コロ、泣いてんのか。

コロ　兄ちゃん。僕、人間の子に侮辱されたの。

コロ兄　何て侮辱された?

コロ　蛙のおナカにゃヘソがないって…。

コロ兄　何だって! 許せん。それは我々蛙に対する差別発言だ!

パパ　そうだろう。私もカッカしていた所だ。
　　そこでどうするコロ兄さんや。
コロ兄　おじさん、一緒に広場へ来て下さい。
　　皆に訴えましょう。人間にヘイトス
　　ピーチで馬鹿にされても、蛙は黙って
　　なければならないのかって。
ママ　二人ともお待ちなさいよ。蛙におヘソ
　　がないのは当たり前じゃありませんか。
パパ　何が当たり前だ。大問題じゃないか。
　　だから女は話にならん。

♪歌と踊り［パパ、コロ兄、男蛙1、2］

　男が腹を立てるのは
　重大な侮辱にあったとき
　腹をたてずに居られよか
　ハラは立ったがその腹に
　口惜しい事にはヘソがない

♪歌と踊り［ママ、ゲー母、女蛙1、2］

　なんで男はそうすぐに
　腹をお立てになるんです
　女はもともと平和主義
　ハラも立たないその腹は
　生れた時からヘソはない

パパ　コロ兄さんや、行こう。
（パパ、コロ兄退場）

第二場　テレビ

アナウンサー　コロ兄　男蛙1　男蛙2
女蛙1　女蛙2
（ニュース音楽流れる）

アナ　皆様今晩は。ニュースデスクの時間で
　　す。今夜は蛙と人間とのヘソ問題につ
　　いて取り上げます。最初に、人間によ

るヘイトスピーチに反対運動を進めていらっしゃるコロ太郎さんにお話を伺います。（コロ兄登場） 早速お尋ねいたしますが、あなたがこの問題をお取り上げになったそもそものお話をお聞かせ下さい。

コロ兄　ええ、一週間ばかり前、僕の弟が沼の岸で人間の子に捕まったんです。奴らは弟をこう逆さにぶら下げて、ジロジロ眺め回した挙句、急にぷうっと吹き出して、こう唄いだしたんだそうです。

♪　蛙のおナカにゃヘソがない
　蛙のおナカにゃヘソがない

これは大変な差別発言です。ヘソがないからって、理科の先生は生徒の教材として我々蛙を解剖させてよいものでしょうか。更に人間共がこんな歌を唄っているのをご存知でしょう。

♪　オタマジャクシは蛙の子
　ナマズの孫ではないわいな
　それが何より証拠には
　　やがて手が出る足が出る

余計なお世話ではありませんか。ナマズの孫ではない？　当たり前の話です。ないワイナアのワイもナアも嘆くときに使う言葉で、「ナマズの孫ではなかった」ウ～ン残念というわけです。これが侮辱でなくて何なのでしょう。で僕は、どうしたら人間にヘイトスピーチを止めさせることが出来るか、皆さんと共に考えたいと思ったのです。

アナ　判りました。貴方の広場での演説は大きな反響を呼んでいるようです。その様子を街なかでインタビューしました

アナ　のでご覧ください。ビデオどうぞ…。

（コロ兄、アナ退場。アナ再登場）

アナ　ＫＨＫテレビですが、蛙の腹にヘソのない問題をどうお考えになりますか。

男蛙1　ハラにヘソがないのは当たり前だァナァ。一番平らで広々とした所をハラと云うんじゃよ。辞書で調べて見給え、そう書いてあるから…ちっとも気にすることはありゃせんよ。ワハハハ…。

アナ　別の方に伺います。貴方は蛙の腹にヘソのない問題についてどうお思いですか。

男蛙2　蛙が人間に軽蔑されているのは明らかだ。こんな侮辱は許すわけにはいかない。奴らをぎゃふんと言わせるには、我々の軍事力を増強して、集団的自衛権を行使できるよう憲法を改正すべきだ。

アナ　今度は女性の方に聞いて見ましょう。えー、貴女はこの問題をどう思いますか。

女蛙1　あら、そうねェ…蛙の国の特使をすぐ雷様の国に派遣すべきでございますわ。

アナ　は？　どうしてですか。

女蛙1　つまりィ。雷様に人間どものおヘソを全部取って貰うんでございますの。すると、私達蛙と同じお腹になって、公平になるんじゃございませんこと？

アナ　な〜るほど。もう一人伺って見ましょう。貴女はどうお考えですか。

女蛙2　雷様が人間のおヘソを全部取るまで待っていたら、何時まで経《た》ってもラチがあきませんわ。それより、私達全部がおヘソをつける方が、早道だと思い

アナ　ますけど。なるほど。これは面白いお考えです。人間のヘソを全部取り切れないから、我々蛙がおヘソを付ければそれで平等になるという新しいお考えです。で、貴女はどうやって我々のお腹にヘソを付けたらいいとお思いですか。

女蛙2　そんな事私にはわからないけどォ、石みたいなものを埋め込むのはどうかしら。私達女性は宝石かなんかにすれば綺麗かもね。私、ルビーにしようかしらァ。赤いおヘソって魅力的だわァ。

アナ　以上で街なかインタビューを終わります。

第三場　王宮

王様　総理大臣　将軍　博士

王様　おお、総理大臣と将軍、ご苦労じゃ。してそち達は昨夜のKHKテレビを見たかの？　ニュースデスクじゃよ。

大臣・将軍　はい王様。

王様　それについてどう思うかな？

将軍　陛下。あのような侮辱を耐え忍ぶにも限度があります。男の一人が申したように、憲法を改正して国外にも攻撃できる軍隊にする事。そして消費税を大幅に引き上げて、軍事予算を増大して頂きますと…。

王様　いや。予はあの後から喋った女のご婦人の発言に興味を持ったのじゃよ。

大臣　何と仰せられます。あの、蛙の腹にヘソを付けろという考えでございますか。

王様　うむ。あのご婦人は、ヘソがなければヘソをつけよ、つまり他人を羨《うらや》むのではなく、自分が同じ物を持てば平等だという実に立派な考えだと予は思うのじゃ。

将軍　しかし王様。このすべすべした蛙のおナカに、果たしてうまくヘソが付くものでありましょうか。

王様　予も心配だったので、さっき博士を呼びにやったのじゃ。もう来る頃であろう。

（博士登場）

博士　陛下。お召しによって参上しました。

王様　博士、よく参った。そちの腕前で、蛙のお腹にヘソはつけられるじゃろうか。

博士　ヘソ？　…つまり、人間のお腹の真ん中にあいている、あの憐《あわ》れむべき穴ぼこのことですナ…。それは…再生医療のｉｐｓ細胞ができれば…なんとか…。

大臣　博士、ちょっと、ちょっと…。

（大臣、博士を舞台前に誘う）

そんな難しく考える事ァないですぞ。メスでちょこっと傷つければそれらしく見えるわな。アハン…そこでだ博士、あなた一人で国中の蛙に、おヘソの手術をしてみなさらんか。私が王様を焚《た》き付けてだナ、蛙はみんなヘソを付けねばならんという法律を作るから。

博士　そうなれば、私一人の丸儲け。そうなったら…総理、あなたの政党へ、うんと献金させて貰いますぞ。

大臣　よっしゃ、よっしゃ、これで決まった。王様、博士はやれると申しております。

王様　おう、やってくれるか。これで蛙国民も人間と対等になれるというものじゃ。

第四場　テレビ

アナウンサー　総理大臣　博士　助手１
２　３

アナ　ピンポンパンポンパァン！　臨時ニュースを申し上げます。王様は本日、総理大臣をお召しになり、新たに制定された蛙国憲法第十九条を交付されました。それにつきまして、只今から総理大臣よりお話があります。

大臣　（登場）このたび発布されました蛙国憲法第十九条により、蛙は何人といえども、お腹の真ん中におへソを付けなければならなくなりました。もしこの憲法に背く者は、罰金又は懲役《ちょうえき》の刑に服さねばなりません。国民の皆様、いいですか、蛙は皆おへソを付けましょう。この道しかありません。（退場）

アナ　引き続きまして、おへソの手術を担当される博士よりお話を伺います。

博士　（登場）そもそも四つ足動物の猿、犬、ライオン、どれもおへソがあり、おへソのないのは蛙、亀、トカゲ位なものと云われています。だが我々蛙を四つ足動物というのは間違えで、人間と同じように手足のある動物なのです。その証拠に、人間は「オタマジャクシは蛙の子」という歌で、「やがて手が出る足が出る」と唄っています。つまり、手と足があるのは人間と蛙と認めているのであります。その蛙におへソがないなんて、実に不公平な話です。だが、ご心配はいりません。私がおへソを付けてあげます。皆さん、蛙はあらゆる点で人間と対等になろうではありませ

んか。（退場）

アナ　次におヘソ手術のお値段の説明をいたします。

（助手1、2、3が値段表ボードを持って登場。助手は各行の貼り紙を剥《は》がし乍《なが》ら項目を読み上げる）

第五場　ケロの家

ケロパパ　ケロママ　ケロ　コロ　ゲー子

助手1　2　3　コロ兄

◆ヘソ付値段表

レベル	マネー	プロセス	アフター
特	10万円	全然痛くない	輝かしいヘソ
上	5万円	まず痛くない	ご立派なヘソ
並	1万円	痛いことあり	まあまあ
徳用	5千円	痛いのがまん	ゆがみあり

パパ　どーも、お偉い方の考えは分らんな。我々もお金を出してヘソを付けなければならないのか。

ゲー子　お母さん大変だわ。今日みたいに日曜だって働いているのに。私達母子家庭でしょ、五千円も大金なのよ。

コロ　うちだって兄ちゃんと二人暮らし。兄ちゃん二人分一万円も出せるかなあ。

ママ　可哀想に。あなた、コロちゃんとゲー子ちゃんの分は、うちで出させてもらいましょうよ。

ケロ　うん、それがいいや。そうしてよねパパ。

（助手1、2、3、巡回ヘソ付宣伝カーのキリダシとメガホンを持って登場）

助手1　市民の皆様。こちらは巡回ヘソ付宣伝カーでございます。本日十時より小学校に於いて博士による公開ヘソ付手術がございます。市民は残らず手術を受けるようにしましょう。

助手2　只今、特別割引期間中です。ヘソ付手術の並は八千円、お得用がなんと四千円で承《うけたまわ》っております。

助手3　本日限りの限定サービス価格ですから、どなたさまもこの機会を逃さずおへソをお付けください。

（助手1、2、3退場。コロ兄登場）

コロ兄　おじさん聞きましたか。蛙の国はもうおしまいですよ。僕はこんなバカな法律を作らせる為に、毎日汗を流して反対運動していたのか。いや、蛙は汗をかかなかった。そもそもおヘソを付けさえすれば人間と対等になれるなんて、こんな単純な考えしかできないから、蛙は人間に軽蔑《けいべつ》されるんです。おじさん、おばさん、コロを宜しくお願いします。

ママ　何処かへ行くの、コロ兄さん。

コロ兄　蛙の国からあの法律を無くさせるまで地下に潜って戦います。僕は絶対にヘソなんか付けませんよ。

ゲー子　付けないと罰金か刑務所へ入れられるのよ。

コロ兄　誰が捕まるもんか。反対に僕がボコボコにやっつけてやる。王様も、総理大臣も、あの博士だって…。さよならみんな。（退場）

パパ　あッ、無茶するんじゃないよコロ兄さん。

コロ　あ、あ、兄ちゃん…兄ちゃん…あ〜ん

ママ　…行っちゃあ駄目だよォ。
　　可哀想に。コロちゃん泣かないで…。
ケロ　ケロ、コロちゃんとゲー子ちゃんを連れて、学校までおヘソを付けに行っといで。
パパ　うん、行ってもいいよ。けど、パパとママは？
ケロ　パパとママは後で行くから、お前達は先にやっておいで。ええと三人分で、はい一万二千円。
ゲー子　うん。パパ、痛いだろうね。ヘソ付の話じゃないよ。パパの懐《ふところ》…。
コロ　私、後で行くわ。だって痛そうなんだもの…。
ケロ　僕はいやだ。兄ちゃんが付けなければ、僕も付けない。
　　そんなこと言ってないで行こうよ。さあさあ、お巡りさんに捕まるよ。

第六場　臍付け会場

（博士、助手1、2、3板付き。ケロ、コロ、ゲー子は踊り、歌いながら登場）

♪歌と踊り

ヘソつけ　ヘソつけ
ぼくらはいつもお得用
痛いのがまん　痛いのがまん
なんでもかんでもお得用

（ケロ、コロ、ゲー子後ろ向きに並び、次の歌と踊りで、助手1が消毒し、博士がメスを入れ、助手2がバッテン膏薬を貼り、助手3が金を巻きあげる）

♪歌と踊り

痛いぞ　痛いぞ
ヘソつけ　ヘソつけ

さっと切って　膏薬《こうやく》貼って
はい　一丁あがり
（ケロ前を向く。腹に膏薬が貼ってある）
痛いぞ　痛いぞ
ヘソつけ　ヘソつけ
ぐりっとえぐって　膏薬貼って
はい　二丁あがり
（コロ前を向く。腹に膏薬が貼ってある）
痛いぞ　痛いぞ
ヘソつけ　ヘソつけ
バッテン付けて　膏薬貼って
はい　三丁あがり
（ゲー子前を向く。腹に膏薬が貼ってある）

第七場　王宮
王様　総理大臣　将軍

王様　あの法律が出来てからもう一ヵ月目。大臣、将軍、市民たちの様子はどうじゃ。

大臣　大成功でございます。今や市民の九十%までがヘソを付けております。金がなくてつけられぬ者には、ヘソ付金融支援公庫で長期ローンを扱っておりますから、こちらももうじき解決いたしましょう。

将軍　陛下。一掴《ひとつか》みの不穏分子は、兵隊たちがひっ捕らえて、ことごとく刑務所にぶち込んであります。これで蛙王国は万々歳でございます。

王様　よかった。これで蛙は人間と対等である。予は満足であるぞよ。

第八場　テレビ

（音楽）

アナ　皆様こんにちは。「ふるさと情報局」の時間です。蛙におヘソを付けるという法律ができて二ヵ月が経ちました。これを記念して作曲された「おヘソ音頭」は今や誰でも知っている国民歌謡になっております。さあ、市民の皆様、今日も元気一杯に唄って、踊って下さい。

（合唱が流れ出し、それに合わせてテロップ又はボードで歌詞が表れる）

♪歌と踊り［舞台には揃いのハッピを着た男蛙1、2、女蛙1、2、博士、助手1、2、3が歌い踊る］

①　蛙のお腹にゃ　ヘソがない
　　　ヘソがない
それは昔の　語り草
　　　語り草
今じゃはやりの　最先端
　　　オッと
蛙のお腹にゃ　へそついた
　　　へそついた
オッ　ヘソヘソヘソ　ヘソヘソヘ

②　タテベソヨコベソマルバッテン
　　　マルバッテン
特製　上　並　お得用
　　　お得用
げに様々な　この違い
　　　オッと
蛙のお腹にゃ　へそついた
　　　へそついた
オッ　ヘソヘソヘソ　ヘソヘソヘ

アナ　ピンポンパンポンパァン！（歌と踊りはストップモーション）途中でございますが、ここで臨時ニュースを申し上げます。只今、沼の上空を東から西にかけて、正体不明の光る物体が通過した模様です。目撃者の話によるとＵＦＯではないかという事ですが、確認はされておりません。ＫＨＫでは、今後情報が入り次第お知らせする事になっております。臨時ニュースを終わります。

第九場　沼のほとり

ケロ　コロ　ゲー子　宇宙蛙Ａ　宇宙蛙Ｂ

ケロ　ずいぶん帰るのが遅くなっちゃったね。あ、ここだよ、コロちゃんが人間に捕まった所…。

コロ　あれから大事件になっちゃったねえ。兄ちゃんは何処かへ行っちゃうし、僕たちのお腹にゃおヘソが付くし…。

ゲー子　ケロちゃん、おヘソはもう痒《かゆ》くない？

ケロ　うん、もう平気だい。僕のお腹はさっと切って、格好よくて、上等だもん。

コロ　嘘云ってらあ、僕のお腹の方が上等だぞ。なにしろグリッとえぐってあるんだから。

ゲー子　ねえ、ねえ。あそこに何か光るもの見えない？

ケロ　うん。人間のボートとも違うぞ…何だろ。

コロ　空飛ぶ円盤だよ、あれ。ねッ…アダムスキー型のＵＦＯだ。

ケロ　凄《す》げえや。コロ、ゲー子、行って見よう。

コロ　ようし、探検だ。大ニュースになるぞ…。

ゲー子　いやよ私、恐いわ。あッ、誰か出て来たわ。宇宙人よ。恐い…。

（宇宙蛙Ａ、宇宙蛙Ｂ登場）

宇宙蛙Ａ　我々はくじら座のタウ星から来た宇宙蛙だ。我々は地球の蛙に大きな関心を持っている。

宇宙蛙Ｂ　で、我々はあなた方と話し合いたい。どうぞ、我々の円盤まできてもらいたい。

宇宙蛙Ａ　さ、おいで…おいで、三人の子どもさんたち、…こっちへおいで、面白いものを見せてあげよう。

宇宙蛙Ｂ　こっちへおいで子ども蛙たち、円盤に乗せてあげるよ。さあ、さ、こっち、こっち…。（一同退場）

第十場　ケロの家（フィナーレ）

コロ兄　ケロパパ　ケロママ　ゲー母　王様　将軍　総理大臣　博士　助手１　２
３　宇宙蛙Ａ　Ｂ　ケロ　コロ　ゲー子
アナウンサー　男蛙１　２　女蛙１　２

コロ兄　（こっそり）おじさん…おばさん…まだ起きていたんですか。

パパ　（ボンヤリしている）えッ？　…お、、コロ兄さんか…しーっ、まあまあお入り。あんた警察に捕まったのかと思ったよ。

ゲー母　まあ、コロちゃんのお兄さん…よかったご無事で…それにしても（シクシク泣きはじめる）

コロ兄　急にどうしたんですか。

ママ　ゆうべから子ども達三人が帰ってこないの…。

パパ　そうなんだよ…行方不明になってしまって…何処探してもいないんだ。
コロ兄　えっ、コロたちが行方不明？
ゲー母　私達、もうなにをしていいか分らなくてねェ。
コロ兄　そんなのひどいですよ。二ヵ月ぶりで弟の顔を見ようと、警察の目を逃れてやって来たのに…。
王様　（登場）おい、おい、おい…。
コロ兄　やっ、警察だ。おじさん隠して…。
パパ　早く、ケロの部屋へ…。（コロ兄退場）
王様　おい…こら…しーっ…。
パパ　何だ、人の家に来て「しーっ」とは…ややや…（ひざまずく）もしや、あなた様は王様では…。
ゲー母
ママ　｝え？　王様？（ひざまずく）

王様　そうじゃよ、王様じゃよ…しーっ…。ここにいるのを家来に知られたくないのじゃ。そうだ、そちに頼みたいのだが、博士を内緒で連れてきて貰いたい…頼む。
パパ　博士を？　かしこまりました。母さんや、誰が来ても王様に会わせるな…。
（パパ退場）
ママ　王様、どうぞお掛けになって下さい…
ゲー母　王様。王様、お茶は如何ですか、王様。
王様　しっ、頼むから王様々々と大きな声で呼ばないでくれ。だがお茶はもらおう。
（将軍、大臣登場）
将軍　女…こら、そこの女…。
ママ
ゲー母　｝まあ、将軍様…大臣様まで…。
大臣　しっ、内緒じゃよ。ここに王様が来られなかったかね。

ママ　王様が？（ママ見返ると王様が手を横に振る）…いいえ、こんな汚い家に何故王様が…。

ゲー母　では、王様が家出なされたとでも仰るのですか。

大臣　め、滅相もない…今のは冗談じゃよ。誰も来なかったのだね。よろしい。

（大臣、将軍退場）

王様　すまん。お陰で助かったぞ…。

（ケロパパ、博士、助手1、2、3登場）

パパ　王様、博士をお連れしました。

王様　おお。では、お前達は誰も来ないように見張って居なさい。博士…ここで、誰にも知られんように、もう一度手術をして貰うわけにはいくまいか。

博士　ハハァ。王様。消えましたか…おヘソが。

王様　予のおヘソが消えたのを知っていたのか。

博士　もともとがお腹の皮を切って作った傷…でも二年位はもつと思いましたが、成長の早い子供や、美味しいものを食べてぶらぶらして居る者は治りが早い訳でして。

王様　うーむ。それでまた、手術代をせしめるつもりか。そちの逮捕を命ずるぞ。

博士　そんな事をなさると、王様のおヘソが消えてしまったと全国民が知ってしまいますよ。おヘソがない者がどんな罰を受けるのか、ご自分で法律を作ったのだからご存知でしょう。

王様　判った、判った。止む得ない。もう一度手術をしてくれい。手術代はいくらでも出すから。

（ケロママとゲー母がコロ兄と揉みあいながら登場）

コロ兄　ヘソ付憲法反対！

ママ
ゲー母　駄目、止めて…王様、危険です！

コロ兄　（王の腹に刃物を突き刺して）えい、シーザー、思い知ったか…。

王様　ブルータス…お前もか…う〜む、やられたァ〜。

（王様倒れる。博士駆け寄る。助手1、2、3はコロ兄を抑える）

博士　王様、傷は浅いです…しっかりして下さい。

王様　（気がついて）おお、英雄はいつの世にも暗殺者の手に倒れると決まって居る

博士　…ア、イタタタ。王様。凶器はペーパーナイフで、傷はほとんどありません。

王様　何じゃと、わしは助かるのか。残念…。

（総理大臣、将軍登場）

大臣　おお、王様。やっぱりここに。た、大変でございます。いま、空飛ぶ円盤が…。

将軍　お、王様。この上空に止っており、サーチライトでこの辺りを照らしております。無線も携帯電話も通じません。おゝ、そら、そこまで降りて来ました。

コロ兄　UFOだ…本物のUFOだ。…初めて見たァ…。

（UFO着陸。光と音。一同立ち竦む。宇宙蛙AとB、UFOから降りて来る）

宇宙蛙A　皆さん。心配しないで下さい。ここはケロちゃんのお家ですね。我々は、昨日お借りした三人のお子さん達を返しに来たのです。

（ケロ、コロ、ゲー子、UFOから降りて来る）

ケロ　パパ、ママ、ただいま。

パパ・ママ　ケロ…。

コロ兄　コロ…。

コロ　あれ、兄ちゃん。面白かったよUFOの中。

ゲー子　お母さん、心配した？

ゲー母　ゲー子、よく無事で…。

宇宙蛙B　心配お掛けしました。我々は太陽系を飛行中、電波で「おヘソ音頭」とかいうへんな歌を聞いたのです。蛙のお腹にゃヘソがあるというのでびっくりしました。

宇宙蛙A　そこで実際に調べてみたくて三人のお子さんを拉致《らち》しました。ところがおヘソではなくて、ただ刃物で切った傷でした。何でこんな事をしたか、この三人が詳しく話してくれました。

宇宙蛙B　我々は三人をお家にお返しすると共に、こんな馬鹿な憲法を作った王様の頭の中を調べてみたくなったのです。誰か、王様の所へ案内して下さい。

（一同、王様を見る。王様、尻込みする）

コロ兄　案内しなくても居るよ、ここに。

宇宙蛙A　あなたが王様ですか。おヘソを付ければ人間と対等になれると思っておられるその単純な脳ミソを、是非我々に調べさせてください。

王様　わ、悪かった。予は後悔しとる。脳ミソを調べるのだけは勘弁してくれ。

宇宙蛙B　では、あの変な憲法第十九条はどうされるおつもりですか。

王様　廃止するとも、今すぐ撤回《てっかい》する。あの憲法のお陰で、予はその青年に腹を刺されたのじゃ。

宇宙蛙A　おお、これは丁度よい傷だ。このまままおへソとして通用します。少々お腹の真ん中から外れて居ますが、へそ曲がりの王様に丁度いいでしょう。憲法第十九条が廃止されて、市民のへソの傷が無くなるまで、王様は曲がったおへソをおつけになって居るべきです。

宇宙蛙B　我々の惑星では、哺乳類より蛙類の方が優秀です。このUFOを見てもお判りでしょう。一つの種族が優秀かどうか決まるのは、おへソでなくて脳の問題です。

（コロ兄、宇宙蛙に近寄り何やら訴える）

宇宙蛙A　この青年の話では、王様は単純ではあるが蛙を人間と対等にしようと考えたのに、ここに居る大臣と博士は悪巧《わるだく》みで金儲けすることばかり考えているといいます。本当ならば実にけしからん。

宇宙蛙B　蛙のお腹は真っ白でキレイなはずです。あなた方はその蛙には珍しい腹黒蛙です。我々はあなた方のお腹も解剖してみたい。

大臣　ご免だ、ご免だ。憲法十九条を撤回するから許して下さい。

博士　私も儲けたお金は、全部福祉事業に寄付するから勘弁して下さい。

宇宙蛙A　その言葉を信じます。もしこの約束が守られない時には、何時でもあなた方を宇宙に連れ去り、その脳ミソを調べ、腹を解剖することを宣告します。

宇宙蛙B　では我々は帰ります。地球蛙の皆さん、さようなら…。

一同　さよなら…有難う…親切な宇宙蛙…

（光と音。ＵＦＯ上昇し見えなくなる。アナウンサーが男蛙１、２、女蛙１、２の騎馬に乗って登場）

アナ　皆様、ＫＨＫテレビです。私の声が聞こえますか。電波が突然また使える様になりました。私の目の前をＵＦＯが上昇していきます。ややっ、ここに王様がおられます。王様もＵＦＯをご覧なさったようです。一つ、インタビューをしてみましょう。王様、ご感想は…。

王様　蛙の国民諸君。私は王の名において、只今憲法第十九条を廃止する。蛙国民は今後、誰からもおヘソを付ける事を強制されてはならない。

一同　万歳…王様、万歳…万々歳

♪歌と踊り〔宇宙蛙を除く全員〕

ヘソ見て人を羨むな
蛙の腹にヘソはなし
わが脳ミソを満たすこと
歩みはかどる回り道

アナ　では、これで蛙のおヘソ騒動、顛末《てんまつ》ライブを終わります。ＫＨＫ…。

——幕——

劇 一幕

そら豆の煮えるまで

原作 スチュアート・ウォーカー
岩田 健脚色

時 むかしむかし
所 イギリス民家の台所

登場人物（8名）
少年
王妃
芸人
乳しぼりの娘
盲人
唄うたい
首斬り役
チョウ（黒子）

幕が上がると台所。ベンチ、腰掛、食器棚。中央奥に大きな扉があり、その向うが道。窓が二つ。一つはもう一つの窓より高くて、いずれも道に面している。右手に母の寝室に入る扉。大きな匙が棚の上にのっている。
一匹の大きなチョウが戸口から入って来て、そこらを飛び廻る。少年の歌が庭から聞こえて来る。チョウは戸口へいき、一瞬そこでヒラヒラしてから食器棚にとまる。少年がそら豆のいっぱい入った大きな鉢を持って入って来る。チョウは鉢の傍へ飛んで行き、やがて満足して食器棚にもどる。少年はチョウを見て笑う。それからそら豆を鍋の中にあける。遠くでチョウを呼ぶ声。

①少年、チョウ、王妃

（少年とチョウが戸口へ行く。王妃の叫ぶ声）

王妃　（声）チョウチョウや、チョウチョウや、私は何処へ隠れたらいいの？（登場）坊ちゃん、坊ちゃん。——おお、私は発《はっ》狂《きょう》しそう。

少年　発狂ってなあに？

王妃　気が変になること。気が狂ってしまいそうなのよ私。

少年　（憐《あわ》れんで）どうして気が狂ってしまいそうなの？

王妃　あーああ、私は首を斬《き》られるのだよ。

少年　いつ？

王妃　今日のお昼前…

少年　何故、首を斬られるの？　何かのお話じゃないのかい？　説明してよ。

王妃　私はお行儀悪い事をしたの。その罪が法律によると斬首《ざんしゅ》なのよ。

少年　斬首って？

王妃　首を斬るってことよ。

少年　だけどおかしいなあ。お行儀悪いから首を斬られるなんて、王様やお妃様だけだよ。

王妃　ああ、そうなのよ、そうなのよ。

少年　君、お妃様かい？

王妃　ええ、そう。

少年　お妃様って、皆威張《いば》っているものだと思っていた。お母さんがそう言ってたもの。

王妃　私は王妃なの、私は王妃なのよ。だけど私は今ひどい目に会ってるの。

少年　ふうん。王様や王妃様には恐《こわ》い事なんかないと思ってたんだがなあ、僕。

王妃　私は王妃よ。でも恐いの、そして困っているの。ねぇ、坊ちゃん、私をどこかへ隠《かく》して。

少年　でも、うちは狭くて、君を隠す所なんかないよ。ほんとに君、王妃様？

王妃　冠《かんむり》はどこにあるの。（頭に手をやり）ああ、あんまり急いで駈けて来たので、どこかへ落としてしまったわ。（チョウに目をやり）チョウチョウや、私が王妃だとこの坊やに証明しておくれ。（チョウ、王妃の頭に飛んで行き、乱れた髪の毛の上にとまる）

少年　ああ、たしかにお妃様だ。じゃ、こっちのお母さんの寝室に隠れなさい。でも、その前に、なぜお妃様が首を斬られるのか、話してくれなくっちゃ。

王妃　じゃ、戸口で番をしてね。誰かが来たら、すぐ言うのよ。（チョウが耳元を通る）お待ち、チョウチョウが番をしてくれるそうだから。

少年　チョウチョウに分るんですか。

王妃　分るとも、あれは私の味方のチョウなのよ。（座る）ゆうべ、お城の中でお祝いがあったの。ご馳走《ちそう》が終ると舞踏会になったのよ。その時、私は、王様の大おば様の指輪をはめていらっしゃる足の指を踏んだのよ。

少年　ごめんなさいって言わなかったの？

王妃　言っても駄目なの。法律によると、王妃が大おば様の指輪をはめていらっしゃる足の指を踏むとね、その王妃は、王様の四つの時計がお昼に十二時を打ってる間に、首を斬られる事になっているのよ。

少年　だってもうお昼でしょう？　僕がそら豆を煮ている位だから。

王妃　お城の四つの時計が打ってしまうまで隠れていれば、私は首を斬られずにすむのよ。

少年　どうして時計が四つあるの？

王妃　法律によると、お城の塔には一つしか時計が置けないの。お城には塔が四つあるでしょう。

少年　で、もう三十分もすると、その四つの時計が鳴るわけですね。大きな時計が一つ。中くらいのが二つ。小ちゃなのが一つ。

王妃　そう。それで四つになるでしょう。

少年　（立ち上り、戸口へ駈けだす）じゃ、すぐ見つけられちゃいますよ。ここは広場へ行く近道だもの。

王妃　（静かに立ち上り）いいえ。逃げた人を探す時は、きっとそうでない方角を探すものよ。だから私、あなたの家の裏庭を通ってここへ来たの。誰だって私が、こんなにお城に近い所にいると思わないでしょ。（チョウ、さわぐ）おや、チョウチョウや、誰か来たの？

少年　こっち、こっち…お母さんの寝室へ。
　　　しッ…しッ（王妃退場）

芸人　②少年、チョウ、芸人
　　　（低い窓から首を突っ込んで中をのぞく）

少年　うう…
　　　（振り向く。びくびくして）君、恐ろしい首斬《くび き》り役かい？

芸人　何？

少年　君、恐ろしい首斬り役人かい？

芸人　俺が首斬り役人に見えるかい…見えるだろ。

少年　えッ…

芸人　ぷうッ。

少年　僕、僕、恐かない。

芸人　ばァ。

少年　お母さんがいなくたって恐かないぞ…

芸人　ぶる…る…る…る
　　　（少年、ナイフをつかむ）

芸人　うわッ…

少年　僕、おじさんを斬るんじゃないよ。

芸人　しッ…しッ…しッ

少年　おじさん、行ってくれれば、ナイフをあげようと思って…

芸人　は…そうか、じゃ、ナイフおくれ。
　　　（笑って）君は、首斬りを見に行かないのか。

少年　うん。そら豆煮なくちゃならないんだもん。

芸人　帰りに寄ったら、食べさせてくれるかい。

少年　お母さんがいいって言ったらね。

芸人　お母さん、どこにいる？

少年　今、買い物に行ってる。

芸人　（出かけそうになって）じゃ、帰りにそら豆ご馳走になるかな。

少年　うん。急いで行った方がいいよ。

芸人　君はなんだか、私を追っ払いたい様子だねえ…ところが俺は…（戸口から入って来て）座りたくなったよ。（ベンチに座る）俺が首斬り役人でなかったら、どうする？

少年　そうじゃないのかい

芸人　そうじゃないかもしれない。

少年　へえ…。

芸人　恐かったんだな

少年　ううん、恐かなかった。

芸人　じゃあ、向かってくるつもりだったのか。

少年　そうさ。

芸人　おまえなんか、ひねりつぶしちゃうぜ。

少年　…ところで、俺が何者なのか、君は大変気にしている様だが、俺は芸人さ。

芸人　芸人って…何だい。

少年　芸人は、芸人さ。旅をして歩いて、方々で芸をして見せるのさ。

芸人　じゃ、何かやって見せてよ。

少年　今日は駄目だ。首斬り場へ行くんだから。広場はこの前の道を行くんだろう。

芸人　うん。首斬りが見たいの？

少年　うん。だが、それよりも、お金が儲《もう》けたいのさ。

芸人　どうして儲けるの。

少年　分らないか。王妃様が首を斬られたあとで、芸当をやるんだ。

芸人　王妃様が斬られても、悲しくないのかい。

少年　ないとも。俺は自分のする事ばかり考えてるんだ。首斬りより面白い芸当をするのは難しいからね。一所懸命だよ。…首斬りがすむと、皆がざわざわして歩き出す。その時、俺は皆の前へ飛び出して、ノドが破れるほど怒鳴《どな》るんだ。「お待ち下さい、皆々様。手品師ジャックでございます。ロンドン中の人気者、イギリス一の手品師ジャックが、腕によりをかけてお見せしようとする、この芸当を見ないでお帰りですか」。するとあたりがシンとする。人々がこっちを振り返る。「手品師ジャックは何処にいる」なんていう人もいる。すると俺が答える。「世界一の手品師ジャックは皆々様のおん前に」…そういいながら、このマントを脱いで、姿を現わすんだ。すると誰かがどなる。「やれやれ、ジャック」ってね。そこで俺はバックから金の玉を三つ出す。…こういう風にね…それから始めるんだ。

(少年は息もつかず、芸人を見ている。チョウも興味を示す。けれども芸人は金の玉をしまって、立ち上る)

少年　(ひどくガッカリして) やって見せてはくれないの。

芸人　もう行かなくちゃならないからね。

少年　その玉の手品を見せてくれたら、そら豆あげるんだけどな。

芸人　(鍋のふたを開けて覗《のぞ》く) でも、まだ生煮えじゃないか。

少年　帰りには寄らない。

芸人　寄るかもしれない。うんと儲かったら、そら豆どころじゃなく、立派なレストランへ行くんだから、寄らないかもしれない。

少年　うんと儲かりそう？

芸人　ああ、儲かるとも。上等のホテルに泊まって、ご馳走を食べて、おつりがくるくらい儲かるさ。

少年　僕も手品師になって、剣やおもちゃが買いたいなあ。

芸人　そりゃ、出来るかも知れない。だが、出来ないかも知れない。先の事は分らないからな…アバヨ。（退場）

少年　（チョウに）あいつ、恐ろしい首斬り役人だったら、僕殺してやったんだ。うん…「やい悪者、お妃様の首を斬るな…その敷居をまたぐな、またいだら、ナイフで一突きだぞ…」

（この間、チョウはひどく感じた様子で騒ぐ。乳しぼりの娘が戸口から入って来る）

---

③少年、チョウ、乳しぼりの娘

娘　こんちは。

少年　（びっくりして）えッ、なんだ君か。

娘　首斬り見に行かないの。

少年　う、うん、君、行くの、

娘　ええ、行くわよ。お母さんに内緒で。

少年　乳しぼりは終わったのかい？

娘　ええ。でも終わって牛乳桶をお家に持ってくと、お母さんに、また別の用を言いつけられるから、木の陰に隠して、そっと此処まで来たの。

少年　牛乳、腐りやしないかな。

娘　腐るかもしれないわ。

少年　お母さんに叱られるだろ。

娘　そりゃあ叱られるわ。でも首斬り見なくちゃいられないもの。私、腐った牛乳でおいしいチーズ作るの。そしてそれを王様のコックさんに売るの。するとお母さんも、ご機嫌が直るわ。

少年　（鍋の匂いをかぐ）早く行きなよ、もうお昼だぜ。そら豆の匂いがするだろ。

娘　でも、首斬り役人がまだ来ないんですって。

少年　（あざ笑って）早く来ればいいのに。

娘　でも王妃様もいらっしゃらないらしいのよ。

少年　（知らない顔で）逃げたのかな。

娘　そうだって。

少年　じゃあ、探しているんだね。

娘　そう。なんでも、見つけた人にはすごいご褒美《ほうび》をくれるらしいのよ。

少年　どんな？

娘　金貨が一杯に入った桶《おけ》を一つと、指輪が二つですって。

少年　そんなに…金貨一桶あったら、お母さんにミンクのコートと、毛皮の襟巻が買ってあげられるねえ。…それに僕には僕で仔馬を一匹…。

娘　それどころか、立派なお家が一軒買えるわ。それにもう働かなくてもいいようになるわ。

少年　でも、あの王妃様はあんなに優しい方じゃないか。皆、どっちの方、探してるの？

娘　どっちもこっちも。街の門の外まで。

少年　どうして、こっちへ来ないのかな。

娘　馬鹿ねェ。首斬り台の近くに逃げるなんて事ないわよ。きっと、反対の方へお逃げになったわ。

少年　誰でも反対の方へ逃げるものなの？

娘　当たり前だわよ。ねぇ、広場へ行って

みない？

少年　うん…う、う、そら豆煮とくって約束しちゃったんだ。

娘　大勢の人が集まってるわよ。

少年　うん。芸人もきっと行くね。

娘　あのマントを着た、金の玉の手品をする人？　まあ、うれしい。

少年　あの人、手品うまいかい。

娘　そりゃあ、上手よ。私、一度見たことがあるの。

少年　僕も見たいなあ。（鍋を覗く）

娘　行きましょうよ。そら豆には水を差しとけば焦《こ》げないわよ。

少年　うん…（少年、行きたそうにする。するとチョウが戸口から王妃のいる部屋の方へ向かう）だめだ、だめだ。僕、約束したんだ。

娘　まあ可愛い。私、あのチョウチョウ、つかまえたいわ。

少年　いけないよ。あれは僕の友達なんだ。

娘　チョウチョウが？　あなたの？

少年　そうだよ。世界で一番利口なチョウチョウなんだぞ。

娘　まあ、ばかばかしい。じゃ、その昆虫さんと遊んでらっしゃい。私、行って見て来るわ。さよなら。

少年　さよなら。帰って来たら見たこと教えてね。（戸口へ送る。それから鍋の傍へ行って、そら豆を一粒たべる。寝室に方へ囁く様に）もう、そら豆が柔らかくなりました。もう少しでお昼ですよ…

④少年、チョウ、盲人

盲人　（窓の外で）目の不自由な者でございま

盲人　す。
（チョウが寝室から飛び出して、食器棚のてっぺんに戻る）
（戸口へ現われ）そら豆のお料理ですね、コックさん。首斬り場へどう行ったらいいのでしょう。
少年　真っ直ぐ行けばいいよ。今来た道を。
盲人　坊ちゃん。私を一緒に連れて行ってくださいな。
少年　僕は行けないよ。
盲人　あなたは首斬りを見に行かないんですか。
少年　うん。そら豆を煮る約束をしちゃったんだもの。
盲人　誰か、あなたの他にはいないんですか、この家には…
少年　誰もいやしないよ。

盲人　私にはいそうな気がしますよ、そっちの部屋に。私は目が見えないけど、気配で感じるんですよ。（寝室の方へ行きそうにする）
少年　（必死で押しとどめ）誰もいやしないッたら。（ベンチへ座らせる）おじさん、まるっきり目が見えないの。
盲人　そうですよ。
少年　おかしいな。目が見えないのに、首斬りを見に行って、どうするの。
盲人　耳が見るんですよ。今も、あなたが坊ちゃんだという事が分ったでしょう。
少年　だって、はじめはコックさんだと思ったじゃないか。
盲人　そりゃあ、あなたがそら豆を煮ていたからですよ。ほら、耳ばかりでなく、鼻でも見る事ができるわけでしょう。

少年　今どっちに戸口があるか分るかい。

盲人　そうですね。こっちでしょう。（杖で指す）

少年　ほんとだ。どうして分るんだろう。

盲人　（立って）私がここへ入って来て、こっちへ行こうとしたでしょう。（寝室の方へ行く。少年、あわててその前に立つ）そしたら坊ちゃんに押されて、こう五歩歩いて、ここに座りました。だから、戸口はこっちです。でもそんなこと思い出さなくても、ほら、じっと耳を澄ますと、外の空気と、街のざわめきがこっちから聞こえますから、すぐ判りますよ。

少年　すごいなあ。

盲人　私も目が見えていた頃は、耳や鼻で見る事はしませんでした。でも目が見えなくなってから訓練したんですよ。

少年　僕は今迄、目が見えなくなるって、恐《おそ》ろしい事だと思っていた。

盲人　私もそうでした。でも、今は違います。こうして丈夫で旅をして歩けば、人の集まる所で、珍しい話をして、お金を貰う事も出来ますからね。

少年　だから首斬り場へ行こうというんだね。

盲人　首斬りが済んだら、人々にお話したり、反対に首斬りを見ていた人から王妃様がどんな様子だったかを聞いて、ほかの町へ行ってその話をするんです。まあ、手品師みたいには儲かりませんが。

少年　金貨一桶と指輪二つあったら、おじさんどうする。

盲人　そんなお金があったら、…使いみちに困っちゃうでしょうね。どうしてそんなこと言うんです。

少年　僕、約束を破れば、金貨一桶貰えるんだよ。

盲人　坊ちゃん、約束を破るんですか。

少年　ううん、…破らない。

盲人　もちろん破りはしないでしょう。

少年　金貨二桶貰ったって破らない。

盲人　金貨二十二桶貰ったって破っちゃいけません。目が見えなくなっても楽しい事はありますが、約束を破ったらその日から、楽しい事はなくなります。毎日毎日その事を思って、心が苦しい思いをします。

少年　本当にそうだね、おじさん。僕、約束は破らないから安心しておくれ。

盲人　それを聞いて安心しました。それじゃ、私はそろそろ広場へ出かけましょうか。

少年　帰りに寄ってよ。煮えたそら豆、とっとくから。

盲人　そら豆はもう煮えそうですか。

少年　まだ半分ぐらい。

盲人　じゃあ、出かけましょう。（寝室の方へ歩く。チョウ、そちらへ行く）

少年　戸口はこっちだよ。

盲人　誰かいるみたいですね。お母さんはいらっしゃらないんですか。

少年　いま買い物に行っていて、留守だよ。

盲人　そうですか。では坊ちゃん、さようなら。（戸口へ探り歩きながら）帰りに寄るかもしれません。約束は破っちゃいけませんよ。

少年　うん。おじさん、気を付けてね。

盲人　さようなら。

少年　さようなら。（室内に戻り、耳や鼻で物を見ようとする）目がないと本当に不自由だなあ。
（外から歌を唄う声がする）
⑤少年、唄うたい
唄うたい　（登場）こんちは。
少年　こんちは。
唄うたい　お料理ですか。
少年　うん。
唄うたい　（入って来る）何か、おいしいものができますか。
少年　そら豆煮てるだけ。
唄うたい　少し頂きたいものですな。
少年　まだ煮えてないんだよ。
唄うたい　生煮えでも構いませんよ。
少年　おじさん、そら豆好きなの？
唄うたい　お腹の空いている時はね。
少年　今すいているの。
唄うたい　あっしは何時もお腹が空いていますよ。（二人笑う）
少年　おじさん、ギターをかかえてるけど唄うたいなの？
唄うたい　そんなもんですね。歌を唄ってお金を貰っているんだから。
少年　何か、唄って聞かせてよ。
唄うたい　そのそら豆をくれるんでしたらね。
少年　よし、じゃあ唄ってね。
唄うたい　じゃあ、そら豆を先に下さい。
少年　ううん、唄が先だよ。
唄うたい　豆が先ですよ。もし私が唄い終った時、あなたが「おじさん、うまかったよ。さよなら」じゃ困りますからね。
少年　じゃ、歌が一節きれるたんびに、そら豆スプーン一杯ね。

唄うたい　それが約束ですね。
少年　うん。さ、唄ってよ。
唄うたい　（一行だけ唄う）♪鵞鳥《がちょう》が川を渡ろうとしたら…さ、豆ください。
少年　その一節だけ唄ってしまいなよ。
唄うたい　だから唄ってしまいましたよ。
少年　今のはたった一行じゃないか。
唄うたい　そうです。一行が一節なんですよ、私の歌は。
少年　（一節が長いと手で示す）僕が言うのは一節すっかりなんだぜ。
唄うたい　（少年の手つきをまねて）ですから、一行が一節すっかりなんです。
少年　いやだなあ。僕の言うのはね、一節すっかりって事だぜ。
唄うたい　じゃあ、あなたの言うのは一章すっかりって事でしょう。

少年　だって、皆一節って言うよ。
唄うたい　とにかく約束を果たしてください。私は一節唄ったんです。はい、そら豆。
少年　（立ち上り、そら豆を二、三粒匙にすくう）じゃあ、次から一章だよ…さ、そら豆。
（唄うたい、そら豆が余りに少ないので、じっとそれを見る。それから吹いて冷まして、食《た》べる）
唄うたい　けちだなあ。
少年　でも、おじさん流に言えば、それでもそら豆一杯だろう。
唄うたい　なるほどね。（笑う）じゃ、今度は続けて唄います。一章切れるたんびに匙に山盛りですよ。
少年　いいや、じゃ一章で山盛り一杯。
唄うたい　（唄う）
♪鵞鳥が川を渡ろうとしたら

水は満々流れは速い
ラーラララ　ラーラララ
ラーラララ　ラーラララ
ラーラララ　ラーラララ
ラララララララ
そら豆ください。

少年　さあ、あとをすぐ（一杯渡す）

唄うたい　（唄う）
♪悪いカラスが教えて言うに
水を飲んでしまいなさいよ
ラーラララ　ラーラララ
ラーラララ　ラーラララ
ラーラララ　ラーラララ
ラララララララ
そら豆を…

少年　あとを、あとを続けてよ。

唄うたい　約束はよござんすか。

少年　さ、山盛り三杯あげるから、お終いまで唄って。

唄うたい　（唄う）
♪そこで鵞鳥はガブガブ飲んだ
川を干そうと一所懸命
ラーラララ　ラーラララ
ラーラララ　ラーラララ
ラーラララ　ラーラララ
ラララララララ
♪飲んでも飲んでも流れて来たよ
気のいい鵞鳥はそれでも飲んだ
ラーラララ　ラーラララ
ラーラララ　ラーラララ
ラーラララ　ラーラララ
ラララララララ
おしまい…（袋にそら豆をしまう）

少年　面白い。もう一つ、何か聞かせてよ。
そら豆もっとほしくない？

唄うたい　これだけあれば晩まで持ちますから

少年　ね。さて、出かけるかな。おじさん。首斬り場へ行って唄うのかい。

唄うたい　首斬り場って…首斬りがどっかであるんですか。

少年　うん。すぐそこの広場で。

唄うたい　じゃ、行かなきゃ。そこで唄えば一《ひと》儲《もう》けできますからね。

少年　王様の四つの時計が十二時を打つ前にあるんだよ。

唄うたい　そりゃ大変だ。いま何時でしょうかね。坊ちゃんのうちに時計ありますか。

少年　ないけど、うちの戸口からお城の塔が一つ見えるよ。

唄うたい　（戸口まで行って）あと五分で十二時だ。すぐに出かけなくっちゃ。坊ちゃん、どうもありがとう。儲かったら、帰りにまた寄りますよ。さあ、うんと儲かる様に、腕によりをかけて唄って来よう。

少年　僕も約束破れば、金貨一桶と指輪二つ貰えるんだけどな。

唄うたい　坊ちゃん、約束を破るんですか。

少年　おじさんだったらどうする。

唄うたい　私は一生唄うたいでいた方がいいですね。いつか、赤い立派な着物を買って、王様の御前で唄う夢でも見てね。じゃ、坊ちゃん、さよなら。（退場）

少年　さよなら。僕、約束破らないから、安心してよ。

⑥少年、チョウ、首斬り役

（少年、豆の様子を見て薪をくべる。戸口から首斬り役が入って来て、斧《おの》を突き立て

首斬り　る。少年、びっくりして振り向く）何が約束破らないだ。お前は王妃様を見たか。

少年　王妃様を、何ですって？

首斬り　王妃様はここにいる。

少年　どうして…どうして王妃様がここにいるんです。

首斬り　王妃様はここにいる…はずがない。王妃様は賢《かしこ》い方だから、ずっと遠くに逃げておられる。今皆して捜している所だ。見つかったら、王様のラッパ手がラッパで俺を呼ぶことになっている。だから俺は、首斬り台に近い、こんな所で待っているのだ。

少年　そ…それなら、外にいた方がいいですよ。ここじゃラッパが聞こえないかも…

首斬り　お前、俺が誰だか知ってるな。

少年　あなたは恐ろしい首斬り役です。

首斬り　俺は、王様の四つの時計のネジを巻く係だ。だが腕がいいので、ご用がある時はこの国で唯一人《ただひとり》の首斬り役ともなる。この斧で。

少年　その斧、切れそうですね。

首斬り　切れるとも。今迄、何十人もの首を斬った斧だ。今朝から今迄かかってました、念入りに砥いできたところだ。だから俺はこの斧を持って、王様のラッパ手に呼ばれるまで待っていなければならないのだ。

（首斬り座る。少年は寝室と首斬り役の間にじりじり割って入りながら）

少年　でも…あの…あれでしょう。お城の四つの時計が十二時を打ってしまえば、

首斬り　お妃様は助かるのでしょう。お前はどうしてそんな事を知っている。…王様のご一族か、お城の役人でなければ、それを知っているはずはないんだ。

少年　その、…あの…チョウチョウが僕に教えてくれたんです。

首斬り　けしからん奴だ。そのチョウチョウは何処にいる。俺が首を斬ってやる。（立ち上りかける）

少年　チョウチョウの首なんか斬れません。それに、お妃様を斬るために折角砥いだ斧を、チョウチョなんかに使っちゃもったいないですよ。

首斬り　それもそうだな。（座りなおす）どうだ坊主、俺がどんなにして王妃様の首を斬るか話してやろうか。

少年　ええ、ぜひ話してください。

首斬り　（ベンチに向って）これが首斬り台だ。王妃様は鉄の門の向うにいる。あれが鉄の門だ。（寝室の入口を指す）俺がこうして階段を上ると見物人が拍手する。こら、お前が見物人だ。拍手しろ。（少年拍手する）すると俺は拍手に応える…こんな風に…それから鉄の門へ近づいて行く。

少年　そっちへ行っちゃいけません。お母さんの寝室なんです。

首斬り　お母さんだって、俺の話を聞きたいだろう。

少年　でも…でも寝てるんです。

首斬り　病気か…（少年うなづく）それならよし…その代りお前が王妃様になれ。いいか、俺は王妃様を門から連れ出す。（少年の手を取ってベンチの方へ進む）それからお辞儀をする。すると王妃様もお辞儀をされる。…こら、お辞儀しろ。（少年、会釈《えしゃく》する）それから俺がこう申し上げる。「陛下《へいか》、お首をお斬り致します。お覚悟《かくご》はよろしゅうございますか」すると王妃様がこうお答えになる。「よろしい」…こら（少年を突く）

少年　「よろしい」…

首斬り　そこで俺が王妃様の目隠しをする。このハンカチで…

少年　お願い、目隠ししないで。どんなことするのか見えないもの。

首斬り　それもそうだな。…よしよし。じゃあ、目隠ししたとして、それから王妃様を首斬り台にひざまずかせる。すると王妃様が首を台の上に差しのべられる。こら、首を台の上にのせろ。

少年　もう、もうよして。よしてくれれば、僕、ナイフあげます。

首斬り　どうして、一番いい所じゃないか。そこで俺が斧をこう振り上げて…ヤッ、時計の音だ、これは…

（大きな時計の音、続いて二つの中くらいの時計の音がゆっくりと時を打つ。首斬り役、戸口へとび出す）

十二時だ。十二時だ。ラッパ手はなぜ俺を呼ばないのだ。

（少年、時計の音を数え、三番目の時計が十二時を打ち終えると、寝室へ駈《か》けこむ）

少年　お妃様、お妃様。十二時すぎましたよ。

首斬り　お妃様だと…そこにお妃様が居るのか。…小さい時計がまだ鳴っていない…

（戸口で）おーい、小さい時計を鳴らすなー。お妃様が居るぞォー。（又飛び込んでくる）金貨一桶は俺のものだ。

（小さい時計が鳴りだす。少年、ベンチを寝室の入口に置いて、首斬りをつまずかせようとする。チョウが首斬り役の顔の前を飛び廻る。やがて首斬り役が王妃を引きずり出す）

⑦少年、チョウ、首斬り役、王妃

首斬り　王妃だ…王妃だ…ハックション…時計を止めろ…ハァクション…鳴らしてはいかん…ハァクション…ええい。うるさいチョウチョめ…ハックション…

少年　（時計を数える）…八…九…十…十一…十二。王妃様、十二時過ぎました。

王妃　（首斬り役、がっくりと膝を折る。王妃、威厳を正して首斬り役の前に立つ）悪人め。法律によって私は助かった。その代り、今度はお前の番だ。法律によれば、王様の四つの時計が揃って鳴らなかった時は、時計を巻く係は首を斬らねばならない。存じておるな。

首斬り　おう、陛下。それは存じております。けれども私は今朝、自分の務めに忠実であろうとして、一所懸命、この斧を砥いでいましたので、つい、時計を合わせるのを忘れてしまったのでございます。

王妃　首斬り役としては褒《ほ》められた事だ。だが、時計係としては斬首に値する。

首斬り　おう、お許し下さいまし陛下。

少年　お妃様、するとこの人は自分で自分の首を斬る事になるんですか。

王妃　法律ではそうなるのよ、坊ちゃん。ちょっと、難しいだろうけど。

少年　そんなの可哀そうです。許してあげて下さい。

王妃　あなたが頼むのなら許しましょう。その代り、首斬り役はその斧を博物館に納めて、時計を巻く係だけになるのです。…そして私は、お城の中では女の人が指輪を足にはめてはならない法律を出させます。そうすれば、だれが王様の大おば様の足の指を踏んでも、首を斬られずに済むでしょう。…おう、それから坊ちゃん。あなたには毎週金曜日、王様の御前で、あの手品師の手品を見せてあげます。それから可愛い乳しぼりの娘には、いつでも王様のコックにチーズを売ってもよい許可を与えます。あの目の見えない人には、時々お城に来て、方々を巡って聞いてきた話をしてもらいます。唄うたいには赤い立派な衣裳を、あなたのお母さんにはミンクのコートと銀狐の毛皮の襟巻をあげましょう。そしてあなたには、金貨二桶と白い仔馬を一匹と金のナイフをあげる事にします。さあ…お立ちなさい。そして私に手を貸して頂《ちょう》戴《だい》。（手を少年の上に掛ける）さあ首斬り役、私達がお城へ行く先ぶれをなさい。

首斬り　かしこまりました。片寄れ…片寄れ…王妃様のお通りだ。

王妃　それからこの坊ちゃんの。

首斬り　うう…何かお名前はありませんか。

少年　デヴィ…

王妃　デヴィ殿。

首斬り　片寄れ…片寄れ…王妃様とデヴィ殿のお通りだ。片寄れ…片寄れ…

（一同退場。すぐ少年が帰って来る。そして、そら豆の鍋を持ってアチ…アチ…と言いながら王妃のあとを追う）

――幕――

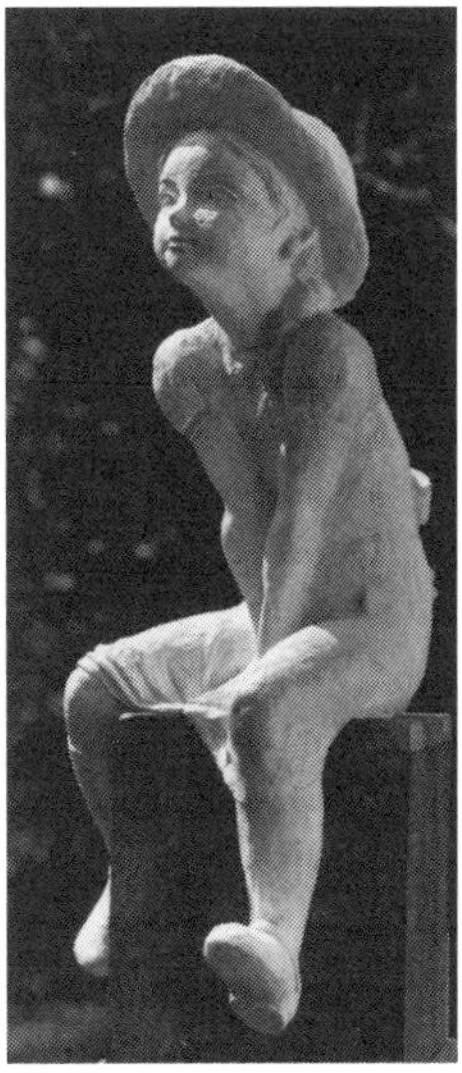

ポリアンナ

麦わら帽子

学年劇《げき》　春の忘《わす》れ物《もの》　一幕《まく》

時・・・春

所《ところ》・・・森の湖《みずうみ》の見える場所《ばしょ》

登場人物《とうじょうじんぶつ》

チョウ1~12
りす1・2
やまね1・2
しか1・2
うさぎ1・2
たぬき1・2
魚1~8
小鳥1~10
森のペンキ屋《や》1~12

ハチ1~10
水鳥1~4
水鳥たち
トンボたち
テントウ虫たち
金《かな》ブンたち
冬じいさん
合唱隊《がっしょうたい》

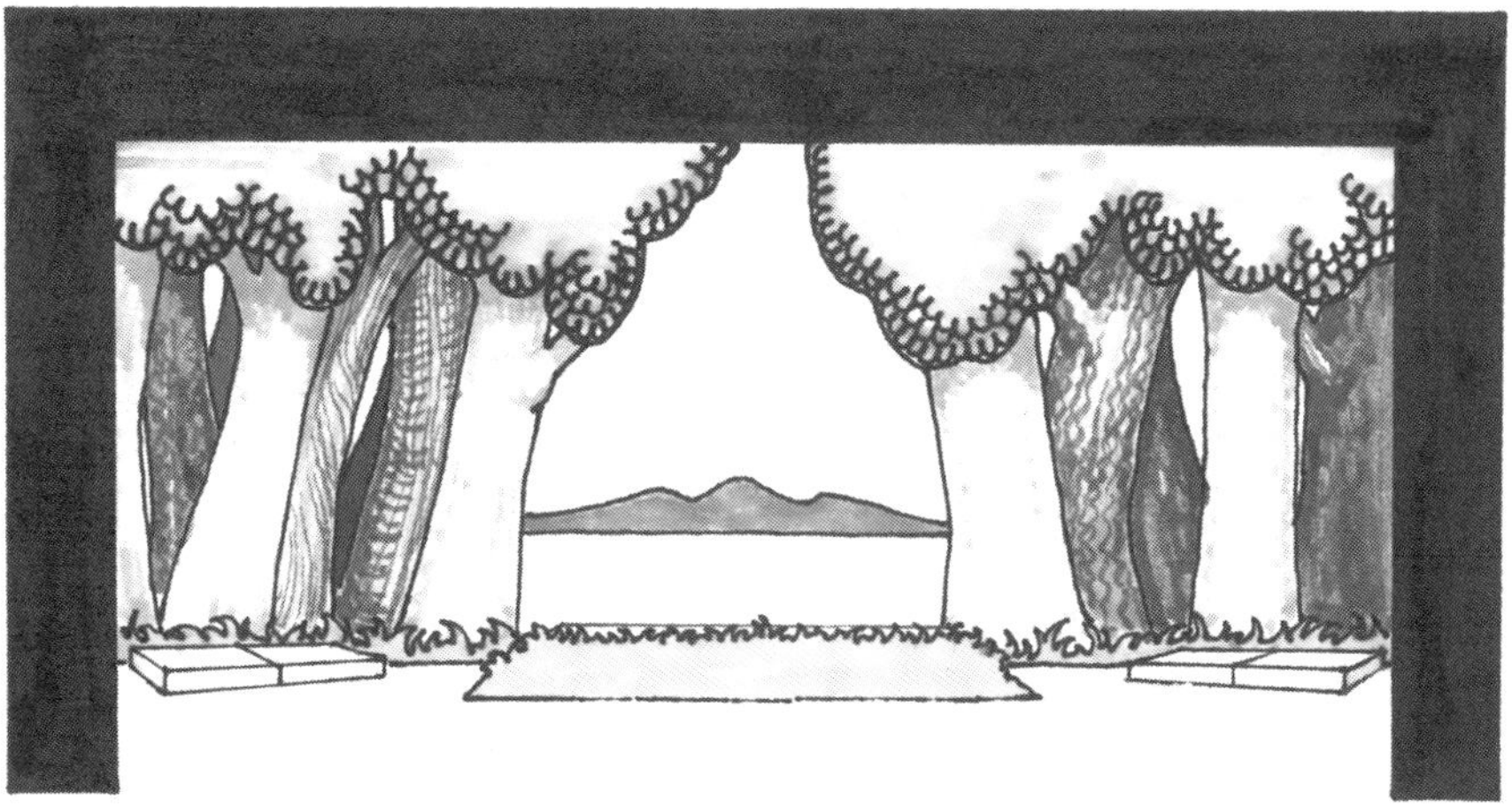

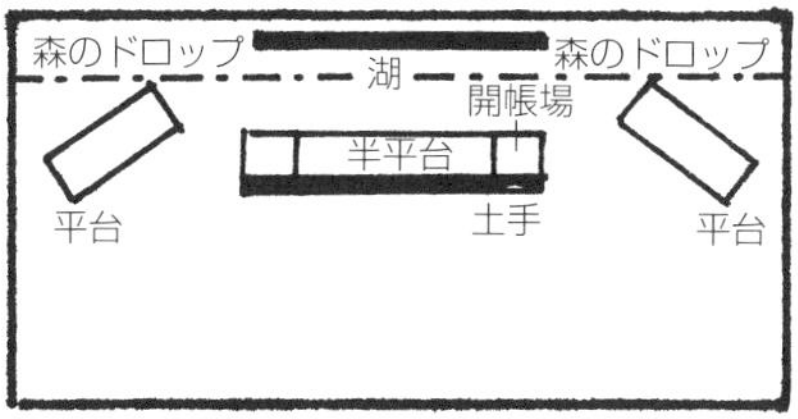

――開幕《かいまく》――

舞台《ぶたい》中央が土手のように小高くなり、その向《む》こうに氷《こおり》の張《は》った湖《みずうみ》が見える。舞台両側《りょうがわ》と湖の周囲《しゅうい》は森。景色《けしき》は、もうすっかり春で、緑《みどり》の草や花が一杯《いっぱい》。魚たちの歌声が流《なが》れる

♪「苦《くる》しみの歌」

あ　苦しい
氷《こおり》　とかして
この天井《てんじょう》　とかしてよ

あ、苦しい
夜明け　まだなの
春の光　まだ来ない

（チョウたち登場）

♪「春の歌」（チョウたちの歌と踊《おど》り）

春　春　春よ
明るい　春よ
お日様の光　一杯《いっぱい》
明るい春よ

春　春　春よ
かがやく春よ
花　花は野原一杯
かがやく春よ

チョウ1　おかしいわ、見てごらん。
チョウ2　この湖　真っ白よ。
チョウ3　ほかの所は　みんな緑。
チョウ4　春の色だっていうのに。
チョウ5　湖だけ　真っ白。
チョウ6　湖だけ　冬の色。
チョウ7　ほかの所は明るくて。
チョウ8　お日様《ひさま》の光が一杯。

チョウ9　ミツバチさんがブンブンいっているのに。
チョウ10　湖だけがカチカチに凍《こお》っている。
チョウ11　湖だけ　冬のまんま。
チョウ12　なぜでしょう。
チョウたち　なぜでしょう。

（動物《どうぶつ》たち登場）

りす1　どうしたの　チョウチョさん。
りす2　みんなで、湖、見つめていて。
やまね1　おや、この湖、真っ白だよ。
やまね2　カチカチに氷がはっている。
しか1　困《こま》ったなあ。のどが乾《かわ》いたのに。
しか2　凍っていて、水が飲《の》めないや。

（魚たちの歌声が流れる）

♪「苦しみの歌」

あ　苦しい
氷　とかして
この天井　とかしてよ
あ、苦しい
夜明け　まだなの
春の光　まだ来ない

うさぎ1　何でしょう。あの歌声。
うさぎ2　悲しそうな歌の声ね。
たぬき1　氷の下から聞こえて来るよ。
たぬき2　しかさん、君の固《かた》いヒズメで、氷、割《わ》ってごらん。
しか1・2　よし来た。

（しか1・2、土手の後ろへ回る。りす、やまね、土手に上がってその様子《ようす》を見る）

りす1　しかさんのヒズメ、固いから。

りす2　縁《ふち》の氷が少し割れたよ。
やまね1　割れ目から、何か、首出したよ。
やまね2　湖のお魚たちよ。
（土手の向うに、魚たち、首を並《なら》べる）
魚1　見てごらん。
魚2　おいでよ、みんな。息《いき》ができるよ。
魚3　あゝ、苦しかった。助《たす》かった。
魚4　あゝ、もう春だよ。そとの世界《せかい》は。
魚5　息ができるって、いいねえ。
魚6　お日様の光って、いいねえ。
魚7　僕たちだけ、どうして寒《さむ》い目にあうの。
魚8　み〜んな、あの冬じいさんのせいだ。
うさぎ1　あなたたち、だあれ。
うさぎ2　私《わたし》たち、森の動物よ。

魚1　僕《ぼく》、湖のコイ。
魚2　僕、湖のフナ。
魚3　僕、湖のナマズ。
魚4　僕、湖のくちぼそ。
魚5　僕、湖のどじょう。
魚6　僕、湖のイモリ。
魚7　僕、湖のエビ。
魚8　僕、湖のカニ。
たぬき1　なぜ、君たち、こんな目に合ってるの。
たぬき2　この湖だけ、どうして氷がはってるの。
魚1　この湖の島《しま》に住《す》む、冬じいさんのしわざなの。
魚2　冬じいさんは意地悪《いじわる》なんだよ。
魚3　冬じいさんの息は冷《つめ》たいの。
魚4　冬じいさんは寒《さむ》いのが好《す》きなの。

魚5　だから、その冷たい息を、ぴゅうぴゅう吹《ふ》きかけるの。
魚6　すると、水がすぐ凍っちゃうのさ。
魚7　お陰《かげ》で、僕たち、息が出来ないの。
魚8　ねえ、君《きみ》たち、何とか助《たす》けてよ。
魚たち　ねえ、お願《ねが》い、助けてよ。
チョウ1　かわいそうね。どうしましょう。
チョウ2　困ったわ。何とかならない。
チョウ3　しかさん。氷、踏《ふ》んでみてよ。
チョウ4　いま割ったみたいに、湖じゅう割ってよ。
しか1　とても無理《むり》だよ、そんなこと。
しか2　今だって、足が痛《いた》くなったくらいだもの。
チョウ5　うさぎさんやたぬきさんは、体が温《あたた》かいんでしょ。
チョウ6　みんなで、氷の上に寝《ね》そべったら。

チョウ7　体の温かさで、氷が解《と》けるかもしれないわ。
うさぎ1　とんでもないわ、そんなこと。
うさぎ2　考えただけで、寒くなるわ。
たぬき1　湖の氷が一ミリも解けないうちに……。
たぬき2　僕たちの方がカチカチになっちゃうよ。
チョウ8　困ったなあ、何とか好《よ》い知恵《ちえ》ない？
チョウ9　あ、そうだわ。春の女神《めがみ》さまにお聞きしましょう。
チョウ10　そうね。どうすればいいか、ご存《ぞん》知《じ》よ。
チョウ11　春の女神さま、どこにいらっしゃるの？
チョウ12　小鳥さんたちなら知ってるわ。呼《よ》んでみましょう。

チョウたち　小鳥さん、小鳥さん、降《お》りて来てちょうだい。

（小鳥たち登場）

小鳥1　私たちを呼んだの、あなたたちでしょ。

小鳥2　森の動物さん、チョウチョさん、何のご用？

りす1　冬じいさんが、この湖にいるの。

りす2　そして、いつも湖を凍らせているの。

やまね1　それで、魚さんたち、息ができないの。

やまね2　僕たち、魚さんを助けてあげたいんだ。

小鳥3　私たちだって、助けてあげたいわ。

小鳥4　どうやったら助かると思うの？

うさぎ1　あなたたち、春の女神さま、知っているでしょ？

うさぎ2　女神さまに、どうしたら好いか聞いてきてよ。

小鳥5　女神さまは、もうひと月も前に、ここをお通りになったわ。

小鳥6　今ごろ、青森か北海道にいらっしゃるわ。

小鳥7　私たちじゃ、なかなか追《お》いつけないわよ。

小鳥8　でも、つばめさんなら速《はや》いわよ。

小鳥9（つばめ）じゃあ、私たちがお使《つか》いに行ってきましょうか。

小鳥10（つばめ）そして、冬じいさんをこらしめるにはどうしたら好いか聞いて来る。

小鳥9（つばめ）　魚さんたち、それまで我慢《がまん》して待《ま》っていてね。

小鳥10（つばめ）　じゃあ、行ってきます。

一同　頼《たの》んだよ。行ってらっしゃあい。

（小鳥9、10退場《たいじょう》。風の音。冬じいさん登場。魚たち、首をひっこめる）

冬じいさん　あーあ、涼《すず》しい氷の風に、つい好い気持でうとうとしていたのに、何だ、この大騒《おおさわ》ぎは。これは、動物ども、ずいぶん沢山《たくさん》集《あつ》まったな。ここは冬の国だぞ、帰れ、帰れ。（土手に上る）ややっ、誰《だれ》か氷を割ったな。うーむ、魚たちめが頭を出している。誰だ、こんな事《こと》をした奴《やつ》は。おのれ、にっくい動物どもめ。では、お前たちから吹《ふ》き飛《と》ばしてやろう。（口を向けて）

♪「風を吹かせる歌」

ひゅるひゅるひゅるひゅる北の風
吹け吹け吹け吹け　もっと吹け
フー　フー　フー
ひゅるひゅるひゅるひゅる一面《いちめん》に
氷に閉《と》ざされ　真《ま》っ白け
フー　フー　フー

（辺《あた》りに雪が舞《ま》う。口を向けられた動物たちは、「恐《こわ》いよう」「寒《さむ》いよう」「助《たす》けて」などと言いながら、くるくる廻って退場。舞台は冬じいさんのほかに誰《だれ》もいなくなる）

冬じいさん　（最後《さいご》に湖に向かって念《ねん》入りに吹き付《つ》

けるはっはっはっはっ。これでさっぱりした。頭を出していた魚どもも氷漬《づ》けだ。はっはっはっはっ。ああ好い気持《きもち》だ。ざまあみろ、動物ども。（退場）

（魚たちの歌声が流れる）

♪「苦しみの歌」

あ　苦しい
氷　とかして
この天井　とかしてよ

あ、苦しい
夜明け　まだなの
春の光　まだ来ない

（動物たち、おずおず登場）

小鳥1　冬じいさんて、何て悪《わる》い奴なんだろう。

小鳥2　魚さんたちがかわいそうだねえ。

小鳥3　何とかして、冬じいさんをやっつけられないかしら。

小鳥4　だからつばめさんが、春の女神さまに聞きに行ったのよ。

小鳥5　それまで待てないわ。いますぐ、おどかしてやりたいの。

小鳥6　びっくりさせるだけでも好いわねえ。

小鳥7　それなら好いことがある。森のペンキ屋さんにたのむのよ。

小鳥8　森のペンキ屋さんに、湖を青く塗《ぬ》りかえてもらうの。

小鳥たち　それが好い。それが好い。ペンキ屋さん。ペンキ屋さん。森のペンキ屋さ〜ん。

（「はーい」と返事《へんじ》があって、森のペンキ屋たち登場）

（森のペンキ屋たちの歌と踊り）

♪「森のペンキ屋さん」

ペンキを塗ろうよ　ラララララララ
僕らは森の　ペンキ屋さん
白を緑に　塗りかえまーす

ペンキを塗ろうよ　ラララララララ
僕らは森の　ペンキ屋さん
緑を黄色に　塗りかえまーす

ペンキ屋1　何だい、小鳥さんたち。
ペンキ屋2　まだ、どこか、緑に塗る所があるの？

ペンキ屋3　僕たちは森のペンキ屋だから…。
ペンキ屋4　春は緑に、秋は黄色や茶色に…。
ペンキ屋5　森や林を塗りかえま〜す。
ペンキ屋6　どこか、僕たち塗り忘《わす》れた所《ところ》ある？
小鳥1　そうじゃないの。あれを見て。
ペンキ屋7　あれ？　白い湖だ。変《へん》だなあ。
ペンキ屋8　でも、あれは僕たちのせいじゃないよ。
ペンキ屋9　僕たち、木の葉《は》を塗るのが仕事《しごと》だもの。
ペンキ屋10　湖はまだ塗ったことがないや。
小鳥2　湖だって、色は塗れる？
ペンキ屋11　水はダメだけど、氷ならね。
小鳥3　氷を青に塗ってもらいたいの。
ペンキ屋12　氷を青に？　そりゃ弱ったな。
小鳥4　なんで？　氷なら塗れるでしょ

う？

ペンキ屋1　青の絵具《えのぐ》がないんだよ。

ペンキ屋2　僕たち、木の葉専門《せんもん》だから…。

ペンキ屋3　緑や黄色ならあるんだけど。

ペンキ屋4　青のペンキは塗ったことないんだ。

小鳥5　困ったわ。どうすれば好いの？

ペンキ屋5　君たちで青いインキ、作ってくれよ。

ペンキ屋6　そしたら、僕たちいくらでも塗るよ。

ペンキ屋7　青いインキ、どうやって作ろう。

小鳥6　青いお花を採《と》って来るのよ。

ペンキ屋8　そうだ、その汁《しる》を絞《しぼ》る。

小鳥7　青いお花は忘れな草よ。

ペンキ屋9　あんな小さな花？　湖は広いんだぜ。

ペンキ屋10　かまわないよ。うんと、沢山採《と》って来てよ。

ペンキ屋11　できるだけ大勢《おおぜい》、お友たちを呼んでよ。

小鳥8　じゃあ、私たち、森じゅう飛び回って頼《たの》んでくるわ。

ペンキ屋12　僕たち、絞る準備《じゅんび》をする。

小鳥1～4　私たちは、こっち。

小鳥5～8　私たちは、こっち。

小鳥全員《ぜんいん》　行きましょう。（小鳥たち退場）

♪「インキの歌」

インキを作ろう　ワーイ　ワッショイ
青いインキを作ろうよ
森に春風　吹かせるために
インキを絞ろう　ワーイ　ワッショイ
忘《わす》れな草よ　青い露《つゆ》

森に春の日　来させるために
インキが出来《でき》るぞ　ワーイ　ワッショイ
白い絵具は　捨《す》てちゃおう
森にお花を　咲《さ》かせるために
インキが出来たぞ　ワーイ　ワッショイ
さあさ塗ろうよ　湖に
森にウグイス　鳴かせるために

（この間に、チョウ・ハチ・トンボ・テントウ虫・金《かな》ブンなどが次々《つぎつぎ》と忘れな草の花びらを持《も》ってきて、ペンキ屋たちが転《ころ》がしてきた大きな樽《たる》の中に入れ、又《また》、出て行く。ペンキ屋たちは樽の中をつきまぜる。これを動物たちも出て来て手伝《てつだ》う）

（小鳥9・10、水鳥たちを連《つ》れて登場）

小鳥9　みなさん、ただいま。春の女神さまにお会いして来たわ。

小鳥10　女神さまは教えて下さったわ。冬じいさんは冬の歌を聞くと、好い気持で眠《ねむ》っちゃうんですって。

小鳥9　そして、女神さまは、冬の歌を知っている水鳥さんたちを応援《おうえん》に寄《よ》こして下さったの。

小鳥10　みなさん、水鳥さんたちの歌をマネして歌ってね。

ハチ1　これで安心《あんしん》だ。早く冬じいさんを眠らせよう。

ハチ2　そして、ペンキ屋さんに塗ってもらおう。

ハチ3　冬じいさんはどこにいるの？

ハチ4　湖の真ん中の島だって。

ハチ5　じゃあ、こっちへ呼び出そうよ。

ハチ6　そうだ。そして、冬じいさんのいない間に…

ハチ7　ペンキ屋さんに塗ってもらうんだ

ハチ8　それじゃ、わざと大騒ぎしよう。

ハチ9　冬じいさん、あわててやって来るぞ。

（水鳥1、2、土手に上がって湖を見《み》張《は》る）

ハチ10　よし、もう一度《いちど》インキの歌を歌おう。

♪「インキの歌」

インキを作ろう　ワーイ　ワッショイ
青いインキを作ろうよ
森に春風　吹かせるために

インキを絞ろう　ワーイ　ワッショイ
忘れな草よ　青い露
森に春の日　来させるために

インキが出来るぞ　ワーイ　ワッショイ
白い絵具は　捨てちゃおう
森にお花を　咲かせるために

インキが出来たぞ　ワーイ　ワッショイ
さあさ塗ろうよ　湖に
森にウグイス　鳴かせるために

（一同、わざと大声で歌う。ペンキ屋たちは出来たインキを小さなバケツにそれぞれ汲《く》んで、刷毛《はけ》を持って待ち構《かま》える）

（歌の二番が終《お》わる頃《ころ》、水鳥1、2が土手から駆《か》け下りる）

水鳥1　来たわ。冬じいさんが来たわ。

水鳥2　ペンキ屋さんたち、行って…。

（ペンキ屋たち退場。一同、歌い続《つづ》ける。水鳥たち、並んで歌の用意《ようい》をする）

冬じいさん　（冬じいさん、土手の上に現《あら》われる）
やかましい、歌をやめろ。やあ、いつの間にかチビどもが、うじゃうじゃと集まったな。ようし、もう一度吹き飛ばしてやろう。（口を向けて）

♪「風を吹かせる歌」
ひゅるひゅるひゅるひゅるひゅる北の風
吹け吹け吹け吹け　もっと吹け

水鳥3　一、二の…三。

♪「雪の子守歌《こもりうた》」
雪は　サラ　サラ　サラ
サラ　サラ　サラ　ふれ

アラレは　パラ　パラ　パラ
パラ　パラ　ちれ
風は　ぴゅう　ぴゅう　ぴゅう
ぴゅう　ぴゅう　ふけ
ツララは　キン　コン　カン
コン　キン　こおれ

水鳥4　みんなも一緒《いっしょ》に…。
（一同歌う）

♪「雪の子守歌」
雪は　サラ　サラ　サラ
サラ　サラ　ふれ

冬じいさん　や、や。何という好い歌だ。ああ、ああーっ（あくびをする）。好い気持だ。眠《ねむ》くなってきたぞ…ぐう、ぐう…。
（冬じいさん、土手の上にゴロリと横

になる、一同歌い続ける）

アラレは　パラ　パラ　パラ
　　　　パラ　パラ　ちれ
風は　ぴゅう　ぴゅう　ぴゅう
　　　ぴゅう　ぴゅう　ふけ
ツララは　キン　コン　カン
　　　コン　キン　こおれ

（歌の間に、湖は、ペンキ屋たちの退場した方から順々《じゅんじゅん》と青くなり始《はじ》め、やがて、すっかり青くなってしまう）

一同　（湖がすっかり青くなったのを見て歌を止め、口々に叫《さけ》ぶ）ワーイ。やったー…。ペンキ屋さんありがとう。ぜんぶ塗れたね。もう、大丈夫《だいじょうぶ》。成功《せいこう》…。大成功《だいせいこう》。

冬じいさん　（起《お》き上《あ》がり）好い気持で寝《ね》ていれば。やかましい。静《しず》かにしろ。…や、や…これはどうじゃ。目を覚《さ》ましてみれば…あ、あーっ、（目をこすって）み、湖が青い。…湖が青い。…これはどうしたことだ。わしは日本にいるつもりで、インドかアフリカに来てしもうた。ようし、こうなったらみんな動《うご》けないようにしてやる。

♪「風を吹かせる歌」
ひゅるひゅるひゅるひゅる北の風
吹け吹け吹け　もっと吹け
フー　フー　フー
ひゅるひゅるひゅるひゅる一面に
氷に閉ざされ　真っ白け
フー　フー　フー

冬じいさん　ああ、ああ、駄目《だめ》だ。この湖は凍らない。わしの魔術《まじゅつ》は力が無《な》くなってしまった。もうこうなったら仕方《しかた》がない。わしはアラスカかシベリアへ逃《に》げよう。ああ、情《なさ》けない。わしの魔術はきかなくなってしまった。ああん、ああん、ああん。（泣《な》きながら退場）

一同　（口々に叫ぶ）ばんざあい。冬じいさんが逃げた。うれしいなあ。もう大丈夫。（一斉に叫ぶ）ばんざあい。（小躍《こおど》りする）

一同で歌と踊り（出演者全員が舞台に登場）

♪「春の歌」

春　春　春よ
明るい　春よ
お日様の光　一杯
明るい春よ

春　春　春よ
かがやく春よ
花　花は野原一杯
かがやく春よ

――幕――

歌詞《かし》

「苦《くる》しみの歌」

あ　苦しい
氷《こおり》　とかして
この天井《てんじょう》　とかしてよ

あ、苦しい
夜明け　まだなの
春の光　まだ来ない

「春の歌」

春　春　春よ
明るい　春よ
お日様《さま》の光　一杯《いっぱい》
明るい春よ

春　春　春よ
かがやく春よ
花　花は野原一杯
かがやく春よ

「風を吹《ふ》かせる歌」

ひゅるひゅるひゅるひゅる北の風
吹け吹け吹け　もっと吹け
フー　フー　フー
ひゅるひゅるひゅるひゅる一面《いちめん》に
氷《こおり》に閉《と》ざされ　真《ま》っ白け
フー　フー　フー

「森のペンキ屋《や》さん」

ペンキを塗《ぬ》ろうよ　ララララララ
僕《ぼく》らは森の　ペンキ屋さん
白を緑《みどり》に　塗りかえまーす

ペンキを塗ろうよ　ラララララララ
僕らは森の　ペンキ屋さん
緑を黄色に　塗りかえまーす

「インキの歌」
インキを作ろう　ワーイ　ワッショイ
青いインキを作ろうよ
森に春風　吹《ふ》かせるために
インキを絞《しぼ》ろう　ワーイ　ワッショイ
忘《わす》れな草よ　青い露《つゆ》
森に春の日　来させるために
インキが出来《でき》るぞ　ワーイ　ワッショイ
白い絵具《えのぐ》は　捨《す》てちゃおう
森にお花を　咲《さ》かせるために

インキが出来たぞ　ワーイ　ワッショイ
さあさ塗ろうよ　湖《みずうみ》に
森にウグイス　鳴《な》かせるために

「雪の子守歌《こもりうた》」
雪は　サラ　サラ　サラ
　　サラ　サラ　ふれ
アラレは　パラ　パラ　パラ
　　パラ　パラ　ちれ
風は　ぴゅう　ぴゅう　ぴゅう
　　ぴゅう　ぴゅう　ふけ
ツララは　キン　コン　カン
　　コン　キン　こおれ

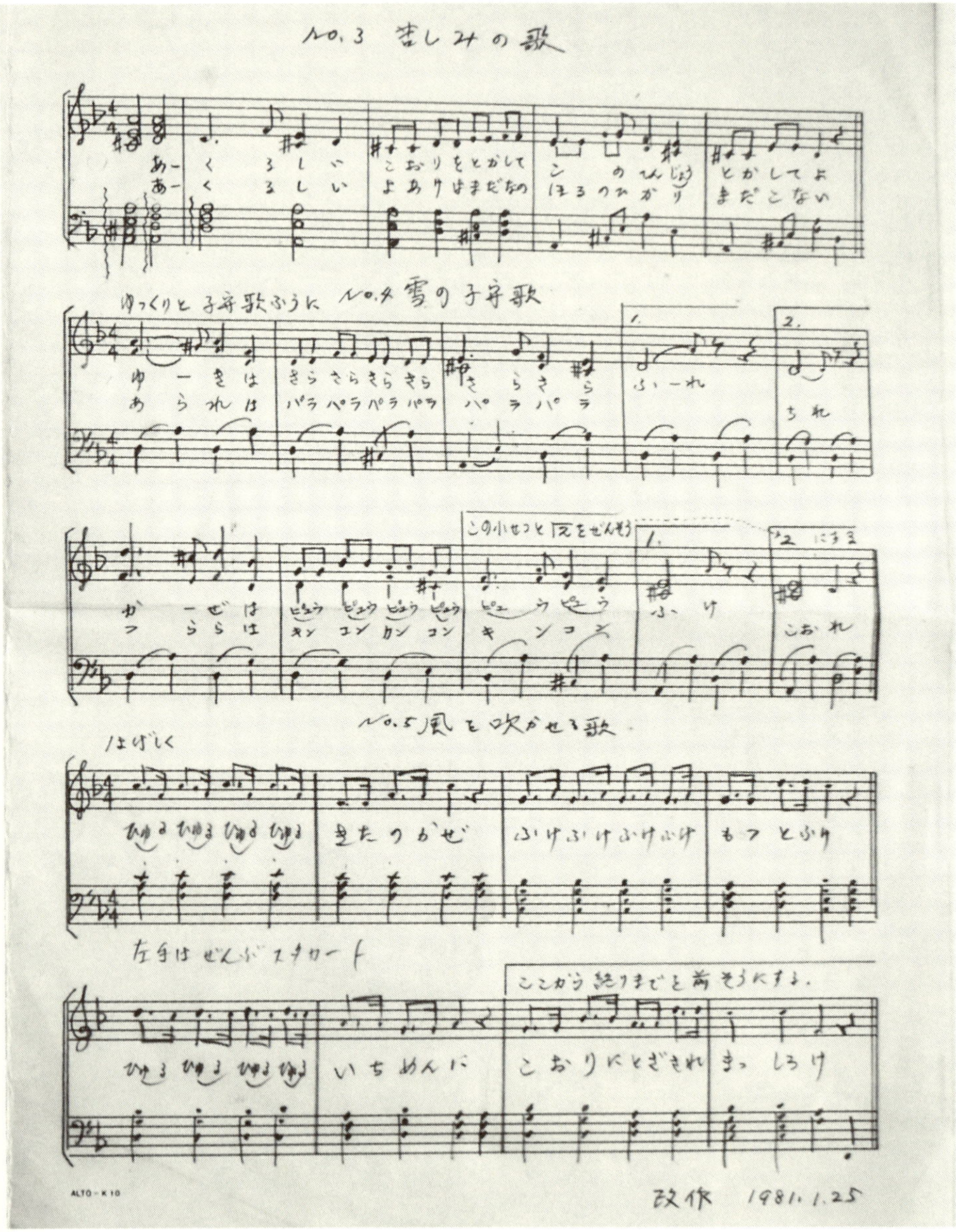

「春の忘れ物」譜面。作曲は同僚の音楽科教師に依頼したもので「春の歌」「インキをしぼろうの歌」「苦しみの歌」「雪の子守歌」「風を吹かせる歌」の五曲。岩田健作詞、草野剛作曲1981年改作とある。学校劇に対する岩田の姿勢は現場を活かすことを優先したので、この譜面は参考程度にして新たに作曲することの方が岩田は喜ぶ。また本書の脚本どれをも、出演人数に合わせて改作上演するのは大いに奨励される。（著者手書き資料⑦）

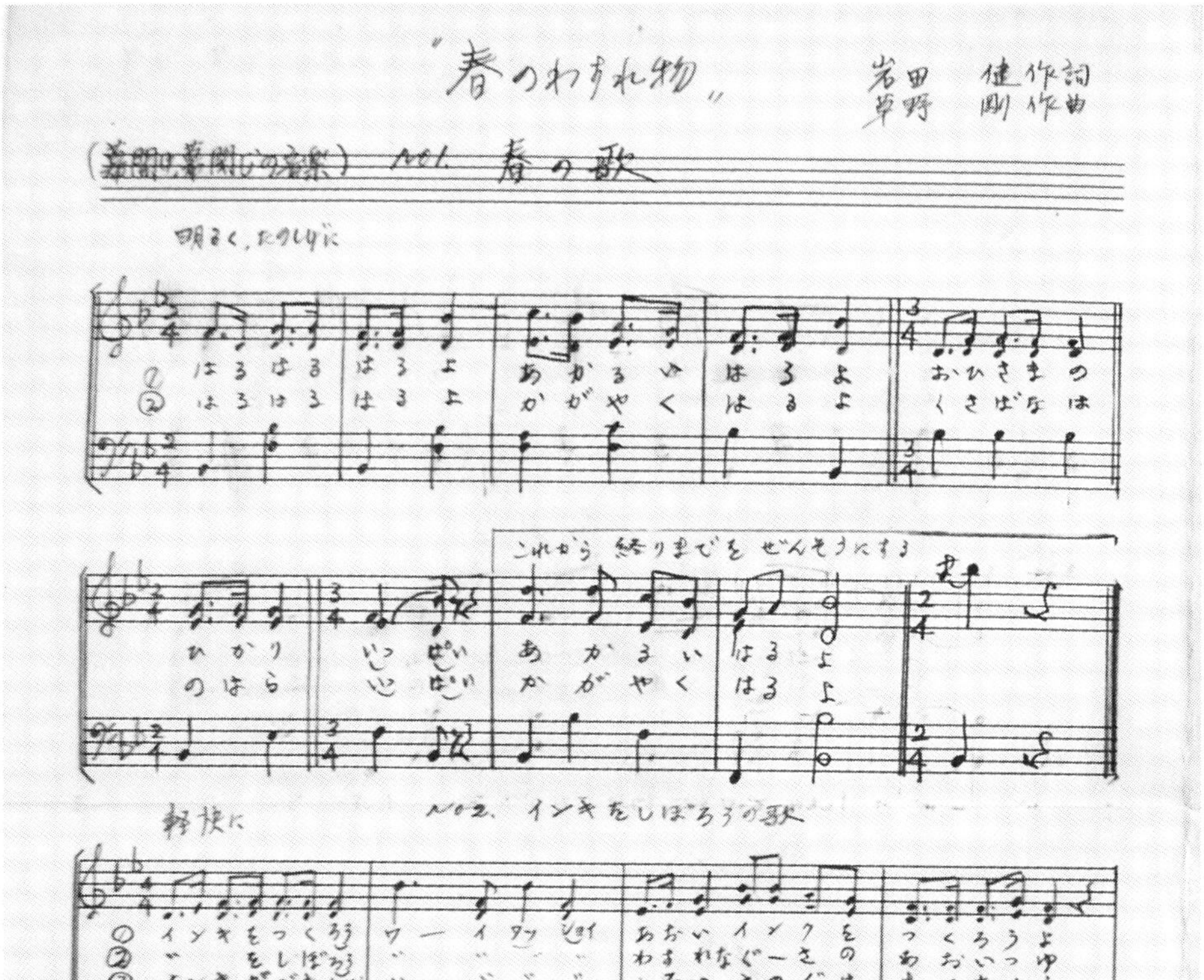
"春のわすれ物"
岩田 健 作詞
草野 剛 作曲
No.1 春の歌
明るく、たのしげに
これから終りまでをぜんそうにする
No.2 インキをしぼろうの歌
軽快に
これから終りまでをぜんそうにする

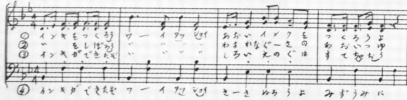

あくび

学年劇《げき》

王様のメガネ　三幕《まく》十八場

シャルル・ヴィルドラック作

「ライオンの眼鏡《めがね》」より

岩田　健脚色

場面

第一幕

1 中幕《なかまく》前・半開
2 中幕半開（ほら穴）
3 中幕前
4 王様の宮殿《きゅうでん》
5 袖幕《そでまく》前
6 王様の宮殿

第二幕

1 中幕前（百姓家《ひゃくしょうや》の前）
2 中幕前（道）
3 中幕半開（市場）
4 中幕前・半開（池）
5 中幕前・半開（サバンナ）
6 中幕前・半開（町の広場）
7 王様の宮殿

第三幕

1 中幕前（くさむら）
2 王様の宮殿
3 中幕前・半開
4 中幕半開（枯《か》れ草の山）
5 王様の宮殿

登場人物（※コーラス兼）

第一幕

ナレーター1、2
ライオンの王様
ネコ1～5※
犬1～5※
おじいさん
トラ大臣《だいじん》
母ザル
小ザル
ワシ警察長官《けいさつちょうかん》
クマ侍従長《じじゅうちょう》
ハゲタカ
ハヤブサ
カササギ1～3
アラビア人1～3
コーラス

第二幕

ナレーター1、2
イノシシ1～3
お百姓
ノラ犬
菓子《かし》屋
市場の人1～6※
カモ1、2
イタチ1、2
カワウソ
トラ大臣
コウノトリ
メガネヘビ
ヒョウ
ゾウ
町の人1～10※
飼《か》いゾウ1～5
家来1～3※
裁判官《さいばんかん》※
小ザル
ライオンの王様
コーラス

第三幕

ナレーター1、2
ラクダ1～3
ライオンの王様
トラ大臣
クマ侍従長
ワシ警察長官
ヒョウ
ゾウ
チンパンジー
小ザル
母ザル
父ザル
弟ザル
妹ザル
ネコ1～5※
コーラス

第一幕（合唱《がっしょう》で幕開け）

♪合唱「王様のメガネの歌」①

メガネ　メガネ　メガネ　王様のメガネ
メガネ　メガネ　どこだ　王様のメガネ
動物たちは　さがす　王様のメガネ
むかし　むかしの　お話　王様のメガネ

1中幕前（プロローグ）

ナレーター1　むかし　むかし　アフリカの真ん中に、ライオンの王様が治《おさ》める国がありました。

（中幕半開。中央奥にライオンの王様。ナレーションに従《したが》ってパントマイム）

ナレーター2　王様の年は、もう百を越《こ》えていました。でも王様の鼻は昔のようにするどく、力も若者《わかもの》のように元気でした。

ナレーター1　近ごろ、王様に一つの心配事が出来ました。年といっしょにあのするどかった目がだんだん弱くなったのです。これを老眼《ろうがん》と云います。

ナレーター2　皆さんも老眼って知っていますね。誰《だれ》にも負けない強い王様も、老眼には勝てなかったのです。

（中幕閉《し》まる。ネコ1～5登場）

ネコ1　王様はもう長くないニャァ。近ごろは目がかすんでエモノをとり逃《に》がすこともあるらしいニャ。

ネコ2　だから、昔は大ぜい家来をつれて狩《か》りに行ったのに、この頃《ごろ》は一人でお出かけになるのだニャァ。

ネコ3　王様がお亡《な》くなりになったら、この動ネコ4　物の国はどうなる？
　王子様は王様のひ孫《まご》で、まだよちよち歩きだしニャァ。
ネコ5　もちろん、おれたちの親せきのトラ大臣様が王様になるのさ、ニャ！
ネコ1～5　早くそうなればいいニャァ～。
（ネコ、コーラス席《せき》へ。反対から犬1～5登場）
犬1　ワン。聞いたかい、あんなにくらしい事を言ってるぞ。
犬2　あのきらわれ者のトラ大臣が王様だって。
犬3　誰がそんなことさせるもんか。ウー、ワン、ワン。
犬4　僕《ぼく》たちで王様をお守りしよう。
犬1～5　そうだ！　お守りするぞ！　ワンワン。

犬5　やっ、あっちから王様がいらっしゃる。
（王様登場）
犬1～5　王様、どうぞ狩りのお供《とも》に僕たちをおつれください。
王様　ありがとう。だが、わしは一人で狩りがしたいのだよ。
（王様舞台《ぶたい》を一周《いっしゅう》。犬たちコーラス席へ）
♪合唱「一人でおでかけの歌」①
一人でおでかけ　家来もつれずに
やさしい王様　かなしいこころで
ナレーター1　本当は、王様は目が悪いために、エモノをとり逃がすところを家来に見られたくなかったのでした。
ナレーター2　今日も、王様は一人で狩りに出

ました。目が悪い王様は道にまよい、
今まで見たことのない所へでました。
（ナレーター1、2退場《たいじょう》）

2中幕半開（ほら穴）
（人間のおじいさんがすわっている）

♪合唱「一人でおでかけの歌」②
わたしの国でも　はじめての所
ほら穴《あな》の中に　何かのにおいが

王様　わしの領地《りょうち》にこんな所があったかな。
おや、これは獣《けもの》のにおいではないぞ。

♪合唱「一人でおでかけの歌」③
何だったかなあ　なつかしいにおい
ずっとむかしに　かいだことがある

王様　に、人間だ…。
おじいさん　ラ、ライオンだ。おゝライオン様、私《わたし》を食べないで下さい。私が死んだら召《め》し上《あ》がってくださっていいですから、もう少しだけ生かしておいてください。
王様　人間のおじいさん、お前さんを食べようなんて思ってないから安心しておくれ。だが、わしは人間の目はもっと小さいと思っていた。お前さんの目はどうしてそんなに大きいのかね。
おじいさん　あゝ、これはメガネでございます。これをかけると、この本の字でもよく見えるのでございます。ちょっとためしてごらんになりますか。ほら、いかがです？（王様の目にメガネを近づける）
王様　あゝ。よく見える。ウオーッ、よく見える！

おじいさん　ひゃ〜っ…。

王様　ごめんよ、おじいさん。わしはおこったのではないのだよ。びっくりしたんだ。もう一度それをかけさせておくれ。

おじいさん　このメガネがお気に入りましたか。では、さし上げましょう。このヒモで、こう、お耳の後ろで結《むす》びましょう。こうすれば狩りをしてもメガネを落とす心配がありません。（王様の耳に紐《ひも》をかける。喜《よろこ》ぶ王様）

♪合唱「よかったね王様の歌」

よかったね王様　メガネをかけて
うれしいね王様　目がよく見えて
強くなるね王様　むかしのように
ばんざい　ばんざい　ぼくらの王様

（暗転。中幕閉《しま》る）

3中幕前

（上手《かみて》にトラ大臣、ネコ1〜5登場。スポットライトON）

トラ　面白くないぞお前たち。王様が昔のように元気になってしまった。

ネコたち　みんな、あのメガネのせいです

ニャア。

トラ　そうだ。あのメガネのせいだ。何とかあのメガネがなくなってしまえば…。

（上手スポットOFF。トラ、ネコ退場。下手に母ザル、小ザル登場。下手《しもて》スポットライトON）

母ザル　いいかい。動物たちの中で、人間のような手を持っているのは、私たちおサルだけなんだからね。おそばづきのお前の手で、王様のお耳にメガネをしっかりとゆわえてさし上げるのだよ。

小ザル　大丈夫。僕、王様より早起きして待っているんだ。王様がおめざめになると、この手でしっかりとメガネを結んでさし上げるんだよ。

母ザル　夜は王様がおやすみになる前にとり外し、ゾウさんにバナナをとってもらって、その皮で百ぺんみがくんだよ。そして箱の中にしまったら、お前が抱《だ》いて寝《ね》るんだよ。

小ザル　僕、そうしてるよ。誰も箱にさわらせやしないよ。

（下手スポットOFF。サルたち退場）

♪ハミング「よかったね王様の歌」

（ナレーター1、2登場）

ナレーター1　王様はすっかり元のように元気になりました。トラ大臣は王様になる夢《ゆめ》をあきらめなければなりませんでした。

（中幕開く）

④王様の宮殿

ナレーター2　ある日王様は、いいお天気で気分が良《よ》かったので、いつもより遠くまで狩に行きました。

♪ハミング「一人でおでかけの歌」

動物たち　（登場。あくびしながらそれぞれ眠《ねむ》る）

王様　（登場。そっと入って来る）

ナレーター1　王様が帰って来た時はすっかり夜もふけて、動物の家来たちは皆眠《みんな》っていました。

（王様はナレーションに従ってパントマイム）

ナレーター2　や、小ザルも眠ってしまったわい。ふだんから良く働《はたら》いてくれるからな。ほかの者たちも眠っているな。よいよい。みんな大事なわしの家来だ、起こすのはやめよう。わしも疲《つか》れたぞ。

（王様、横になり眠る）

（舞台溶暗《ようあん》、ホリゾントのみ青色）

（にわとりの鳴き声—舞台溶明《ようめい》）

王様　ウォー……ない…ない…ないぞ。わしのメガネがない。…さがしてくれ、メガネがないのじゃ。

《合唱と踊《おど》り》

♪合唱「王様のメガネの歌」①

メガネ　メガネ　メガネ　王様のメガネ
メガネ　メガネ　どこだ　王様のメガネ
動物たちは　さがす　王様のメガネ
むかし　むかしの　お話　王様のメガネ

ワシ　トラ大臣、こういうことは警察の問題です。私が命令《めいれい》します。ネコたち。（ネコたち敬礼《けいれい》「ハイ！」）お前たちは、王様のベッドの乾《ほ》し草を念《ねん》入りに調べろ。（「ハイ！」）ハゲタカとハヤブサ。（敬礼「ハイ！」）お前たちは、そのするどい目で、空からできるだけ遠くまで探《さが》せ。（「ハイ！」）犬たち。（犬たち敬礼「ハイ！」）お前たちは、そのするどい鼻でにおいをかいで、ゆうべ王様がお歩きになった道すじを調べろ。（「ハイ！」）

《合唱と踊り》

♪合唱「王様のメガネの歌」

（ホリゾントに影絵《かげえ》・小ザルがおしりを叩《たた》かれている）

（ネコたち登場・ワシに敬礼）

ネコ1　敬礼。ワシの警察長官閣下《かっか》。

ネコ2　私たちは命がけで調べました。

ネコ3　あまり命がけでもなかったけどニャア。

ネコ4　王様のおねどこの乾し草の中には

ネコ5　メガネはありませんでした。終り。

ワシ　そうか、ごくろう。ほかを調べろ。

クマ　まてまて、きょうは、おねどこの乾し草を取り替《か》える日だ。サイに捨《す》てさせろ。それからとくべつふかふかの乾し草をいれてさしあげろ。

ネコたち　ハイ。（敬礼）侍従長様。（退場）

（ハヤブサ、ハゲタカ登場）

ハゲタカ　敬礼。ワシ閣下。ヘリコプターで、くまなくさがしたのでありますが、メガネは発見できませんでした。

クマ　ええい、お前たちていどの目でメガネが見つかるか。ジャクサに連絡《れんらく》して偵《てい》察衛星《さつえいせい》でさがし出せ。

ハヤブサ　人工衛星からメガネを見つけろと言っても無理《むり》ですよ。最先端《さいせんたん》の映像《えいぞう》分析《ぶんせき》でも40㎝の大きさまでしか映《うつ》し出せません。

ワシ　よけいな事いわずに、王様にメガネをくれた人間のおじいさんをさがしてこい。なんでも川のそばのほら穴の中だ。
ハゲタカ・ハヤブサ　ハッ。（敬礼して退場）
ワシ　（クマに向って）おじいさんが、メガネを売っている所を教えてくれるでありましょう。
（犬たち登場）
犬1　（敬礼）ワシ閣下、報告《ほうこく》いたします。
犬2　我々《われわれ》はできるだけ王様のにおいを追って。
犬3　五匹《ごひき》で手分けして…いや、鼻分けをして。
犬4　あらゆる所をさがしましたが。
犬5　メガネは発見できなかったであります。
《合唱と踊り》
♪合唱「王様のメガネの歌」①

（踊りの途中《とちゅう》でみんなストップ・モージョンとなる）
（カササギ1、2、3登場）
カササギ1　王様のおふれー、王様のおふれー。
カササギ2　けものも鳥もよっく聞きませーい。
カササギ3　王様の大切なメガネが無《な》くなった。
カササギ1　動物たちはメガネを知らない者が多いので、次にメガネの特徴《とくちょう》をのべる。
カササギ2　ひらべったく、丸く、すきとおった小石が二つ、カネの輪《わ》でかこまれていて。
カササギ3　その輪は、曲がった小さなカネの枝《えだ》でつながっている。
カササギ1　輪の外がわからカネの足がでていて、その足の先は曲がっている。
カササギ2　メガネの特徴は、今のべたとおり。

カササギ3　見つけたものはホウビをとらす。
動物の声々　すきとおった石…二つの小石…ひらべったく丸い…カネの輪でかこまれ…カネの小枝でつながれて…輪の外がわから長い足…その先は曲がって…。
ナレーター1　動物たちの脳《のう》は人間の脳にくらべて、ほんのちっぽけなものでしたから、全部を覚《おぼ》えるのはムリでした。
ナレーター2　そこで動物たちは、自分に覚えやすい所だけ、覚えこみました。
動物の声々　すきとおった石…二つの小石…ひらべったく丸い…カネの輪でかこまれ…カネの小枝でつながれて…輪の外がわから長い足…その先は曲がって…。

♪ハミング「王様のメガネの歌」

5袖幕前

アラビア人1　おい、わしの飼《か》っているおしゃべりカケスがこんな事をいったぞ。
アラビア人2　ライオンの王様がメガネをなくしたんだとさ。
アラビア人1　さがした者にはごほうびがもらえるんだとさ。
アラビア人2　お前は古道具屋だろう。だからこの話を聞かせたんだぜ。
アラビア人3　ほんとかそれは。じゃあ、おれの店のメガネをあるだけ持って、ジャングルへ出かけてみるか。

6王様の宮殿

（王様、トラ大臣、クマ侍従長、小ザル、アラビア人1、2、3、登場）

小ザル　侍従長様。人間のメガネ屋さんが、メガネを持ってやって参《まい》りました。

アラビア人1　これはこれはライオン大王様。

アラビア人2　うけたまわれば、おメガネをおなくしで、おこまりたてまつっていらっしゃりたてまつるとか。

アラビア人3　わしらメガネ屋でヤシて、王様のお気に入りそうなメガネを、いっぱい持って参りヤした。

アラビア人1　これは、いかがで王様。砂漠《さばく》は紫外線《しがいせん》が強くて目を痛《いた》めますからな。

王様　これは暗すぎる。闇夜《やみよ》を歩いているようだ。

アラビア人2　ではこれはいかがで王様。ファミコンのやりすぎにもってこいで、近《きん》眼鏡《がんきょう》と申したてまつる。

王様　これをかけると、よけいにぼやけて見えてしまう。

アラビア人3　ではこれはいかがでヤす。ハレー彗星《すいせい》のシッポが、見事に見えたという双眼鏡《そうがんきょう》でヤす。

王様　こんな重いものをいつもかけていろと申すか。

アラビア人1　ではこれはいかがで。

アラビア人2　こっちはいかがでござりたてまつる。

アラビア人3　いやいや、こっちはどんなもんでヤす。

王様　もうよい。一つもわしに合わんではないか。

トラ　おのれうそつき。頭から食べてやろうか。

アラビア人たち　キャッ、大変《たいへん》だ。（逃《に》げ去る）

トラ　ははは。これでよかった。やれ安心した。

クマ　大臣どのは、王様に合うメガネがなくて安心されたと…。
トラ　いや、その、悪い人間にだまされないで安心したのじゃよ。はははは…。
小ザル　王様。ハゲタカとハヤブサが参りました。
（ハゲタカ、ハヤブサ登場）
ハゲタカ　（敬礼）王様。ワシ閣下の命令で、王様にメガネをくれたという、川のそばの人間のおじいさんのほら穴をさがし出しました。
ハヤブサ　（敬礼）ところがおじいさんは、とっくに死んで、骨《ほね》だけになっていました。そばに白い着物と本だけが残《のこ》っていました。
王様　ああ、あのやさしいおじいさんは死んでしまったか。わしはメガネをもう一度手に入れる事はできないだろう。

♪合唱「王様のメガネの歌」（第二幕へのブリッジ）

第二幕

幕前
ナレーター1　やさしい王様のなげきを見ていられない動物たちは、それぞれメガネをさがし始めました。でも前にも言ったように、動物たちの頭では、メガネの特徴を全部覚えるのはムリでした。
（退場。幕開く）

1中幕前（百姓家の前）
（上手に家。イノシシ1、2、3登場）
イノシシ1　ウーウー、おなかがへったなぁ。

イノシシ2　ヤバいよ。こっちは人間の家だ。
イノシシ3　まてよ。あのうちのごみために、いつもおいしいものがあるんだ。
イノシシ1　ごみためってこっちの方かい。やァあるある。
イノシシ2　僕こっちで見てるよ。君たち行って来いよ。
イノシシ3　弱虫。いっしょにこいよ。ああ、うまそうだな。
イノシシ1　見ろよ。人参《にんじん》のシッポにキャベツのしん。
イノシシ2　おや、この固《かた》いものは何だろう。
イノシシ3　何だ、ただの鉄の輪じゃねえか。それよりこっち、どうだい、パセリ。
お百姓　（登場）やゃ、イノシシめ、三匹もうちのごみためをあさってるぞ。こいつらだな、いつも畑をあらすのは。よ～し、見ておれ。（家の方へ退場）
イノシシ1　おい、早く食えよ。そのうち人間に見つかるぞ。
イノシシ2　ハってこの輪、ホクの鼻に引っかかってとれないんだよ。
イノシシ3　バカだなあ、お前みたいなノロマ、つれてこなけりゃよかった。
（パン、パンと銃声《じゅうせい》）
イノシシ1　ひやっ。
イノシシ2　痛《いた》い、おヒリが痛い。
イノシシ3　人間だ。逃げろ。（三匹退場）
お百姓　（お百姓、銃を手に登場）ざんねん。三匹とも逃げたか。でも、たしかに手ごたえがあった。カモ打ちの散弾《さんだん》だが、五、六発は当ったろう。これでしばらくは来ないだろう。へん、ざまあみろ。
（お百姓、家を引っ込めて退場）

2中幕前（道）

イノシシ3　やれやれ、ここまでくればだいじょうぶだ。

イノシシ1　お前が変《へん》なところ教えるからだ。おい、どうした。

イノシシ2　痛いよ、痛いよ、ホクのおヒリ。

イノシシ1　どれ見せろ。うわー、三発もタマが当たってらぁ。血が出てるぞ。

イノシシ3　命にかかわりなし、安心しろ。それよりお前、カゼでもひいたのか。

イノシシ2　ちァうよ、ハっきの輪が、ホクのハナをヒめるんだよ。

イノシシ1　あれこいつ、輪をかぶったままだぞ。

♪ハミング「王様のメガネの歌」の一小節

イノシシ3　まてよ。メガネってものは丸いカネの輪でできていて、すきとおっているんだ。

イノシシ1　わァ、これすきとおってるよー、こいつの鼻が通っちゃうんだもの。

イノシシ3　ばんざ〜い。これメガネだ。

イノシシ2　フんと？　うれヒィー。

イノシシ1　さあ、王様の宮殿へ行こう。

イノシシ3　ごほうびだ、ごほうびだ。

イノシシ2　ホほうびだ、うれヒィー。あ、おヒりがいたい…。（三匹退場）

ナレーター2　（登場）イノシシたちがどんなに宮殿で皆に笑《わら》われたか、皆さんにもわかるでしょう。ええ、あの輪はブドウ酒のタルをしめつけるタガだったんです。でもやさしい王様は、小ザルに命じて、鼻からタガをぬかせてやり、

三匹にごちそうしてくれました。（退場）

♪合唱「またもしっぱいの歌」①
これは失敗《しっぱい》　どうしたらいいの
どこへ行ったら　メガネはあるの
王様もうすこし　がまんしててね
きっと誰《だれ》かが　さがしてくるから

3中幕半開（市場）

ノラ犬　（登場）ぼくはノラ犬だけど、王様が困《こま》っていらっしゃるのを知ってるんだ。メガネはあの市場のお菓子《かし》屋さんの屋台においてあるよ。よし、がんばってみよう。メガネを持って行けば、もうノラ犬なんて言われないだろ。（中幕半開に入って退場）

菓子屋　（中幕端《はし》から飛《と》び出してくる）ドロボー。その犬、ドロボーだァー。つかまえてくれ。
市場の人1　どっちへ行った？　そのノラ犬。
菓子屋　こっちだ。こっちの露地《ろじ》へ逃げ込んだ。
市場の人2　とられた物は何だい。
菓子屋　お菓子のメガネ一個《いっこ》。
市場の人3　お菓子のメガネ一個だけ？
菓子屋　そうだ。あのノラ犬め、ほかの物には目もくれず、お菓子のメガネをとって行った。
市場の人4　それならがまんするんだなおじさん。
市場の人5　大《だい》そんがいじゃあるまいし。
市場の人6　ほらほら、店番してないと、ほかのお菓子までとられるぜ。
菓子屋　なるほどそうだ。あんなメガネ一個でほかの菓子までぬすまれたら、そのほうが大変だ。おーい、おれの菓子をぬすむなよう〜。（半開中幕にかけこむ。中幕閉る。市場の人たちはコーラスへ入る）

（ノラ犬、お菓子のメガネをくわえて登場）

ノラ犬　ああ、走った。ああ、くたびれた。ああ息が切れた…おやァ、このメガネ、甘いぞ。どら、ちょっとなめてみよう。ペロペロ。あれッ、甘《あま》い。おいしい。メガネってこんなにおいしいものなのか。ペロペロ。だから王様がほしがったんだナ。ペロペロ。だんだんとけてきちゃうよ。ペロペロ。だけどやめられないんだよ。ペロペロ…ああ、もうなくなっちゃった。ウェ〜ン…。（がっかりしながら退場）

♪ハミング「またもしっぱいの歌」

ナレーター2　なくなるのも当たり前。あのメガネはレンズが氷ザトウ、輪はビスケット、つるはポッキーでできていたんですよ。

ナレーター1　さて、トラ大臣は、王様の前では心配そうなふりをしていましたが、心の中では何時までもメガネが見つからないようにお祈《いの》りをして、熱心《ねっしん》にさがしている動物たちにはガッカリさせるようなことを言って歩きました。

4 中幕前・半開（池）

（カモ1、2、イタチ1、2、カワウソ、さがしながら歌に合わせて踊る）

《合唱と踊り》

♪合唱「またもしっぱいの歌」②

またもしっぱい　どうしたらいいの
どこへ行ったら　メガネはあるの
王様もうすこし　がまんしててね
きっと誰かが　もってくるから

トラ　（登場）おいおい君たち、何やってるんだ。

カモ1　あ、トラ大臣様。ごらんのようにメガネをさがしておりやすよ。

カモ2　わスら、あのおやさスい王様が、でェ好きだでね。何とかハア元気ンなってもらいでと思って。

トラ　バカだなあ、ここはさっき犬たちがさがした所だ。あの鼻のいい犬たちでさえ見つからない物が、ドナルドダックのおばけみたいな君たちに見つかるもんか。ディズニーランドへでも行ってさがせ。

カモ1、2　あーあ、やるギなグしたなッス。（背中《せなか》合わせにすわりこむ）

トラ　こらイタチども。お前は何やってる。

イタチ1　知れたこと、メガネをさがしていますでなも。

イタチ2　でも、これだけさがしても、にゃあですなも。

トラ　それでどこをさがしたんだ。

イタチ1　それは地面という地面。穴という穴。

イタチ2　どなたかお蹴《け》りやして、穴へお入れやしたかと思うてなも。

トラ　バカ言うな。王様はあんなに背の高い方だ。きっと木の枝にでも引っかかってるさ。穴を探すならゴルフ場へ行ったらどうだ。

イタチ1、2　あーあ、やる気したなも。

（背中合わせにすわりこむ）

（中幕半開。カワウソ池から顔を出す）

カモ1　あれ、カワウソさ、何やってけらす。

カモ2　夜の池の中さ、とび込んだり、とび出たりよ。

カワウソ　こいわノガモどんか。メガネとっとるでごわす。

イタチ1　へーえ、そのメガネ、わちらもさがしやしたけど。

イタチ2　トラ大臣様に笑われただけでなーも。

カワウソ　メガネはこの池の中にごわんど。こんピィカピィカ光りおる丸か玉は、メガネにちがいごわへん。王様んためじゃ、おいは何べんでん、水へとび込むでごわす。じゃっどん、さむかァ…。

トラ　池にうつったお月様がメガネに見えるなんて、お前の目はこまった目だなァ。それ、石をほうり込むと、お前のメガネはこなごなだ。（池に石を投げる）ドッボーン。

カワウソ　ああ、こなごなたい。やる気なくしもした。チェストー、ハックション…。

（中幕閉る）

♪ハミング「またもしっぱいの歌」

5中幕前・半開（サバンナ）

コウノトリ　みんなバカばっかりそろっとる。人間の所まで行かなくたってメガネはあるさ。このコウノトリ様のように学問があると、動物仲間《なかま》でメガネを持っ

てるやつを知ってるのじゃ。どりゃ、出かけようか。（ゆっくりゆっくり舞台を横切り退場）

（中幕半開。中にメガネヘビ）

♪合唱「ここはサバンナの歌」①

ここはサバンナ　日だまりに
これはこわいぞ　メガネヘビ
ガラガラヘビより　マムシより
もっとこわいぞ　メガネヘビ

メガネヘビ　あーあ、こうえものがいないといやになるよ。生まれつき持っている背中のもよう、これを見るとチーターだって逃げだすんだもの。神様は何だって僕にこんなモヨウを下さったんだろう。ああ、腹《はら》がへった。（丸くなって寝る）

コウノトリ　（登場）思った通り。メガネヘビの背中にメガネがあるとは学研の図鑑《ずかん》に出ておる。これはりっぱなメガネじゃ。王様にふさわしいメガネじゃ。どりゃ、ちょっといただいて行こう。

♪ハミング「ここはサバンナの歌」

メガネヘビ　だれだァ、おれ様の背中をつっつくのは。おのれコウノトリだな。その細長い首をしめちゃうぞ。

コウノトリ　うえッ、わしゃ学問のぎせいしゃじゃ。ナンミョウホーレンダブツ…。

（中幕閉る）

♪合唱「またもしっぱいの歌」②

6 中幕前・半開（町の広場）

ナレーター2　トラ大臣にとって心配のタネは、王様の一番忠実《ちゅうじつ》な家来、ゾウでした。トラはゾウが何とかメガネさがしに失敗して、死んでくれればいいと思っていました。そこでイトコのヒョウをゾウの所へやって、こう言わせたのです。

（ヒョウ登場。反対がわにゾウ登場）

ヒョウ　ねえゾウ君。君じゃなくちゃできない冒険《ぼうけん》があるんだ。人間の町の広場に行くんだよ。人に飼われているゾウみたいな顔をしてりゃ、誰もあやしまないさ。そこでエラそうな人のメガネを取って来るんだ。王様にあげるメガネだからね。おおぜい家来をつれた、なるべくエラそうな人のメガネがいいね。

ナレーター1　そうすればその家来たちが、ゾウを殺してしまうだろう。王様はメガネなしのままだ。いよいよわたしの天下だ、とトラは思ったのです。

（ヒョウとゾウ、次の歌の間に退場）

♪合唱「ここはサバンナの歌」②

ゾウさんでかける　人の町
町のまん中　広場まで
エライ人って　いないかな
メガネをかけて　こないかな

（中幕開く。町の広場）
（コーラス隊は、広場にたむろする町の人1～10になって歌う）

♪合唱「ここはサバンナの歌」③

ここはにぎやか　市場です
物買う人も　売る人も
用ある人も　ない人も
みんなブラブラ　町の中

（ゾウ登場。別の方から飼いゾウ五匹登場）

飼いゾウ1　おやァ、見なれないゾウだね。
飼いゾウ2　君だァれ。だれに飼われているの。
飼いゾウ3　このゾウ、足輪つけていないよ。
飼いゾウ4　ジャングルのゾウが町まできたの？
飼いゾウ5　何だってこんな所にきたの？
ゾウ　シーッ。君たち、ライオンの王様のメガネの話、知ってるかい？
飼いゾウ1　うん、知ってるよ。ツバメが話してくれた。
飼いゾウ2　それで、王様のメガネはあったのかい。
飼いゾウ3　そうか、見つからないから、わざわざここへ取りにきたんだね。
飼いゾウ4　なるべくエラそうな人のメガネを取るといいね。
飼いゾウ5　すばらしいよ。僕らも動物仲間として協力《きょうりょく》するよ。
飼いゾウ1　おい、どうだ…あっちから来る人。
飼いゾウ2　三人も家来をつれて来るぞ。
飼いゾウ3　おォー、あれは裁判官様だ。
飼いゾウ4　あの方のメガネなら王様にふさわしいや。
飼いゾウ5　じゃ、僕たちジャマするから、うまくやれよ。

（裁判官と家来たち、中幕奥《おく》から出て来る）

家来1　おやァ、何だ何だ…このゾウたちは。

家来2　道に立ちふさがって通さないつもりか。
家来3　こちらは裁判官様だぞ、道をあけろ。
裁判官　あっ、ゾウがわしのメガネを…。
飼いゾウ1　僕たちが人間を押《お》しもどすから。
飼いゾウ2　君は早く町の外へにげろ。
飼いゾウ3　ライオンの王様によろしくね。
飼いゾウ4　メガネを大事にもってけよ。
飼いゾウ5　口の中にしまっていけ。

《シュプレヒコールと踊り》

◎大変だー大変だ
けもののくせに生意気だ　—生意気だ
やっつけろ　—やっつけろ
ゾウでも何でもやっつけろ　—やっつけろ
けものの くせに生意気だ　—生意気だ
大変だ　—大変だ
やっつけろ　—やっつけろ
ゾウたちみんなやっちまェー
（ゾウたち、人間たちを中幕の向うへ押しもどす。中幕閉る）

ナレーター2　ゾウは口の中にメガネを大事にしまいました。それから鼻で木をひっこぬいて暴《あば》れました。
（ゾウ。中幕から一人で出て来る）
ナレーター1　ゾウは町を出て走りました。大切なメガネを口に入れたまま、野をこえ、砂漠をこえて走りました。
（ゾウ退場。中幕開く）

7王様の宮殿

（王様、トラ大臣、ヒョウ、小ザル、ゾウ）
小ザル　（登場）王様ァ、ゾウさんが、ゾウさ

んが帰ってきました。メガネをとって
きたそうです。

王様　（ゾウ登場）
おお、ゾウ君。よく帰ってきたね。君
が町へ行ったと聞いて心配していた。
おお、こんなに傷《きず》だらけで…。

ヒョウ　そしてそのメガネはどこにあるのかね。

ゾウ　わたしの口の中です。

王様　小ザルや、ゾウ君の口の中から、メガ
ネを出してあげなさい。

小ザル　はい。ゾウさん、僕を食べないでね。
ゾウさんの口は大きいから、どこにあ
るのか見つからない。

ヒョウ　ないのか小ザル。ゾウ君。本当にメガ
ネは口にかくしたのかね。

ゾウ　（口をあけたまま）アン…オーエゥ…。

小ザル　ないんですよゾウさん。あ、これ何だ
ろ。レンズのかけらだ。ゾウさん、メ
ガネのんじゃったの。

ゾウ　あッ、鼻で木をひっこぬいたとき…。

ヒョウ　力を入れて歯を食いしばったから…。

小ザル　ああー、大事なメガネをかみくだい
ちゃたんだ。

ゾウ　王様…せっかくのメガネを…私はなん
てバカなんだ。王様、私はこれから毒《どく》
をのんで死にます。そうしたら、小ザ
ルの手でおなかをさいて、メガネを取
りだしてください。

王様　何を言うんだゾウ君。メガネはもうこ
なごなだよ。わしは君が帰って来てく
れて、何よりもうれしいんだよ。さあ、
もうメガネの事は忘れて。向うへ行っ
て小ザルに傷の手当てをしてもらいな
さい。それからゆっくり休んでおくれ、

わしの大事なゾウ君。

♪合唱「またもしっぽいの歌」②

第三幕

幕前

ナレーター1　次に出てくるのはラクダです。ラクダはたいそうしんぼう強い動物ですが、頭はあまりよくありません。（退場。幕開く）

1中幕前（くさむら）

ラクダ1　兄弟、あそこに草があるぞ…。

ラクダ2　食べられるときには食べておこう。砂漠には草がないものね。

ラクダ3　おやァ、これは何だろう。

ラクダ1　かねの輪が二つ…。

ラクダ2　でもどうして鼻が入らないんだろ。輪の向うの草が食べられないや。

ラクダ3　つまり、この輪はすきとおっているんだな。

ラクダ1　まてよ、すきとおった平ぺったいカネの輪が二つ…。

ラクダ2　カネの枝でつながっていて…。

ラクダ3　カネの長い足の先が曲がっている。（くさむらから自転車を起こす）

ラクダ1　すきとおった平ぺったいカネの輪が二つ…。

ラクダ2　カネの枝でつながっていて…。

ラクダ3　カネの長い足の先が曲がってら…。

ラクダ全　メガネだ、メガネだ、ごほうびだ。メガネだ、メガネだ、ごほうびだ。（自転車を押しながら舞台を半周。中幕開く）

2 王様の宮殿

（王様、トラ大臣、クマ侍従長、ヒョウ、ワシ警察長官、ゾウ、チンパンジー、ラクダ1、2、3、小ザル）

《合唱と踊り》

♪合唱「ここはサバンナの歌」④

これは何だろ　メガネじゃない
こんな大きな　メガネはない
ラクダがひろった　へんなもの
これは何だろ　メガネじゃない

チンパンジー　（ペダルを廻しながら）　王様。これ廻ります。ほら、力を入れるともっと早く廻ります。うんと力を入れると…わァ、すきとおった。（左手を出す）いたい！　指をはさまれた。こ…これはワナです。人間が作った、おそろしいワナです。

一同　ワナだ、ワナだ。人間のワナだ！
（一同逃げ散《ち》る。サスペンションライトが車輪だけ廻る自転車を照《て》らす）

♪合唱「またもしっぽいの歌」②

（サスライトＯＦＦ）

3 中幕前・半開

ナレーター2　こうして半年たってもメガネは見つかりませんでした。動物たちはみんな宮殿の中を、頭をたれてトボトボ歩きました。
（中幕半開。動物たちはナレーションにつれてシルエットで通過《つうか》する）
王様も…クマ侍従長も…ワシの警察長

官も…忠義《ちゅうぎ》なゾウさんも…あの小ザルも…。反対に胸《むね》を張《は》って歩くのは、トラ大臣と…ヒョウと…ネコたちでした。

（中幕閉る）

ナレーター1　その中でもあの小ザルの一家はみじめでした。お父さんも…お母さんも…弟も…妹も…。

（声につれて四匹のサルが登場。スポットライトON）

母ザル　ねえ、お父さん。もう一度よく考えてみましょう。

父ザル　考えたって同じだよ。かわいそうに…お前は、あの子のおしりをあんなにぶって…。

弟ザル　そうだよ。お兄ちゃんのおしり、あんなに赤くなっちゃった。

妹ザル　お母さん、教育ママゴンだわ。

母ザル　よけいなこと言わないで…あの日、王様はいつもよりたいそう遅《おそ》くお帰りになった…。

弟ザル　お兄ちゃん、がんばって起きてたんだけど、ついウトウトしちゃったんだって…。

妹ザル　あの忠義なゾウさんだって、いねむりしちゃったのよ。お兄ちゃんばかりのせいじゃないわ。

母ザル　そのこと言ってんじゃないのよ。お帰りになった時、王様はメガネをしていらっしゃったと思う？

弟ザル　してやしないよ。狩りのとちゅうでおっことしたんだもの。

妹ザル　でもそれだったら、ゾウさんやお兄ちゃんを起こすと思うわ。

母ザル　そう、そうなのよ。あの情《なさ》け深い王様

妹ザル　は、あの子が居眠《いねむ》りしているのを見て、起こさないで、そうっとベットへお入りになったのよ。
父ザル　ね、メガネをしていらしたのよ、その時は…。
母ザル　だって次の日、宮殿中をみんながさがしたそうじゃないか。それでも出てこなかったんだよ。
弟ザル　ベットの乾し草を調べたのは誰でしょう。
父ザル　お兄ちゃんが言ってた…ワシの長官の命令でネコたちがさがしたって…。
　な、何だと。トラ大臣の仲間じゃないか。そうか、母さん、よく推理《すいり》した。よし、お前たち二人ですぐ宮殿へ行って、お兄ちゃんを呼び出して、今の事を話しておくれ…。

弟ザル　よしきた。
妹ザル　いってきま〜す。
（スポットライトＯＦＦ）
ナレーター1　こうして小ザルの乾し草さがしが始まりました。ベットの乾し草は一週間にいっぺん取り替えます。力の強いサイが、古い乾し草を押し出して、宮殿の裏《うら》の谷に捨てるのでした。

4 中幕半開（枯れ草の山）
（小ザルが働いている）

♪合唱「小ザルは探すの歌」
小ザルは探すよ　枯草の中を
ここになければ　もう望《のぞ》みない
王様のために　みんなのために

枯草を探す　　どうしても探す

ナレーター2　でも、半年ものあいだの枯れ草は、もう山のようでした。小ザルはその山をぜんぶ動かしても、メガネをさがし出すつもりでした。

トラ　（登場）ふん。メガネを無くした張本《ちょうほん》人《にん》が、今さらなにをはじめようってんだ。バカバカしい。やめろ、やめろ。いや…こっちが言わないでも、ふたときもたてばフラフラさ。（退場）

弟ザル　（登場）お兄ちゃ～ん。お弁当《べんとう》持ってきたよ。ここへおくよ。がんばってね。（退場）

（ホリゾント溶暗）

♪ハミング「小ザルは探すの歌」

ナレーター1　日がくれました。小ザルはフラフラになってねどこにもどり、ぶっ倒《たお》れて寝てしまいました。

（ホリゾント溶明）

でも、次の朝が来ると、また、早くからあの谷へおりて、働《はたら》くのでした。

ヒョウ　（登場）おやァ、チビ公。変な事やってるな。乾し草を積《つ》み替《か》えようってのかい。よせよせ、朝からねぼけるんじゃないよ。乾し草は積木《つみき》と違《ちが》うんだぜ。（退場）

妹ザル　（登場）お兄ちゃ～ん。お昼よ…まだ見つからないの？　がんばってね、お兄ちゃん。（退場）

（ホリゾント溶暗）

♪ハミング「またもしっぱいの歌」

ナレーター2　また、日がくれました。小ザルはもう死にそうになりながら、自分のねどこにももどらず、枯れ草の中にねこんでしまいました。

（ホリゾント溶明）

でも、朝が来ると、またふらつきながら立ち上がり、乾し草を積み替えはじめました。

（ネコ1～5登場）

ネコ1　おやァ、おい、にいちゃん、へんなまねすんなよ。

ネコ2　ここはあの時、おれたちが念《ねん》を入れて調べたところだぞ…。

ネコ3　そのおれたちの仕事にケチをつける気か。

ネコ4　おい、だまってないで何とか返事しろよ。

ネコ5　生意気だ。兄弟、やっちゃおうか。

（ネコたち、中幕前に小ザルを引きずり出し皆《みんな》でなぐる。小ザル倒《たお》れる）

ネコたち　やばい。逃げろ。（退場）

（小ザル、立ち上がり、フラフラと中幕の中へ）

小ザル　メガネを…メガネを探《さが》さなくっちゃ…。

（小ザル、フラフラ乾し草を運ぶ）

♪ハミング「小ザルは探すの歌」

ナレーター1　三日目のお昼も過《す》ぎて、お日様が西にかたむいたころ…。

ナレーター2　小ザルのかすむ目に、乾し草の中からなにやら細長いヒモがのぞいているのが見えました。

ナレーター1　ヒモだ…もしかしたら…あのヒモだ。

ナレーター2　小ザルはふるえる手でそのヒモを引《ひ》っ張《ぱ》りました。

（小ザル中幕よりよろめき出て、中幕閉る）

小ザル　（泣き笑い）王様…ありました…メガネが…メガネがありました…王様…乾し草の中に…あのメガネが…王様…。

（退場）

《合唱と踊り》

♪合唱「王様のメガネの歌」①

（中幕開く）

5王様の宮殿

（王様、トラ大臣、クマ侍従長、ワシ警察長官、ヒョウ、ゾウ、チンパンジー、ネコ1～5、ラクダ1～3）

ワシ　王様。小ザルが何とかわめいております。

クマ　メガネがあったと申しているようです。

ヒョウ　まさか、あんな所から…。

トラ　これはまずい事になった。

（小ザル登場）

ゾウ　おお、おサルさん。よくやったナ、おサルさん。さ、バナナの皮だよ。よーくふいて、それから王様にかけてさしあげるんだ。

♪ハミング「王様のメガネの歌」

（小ザル、バナナの皮でメガネをふき、王様の耳にむすぶ）

王様　よく見える。ウォー！…よく見える。小ザルやありがとう。わしはまた、もとのわしにもどったぞ。ああ、力がモリモリわいてくるようじゃ。

（トラ、ヒョウ、ネコたち、コソコソ退場）

クマ　パレードだ。王様を先頭にして、パレードだ。

ワシ　ジャングルの動物たち、みんな集まれ。王様のメガネがもどったぞ。パレードだ。

（王様を先頭に、登場した動物全員が連なって舞台を練り歩く）

♪合唱「よかったね王様の歌」

よかったね王様　メガネがあって
うれしいね王様　メガネがもどり
強くなってね王様　メガネをかけて
ばんざい　ばんざい　ぼくらの王様

王様　ありがとう、小ザルよ。ありがとう、みんな。わしはまた、一所けんめい良い政治《せいじ》をするよ。

♪合唱「王様のメガネの歌」②

メガネ　メガネ　メガネ　王様のメガネ
メガネ　メガネ　あった　王様のメガネ
これで　おしまいです　王様のメガネ
むかし　むかしの　お話　王様のメガネ

——幕——

歌詞

「王様のメガネの歌」
メガネ　メガネ　メガネ　王様のメガネ
メガネ　メガネ　どこだ　王様のメガネ
動物たちは　　さがす　王様のメガネ
むかし　むかしの　お話　王様のメガネ

メガネ　メガネ　メガネ　王様のメガネ
メガネ　メガネ　あった　王様のメガネ
これで　おしまいです　　王様のメガネ
むかし　むかしの　お話　王様のメガネ

「一人でおでかけの歌」
一人でおでかけ　家来もつれずに
やさしい王様　かなしいこころで

わたしの国でも　はじめての所
ほら穴《あな》の中に　何かのにおいが
何だったかなあ　なつかしいにおい
ずっとむかしに　かいだことがある

「よかったね王様の歌」
よかったね王様　メガネをかけて
うれしいね王様　目がよく見えて
強くなるね王様　むかしのように
ばんざい　ばんざい　ぼくらの王様

「またも失敗《しっぱい》の歌」
これは失敗　どうしたらいいの
どこへ行ったら　メガネはあるの
王様もうすこし　がまんしててね
きっと誰《だれ》かが　さがしてくるから

またも失敗　どうしたらいいの

どこへ行ったら　メガネはあるの
王様もうすこし　がまんしててね
きっと誰かが　もってくるから

「ここはサバンナの歌」

ここはサバンナ　日だまりに
これはこわいぞ　メガネヘビ
ガラガラヘビより　マムシより
もっとこわいぞ　メガネヘビ

ゾウさんでかける　人の町
町のまん中　広場まで
エライ人って　いないかな
メガネをかけて　こないかな

ここはにぎやか　市場です
物買う人も　売る人も
用ある人も　ない人も

みんなブラブラ　町の中

これは何だろ　メガネじゃない
こんな大きな　メガネはない
ラクダがひろった　へんなもの
これは何だろ　メガネじゃない

「小ザルは探《さが》すの歌」

小ザルは探すよ　枯草《かれくさ》の中を
ここになければ　もう望みない
王様のために　みんなのために
枯草を探す　どうしても探す

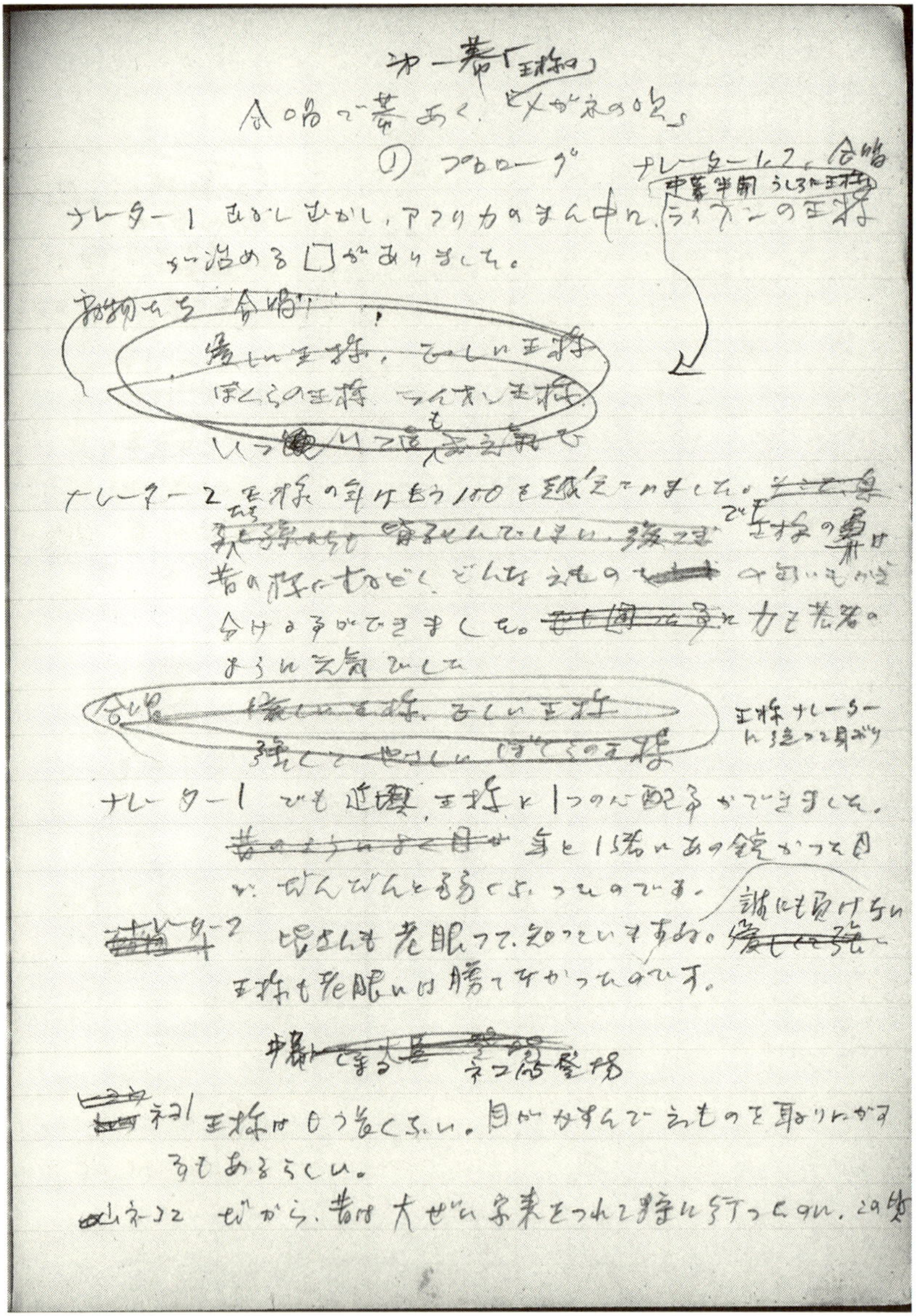
第一幕「王様」
合唱で幕あく。「メガネの唄」
(1) プロローグ　ナレーター1と2、合唱
幕前半開　うしろに王様
ナレーター1　むかしむかし、アフリカのまん中に、ライオンの王様が治める国がありました。
動物たち　合唱
優しい王様、正しい王様
ぼくらの王様、ライオンの王様
ナレーター2　王様の年ももう100を越えていました。でも王様の鼻は昔の様にするどく、どんなえものの匂いもかぎ分ける事ができました。力も若者のように元気でした
合唱
王様　ナレーターに合った身ぶり
ナレーター1　でも近頃、王様に1つの心配事ができました。年と共にあの鋭かった目が、だんだんと弱くなってきたのです。
ナレーター2　皆さんも老眼って知っていますね。誰にも負けない
王様も老眼には勝てなかったのです。
ネコ局登場
ネコ1　王様はもう長くない。目がかすんでえものを取りにがす事もあるらしい。
ネコ2　だから、昔は大ぜい家来をつれて狩に行ったのに、この頃

「王様のメガネ」導入部の草案（「岩田健演劇ノート」より）。ナレーションとそれに合わせた王様の身ぶりと合唱の効果的な組み合わせを模索した様子がわかる。

（著者手書き資料⑧）

指導者の劇作り入門

横顔（レリーフ）

学校演劇・舞台美術担当者の

心得十カ条

①　**舞台美術とは**、専門家の劇の場合、舞台装置（大道具）、小道具、衣裳、メークアップ、小布《こぎれ》（シャツ、靴下の類）、靴、かつら、照明などの各パートにわたってそれぞれ専門の責任者を置いていますが、われわれの学校劇の場合、これらをひっくるめて舞台美術と考えます。中で衣装～かつらまでを一つにまとめて「扮装」とします。小道具も専門家の場合、出道具――幕あき時すでに舞台に出ている小道具、つまり家具や机や電気スタンドと、持道具――俳優が持って出る道具とに分けますが、われわれの場合、そんな責任のなすり合いは不要です。

②　**舞台美術は観客のイリュージョンをつくる**のです。もちろん舞台美術本来の目的は、それにより観客を劇の空間に誘い込むことにあります。これがない時、観客はかなり骨折って劇の時代や背景を想像しなければなりません。われわれのつくる貧弱な学校劇の舞台でも、子どもの観客はあり余る想像力で補ってくれます。しかしわれわれ学校劇担当がもっと重視すべきは、

③　**舞台美術は演技者に心理的効果をもたらす**ことです。低学年と違い、高学年、中学生となるにつれ、テレが先立ってなかなか役になり切れなかったものが、小道具や被り物を与えられ、ベニヤ張りの装置の前に立つと、がぜん没入できるようになるのです。われわれ学校劇の演技者を、カメラの前で臆面なく演技できるテレビタレントの亜流にしたくなかったら、真摯な演技を要求するためにも、この舞台美術の効用は大切に考えるべきです。そこで、

④　**美術担当者は進んで稽古に立ち会う必要**があるのです。美術の先生は稽古に先立って、大道具の位置に机を並べ、ドアの蝶番はこちらにつくので、このドアはこっち向きに開くのだよと教え、まだ出来ていない小道具のかわりに、あり合わせの物を持たせて稽古させることが出来ます。これは当日になって、予期しない壁の低さで退場者の頭が丸見えだったとか、ドアを反対にあけてメリメリいわせてしまったとか、初めて持たされた小道具に気をとられてセリフを忘れてしまったとかというような失敗を、未然に防ぐことになります。だから、

⑤　**稽古には必ず、大道具、小道具の代用を**あてがってやるのは指導者の義務です。その配慮を怠っておいて、失敗を何とか切りぬけた演技者の当意即妙さを、さも見事な演技のようにほめるのは、学校劇の正しい姿勢とはいえません。さて、われわれのつくる舞台は、好むと好まざるとにかかわらず、人手、手間、特に経費の関係から単純化されるのが普通です。

⑥　**学校劇の舞台は単純化の美**を念頭において製作されるべきでしょう。最初のラフ・スケッチに十二本の木を描いて森の感じを表現したものなら、最後にギリギリ二本の木――しかも単純化した童話風の木――で森の感じになるように考えましょう。狭いわれわれの舞台では、演技のス

ペースが広くとれることにもなります。部屋は四方が壁ですが、舞台上のそれは一方をとりはずし、内部が見えるようにしてあります。われわれの舞台では三方の壁までとりはずし、正面の壁一つ――それも全部でなくて一部分を飾って室内が暗示できないかどうか考えることです。こうなると単純化というより、象徴主義といえるようになります。

⑦ **舞台美術は感覚を統一する必要がある。** 専門劇団と違い、一人の先生が何でもつくらねばならない学校劇では、あまりこの心配はないのですが、それでも演出と美術担当者が別の場合、演出家の意図にそって様式化、単純化が行われなければなりません。また、極度に単純化された大道具の中に、一つの持道具が大きな意味を持つ場合(たとえば浦島太郎の玉手箱)、その小道具をうんと誇張してつくることも、作者の意図を生かすことになるものです。単純化とは何でも小さくしてしまうこととは違います。しかしながら、

⑧ **美術が演技者を殺すことがあってはならぬ**のが鉄則です。舞台という架空の空間にあまり実際的エネルギーを持つ物を持ち込むのは危険です。たとえば本物のナイフ、よく砥がれた鍬などを出しますと、演技者がケガすまいかと観客の気が散ります。台本にあるからと本物の子犬や赤ちゃんを出したら、どんなに劇をこわすかはご想像がつきましょう。実際、子どもたちの未熟な演技は、つまらぬこちらの不注意で殺されることが多いものです。大道具にハデな原色を使っただけで、衣裳が死んでしまうことがありますし、練習で持たされなかった作り物の大庖丁を、他の登場人物の話をだまって聞いている場面で無意識にいじりまわしても、大道具の位置を知らされなかった子が、遠景の山を跨いでしまっても、劇は製作者の意図とは別のところでこわされることになります。まして大道具をぶっ倒したり、衣裳が演技中にほころびたり、つけひげがずれてきたりという失敗は、練習中に与えなかった演出家、美術家の重大なミスといえます。ですから、

⑨ **舞台美術は本番でなく舞台稽古時に完成**していなければならぬものです。こわれそうな物は稽古中にこわさせて、つくり直したものを本番に与えなければいけません。さらに本番を見てアッと言わないためにも、

⑩ **舞台美術は照明ぬきには考えられない**ことを銘記せねばなりません。朱色のハデな衣裳も、夕暮れによく使うアンバー(橙色)の照明の中では白っぽくなってしまうし、紫色の舞踏衣は黄色い光線の中では黒く見えます。衣裳には一度色光を当ててみる熱心さが望まれます。

――おしまいに一言。これらの道具づくりを、すべて子どもとともにやるところに学校劇の意義も楽しさもあるのです。こんな素晴らしい教育的効果の場は他にさがせないくらいです。多少のまだるっこさはあっても、教育者は、この素晴らしい場から児童・生徒を閉め出す愚はさけたいものです。児童・生徒が皆登場してしまった舞台裏を、先生方ばかりが駈けまわっている図は、お粗末でさびしいばかりです。

岩田健演劇ノートより

指導者の劇作り入門

舞台装置

・舞台装置は劇へ引き込むマジック

舞台装置とは、演出の意図に沿って設計された舞台空間として大道具・小道具・照明をまとめた総称。観客には幕が開いた瞬間に劇へ引き込むマジックとなり、演技者には劇の人物になりきる効果が著しい。劇づくりでは、舞台に組み立てられた屋台や書割などで場所や季節を現わすセットを大道具と呼び、舞台装置の基礎となる。これが決まらないと、登場人物の動きが、照明が、扮装が、小道具が決められない。劇構成の中核という位置づけになる。

・学校劇の舞台装置は写実にこだわらないでよい

学校劇の舞台装置は単純化ないしは抽象化を目指すべきで、あまり写実にこだわらないでよい。演出意図や場面設定によっては、中幕や照明による狭めた空間が最適で他には何もいらないという劇もある。大切なことは脚本の世界をしっかりと表現するにはどのような舞台にすれば良いかと考える事だ。

・舞台装置の良し悪しは脚本の読み取り次第

学校劇で（舞台装置は演出担当が兼ねる事が多いのだが）装置を任された者は、よく脚本を読み取り、稽古に何度も立ち会い、演出やスタッフと打ち合わせを重ねる必要がある。そこから演出意図が見えて来て、演技者の動きに無駄のない、使いやすい舞台装置が生まれて来る。

脚本を読み取るという意味は、どの道具はカットしても劇は壊れないかを判断し、どうしても欠かせない道具だけに絞ることだ。極端な場合、ト書きに「下手にドア」と指定があっても、そのドアが劇の重要なポイントでない場合は、それをカットしてドアを開けるパントマイムに変えてもよい。また、「部屋の中」と指定があっても、舞台に椅子を置き窓枠を吊って、照明の操作で部屋らしく見えれば、大きな壁を作らなくてもよいのである。

こう云っては天に唾する事になるが、脚本集についている舞台装置図は、その劇と学校の予算にとって最上のものとは限らない。むしろ絵として見栄えがいいように雰囲気的に描きこんであったり、芸術的に抽象化してあったりするから参考程度にしたい。

・大道具（装置）作りは図面を起すことから

舞台装置（大道具）のイメージを視覚化するにはラフスケッチから始めるが、決定したスケッチを実際に制作するには方眼用紙（一マス30cmと縮尺計算する）で図面にするのがベスト。夫々のパネルやキリダシの「正面図」と、小割や垂木を骨組みにした「枠組み図」を寸法記入で書いておくと誰にも解りやすい。また「正面図」には色彩を施し、できれば縮小した模型舞台まで作れば、出演者は動きのイメージを持つことができる。しかも、大道具制作は大勢の手を借りて短期間で一気に作業するから、この様な図面や模型を作成しておくと作業協力者に安心して任せることができる。

・装置寸法は上演学年に合わせる

大人の身長からみると低学年生は三分の二しかない。だから低学年生が大人を演じる劇だったら、装置をその大きさに換算して作らないといけない。その装置は高学年生であれば単純化された写実的なものでもいいが、低学年生の場合は彼等の描く絵から誇張と省略のヒントを学んで表現するのも面白い。同年齢の観客から理解されやすい場合もある。

・舞台転換のあれこれ

劇によっては何場かに分れるものがあり、その舞台転換をスムースに行う為に幾つかの手法がある。

①「煽《あお》り返し」本の頁をめくる様に、二つに割れた張物（絵柄）の軸を中心にめくると別の張物（絵柄）が現われるという方法。これを出演者に明転でやらせると観客の興味を引く。

②「飛ばす」舞台天井に余裕がある場合、吊りもののバトンに大道具を吊り、全部を天井に引き上げて場面を変える方法。

③「皮むき」第二場の大道具に第一場の大道具を重ね

て飾り、ミカンの皮をむく様に前の大道具を引きはがして次の場面に転換する方法。

④「田楽《でんがく》返し」背景の書割の一部を四角に切り抜き、上下または左右の中心を軸に回転させて背面を出す仕掛け。これは登場人物を瞬時に出没させることができ、歌舞伎では幽霊などの出入りに用いられる。

これらはいずれも瞬間的に場面を変えるのに有効な手段であるが、できれば一場の大道具を二場でも利用できる「使い廻し」が出来ると時間と費用の節約になろう。とにかく舞台転換で観客を飽きさせぬよう、装置担当者の創意工夫が必要である。

・舞台装置のタブー

★舞台背景となる装置の色彩は派手にしない。
★衣装の色を吸収するような同系色は使わない。
★舞台をゴテゴテと飾って動きにくいレイアウトにしない。

・丈夫な装置は使い廻しがきく

装置は組み立て、暗転、撤去などでかなり激しい扱いを受けるから、短時間しか使用しないものでも丈夫に丁寧に作っておきたい。パネルやキリダシなど丈夫に作れば、塗り替えて何度でも使い廻しができる。

【編註】 枠組の材料は小割や垂木など角材を使い、面材としてベニヤ板を釘と木工ボンドで接合。図面か材料を計算して必要数量を購入。角材は真っ直ぐなものを選び、釘は箱買いする。大道具制作には様々な工程があり、釘の長さと斜め打ち、枠組の作り方と補強、「開帳場」や「人形立」の取り付け、ウェイト（鉄の錘）の扱い等々、具体的な作業についてはネット検索で調べ、実際に取り組んで覚えたい。

小道具

・「小道具一覧表」の作成

劇の背景や環境を表わすのが大道具であり、それ以外の道具はすべて小道具と呼ばれる。つまり舞台に置かれた登場人物が扱う家具や食器から持ち物や被り物までと広範囲にわたるのだ。まず脚本を読み込んで、物語の環境や時代背景を確認したうえで、必要なものをリストアップして「小道具一覧表」を作成する事。そこに品名と数量を書き、誰が使うのか、誰が舞台に持ち込むのか、舞台の置き道具か出道具か持道具か等の分類をしておくこと。稽古を進めて行くうちに脚本に指定されていないもので、舞台にあるべきものを思いついたり、登場人物に持たせたいものを気付いたりしたら、演出と相談して追加する。本番の時にどの小道具がどこにあるかが判るとまごつかないで済む。

・小道具はまず作ってみよう

学校劇での小道具に、既製品や本物や生ものを使用してはいけない。子どもの演技なのでかなりの違和感が生じるし、本物でも小さなものだと観客には見えにくい。鳥篭に入れた生きた小鳥や、実際に時を刻み続ける本物の掛け時計を使う劇を想像してごらんなさい、明らかに観客の目を演技者から離すことになってしまうことが理解できるだろう。作る手間を惜しんではいけない。どのようなものでも、まず作る事にチャレンジする。素材を工夫して実物より大きめに作る事がポイントで、これによって観客の想像力を刺激して劇が盛り上がって来る。

照　明

・舞台照明は演技者の顔が見えること

舞台の視覚効果を支配し、瞬時に光を変化させて観客の感性を揺さぶるのが照明の醍醐味だが、最も重要な役割は演技者の顔が見えるように光を当てる事だ。演出効果を狙う場面以外は、夜であっても顔が見えるようにしたい。

この他に、装置や衣装が立派に見えるような役割、季節や時刻や自然環境を創りだす役割、登場人物の心理的変化を表現する役割がある。さらには、暗闇の舞台にスポットライトで一部分を照らして演技空間を作ったり、暗転や明転で場面を動かしたりと、照明は多彩で重要な役割を担う。

学校劇では敢えて照明による心理的表現は避けたい。未熟な方法でそこだけが観客に強烈な印象を与えては劇が分断されかねない。大切なのはいま何が演じられているか分かるように照明で見せる事だ。

・**光に色をつけるカラーフイルター**

舞台照明で光に色がつくのは、プラスチックのカラーフイルターを専用ホルダーに挟み、照明器具に装着して照らすことから生じる。日本製の舞台照明用カラーフイルターはポリカラーと呼び基本色は約80種類。通常の色は10番ごとに分けられて、その中で早い番号が濃い色で遅い番号が薄い色になる。ポリカラーは決められた番号で呼び合うから「カラーフイルター見本帳」を購入したい。

【編註】 最新照明器具にはカラーLEDが装着されてカラーフィルター不要という機種もあるが、現状器具が全面的に替わるのは当分先のことだろう。

・**光の三原色と色光の不思議現象**

光の三原色は赤・青・緑。全部重ねると太陽光に近い明るい白色光になる。色光の混色は、同じ光量で赤と青を重ねると赤紫の光に、青と緑を重ねると青緑の光になるが、赤と緑を重ねると絵具と違って黄色の光になるので注意。

また不思議な事に、舞台装置や衣装の色は色光の違いで異なる現象を起こす。例えば白色光では鮮やかに見える赤い衣裳が、赤い色光をあてると白っぽく見え、紫や青や緑の色光を当てると黒っぽく見えてしまう。白く見えるのは錯覚で、黒く見えるのはその色光に赤色がないからだ。舞台上で色を活かすには色光の不思議な現象にも注目しておきたい。

・**イメージの色は自分の目で選ぶ**

夕焼けと夏の日差しはどう区別するか。嬉しい時と悲しい時の色の違いは……？　という照明のイメージ表現。舞台の光は、色をつけて、当てる場所と方向で環境的表現や心理的表現ができる。だが、イメージを色と結びつけるのは難しい。これは感覚的な判断になるし、同じ色でも薄いものから濃いものまで幅があって見本帳だけでは決められない。濃淡数枚のポリカラーを取り寄せて、実際に舞台をその番号で照らして自分の目で確かめるのがベスト。これを体験するとそれ以降の判断がつけやすくなる。

・舞台照明の実際（＊本項は編者の解説）

学校劇の場合は演出が脚本の「照明イメージ」を述べ、照明担当がその「照明プラン図」をたて、条件に合う照明器具を選んで「照明仕込み図」を作成し、その「仕込み」と「明かり合わせ」を会場で行う。舞台稽古では劇の進行に合わせて調光卓操作のタイミング練習をし、当日に本番を迎える。

「照明プラン図」のたてかた

照明担当は演出のイメージをベースに、脚本のト書きや台詞から劇の雰囲気・季節・時間・場面環境・登場人物の心情・場面転換などを注意深く読み取り、これを場面の色光と範囲、明かりのスイッチオン・オフ、フェードイン・フェードアウト、特殊な明かり指定、暗転・明転などに記号転換して脚本に書き込み、照明の進行表になるものを作成。この資料を舞台装置平面図に各場面の明かりが舞台のどの位置にどのように照らしているか図面にしたものを「照明プラン」という。プランは場面毎に変化するから、舞台装置平面図をプリンターで場面数だけコピーして、各場面の明かり範囲を色鉛筆で塗り込んでおく。コピー紙は半透明のトレーシングペーパーにすると、各場面を重ねても色が透けて見えるので使用する照明器具の重複が把握しやすくなる。

「照明仕込み図」の作成

照明プラン図が確定したら、それを表現するために舞台常設の照明器具配置図を取り寄せ、どの照明器具を使うか、何番のカラーフイルターを使うか、単独の照明器具が必要ならばどこに置くかを図示した「照明仕込み図」を作成する。

照明器具は設置する場所で名称が異なり夫々の役割を持っているので、次の説明を作成の参考にしてほしい。

①ボーダーライト

舞台天井前寄りに列状に吊るしてあり舞台全体を均等に照らす地明かりとして、また暗転時の作業明かりとして使う照明。三回路分の色番号指定。二列ある場合は、舞台手前より一B（イチボー）二B（二ボー）と呼ぶ。

②ホリゾントライト

舞台奥の壁面或は白い幕をホリゾントと呼びます。舞台天井奥寄りに列状に吊るしてあるアッパーホリゾントライトはホリゾントの上半分を照らし、舞台床奥に置くロアーホリゾントライトは下半分を照らす。各々三回路から四回路あり色を別々に調光して自然環境、季節、時間経過を表現する照明。

［組み合わせ参考例］

情景	アッパー	ロアー
・青　空	水色	ナマ
・夕焼け	青色	赤
・夜景　・暗い部屋	青色	青色
・森	緑色	青色
・シルエット（影絵）	どの色でも可（ホリゾントライト以外は全て消す）	

③サスペンションライト

舞台天井のバトン（鉄棒）に吊りこむライト。上からの単独な光線（逆光・真上光・前光）で登場人物を印象付ける照明。バトンの位置でライトを吊るす位置と明かりの色や方向を指定。

④プロセニアムライト（常設会場は少ない）

客席天井舞台寄りに設置してあり、ボーダーライトが照らせないエプロンステージの地明かりとして、また幕前劇の前明かりとしての照明。さらには光量が弱い上手下手の袖辺りの補強照明にも使う。各ライトの光の輪の大きさや場所の指定。

客席天井にある照明器具は反転させると任意範囲の客席を明るくする事が出来るので知っておきたい。

⑤シーリングライト

客席天井中央に設置してあり、登場人物の前明かり（面明かり）にする照明。ボーダーの地明かりだけでは登場人物の顔が暗くて表情が見えにくいので併用されて、エリア照明（演技領域）とスポット照明（部分領域）とに使い分ける。エリア照明は舞台床を上手、中央、下手の、それぞれ前と奥に分ける六分割

（ライトが不足の時は三分割か四分割）で照らすように指定。残りのライトをスポット照明に振り向ける。

⑥フロントサイドライト

役者や物に陰をつけて立体感を出す前明かりとして舞台斜め前方から照らす照明。固定されたライトはスポット照明に使い、スタンドライトはスタッフを付けて動く登場人物を追いながら照らすときに指定。

⑦この他

エフェクトマシーン（雪や雨や雲などの特殊照明）、ステージサイドライト（スタンドライトを袖幕から照らすことで登場人物や装置を立体的に見せたり、光の方向を変化させて時間の経過を示すことが出来る照明）、コロガシ（ライトを舞台床に置き、下方向からの明かりを当てる照明）、ピンスポットライト（シャープな明かりで登場人物をピックアップする照明）などがある。必要に応じて指定。

「照明の仕込み」

照明仕込み図を基に照明器具のセットや吊りこみする事を「照明の仕込み」と云い、舞台床を空にして行う。具体的な仕込みは次の例示を参考にしてほしい。

(1)最初は舞台天井の昇降式照明器具の仕込み。綱元で舞台天井に吊るしたボーダーライト（一B・二B）とアッパーホリゾントライトを作業し易い高さまで降ろして固定。調光卓で三回路通電を確認して電球切れがないかのチェックと交換。次にカラーフィルターのセット（三回路はブルー、アンバー、ナマとする。音楽会や式典では三回路ともナマ）、セットが済んだら適正な高さまで引き上げて綱元を固定。客席からライトが見えないように一文字幕をライト前に降ろしてこれも固定。（音楽会や式典では音の反響優先でライトは天井上まで引き上げて客席から見えないようにして一文字幕は使わない）

(2)舞台床に置くロアーホリゾントライト（列状）はホリゾントに向け平行に連結して、少し離してセット。

ローホリ端のプラグをソケットに差し込み、三回路通電を確認して電球切れチェックと交換。カラーフイルターのセット。

(3)サスペンションライトの吊りこみ。綱元でサスを吊るすバトンを床から一メートルまで降ろして固定。バトンの指定位置にライトを金具で固定。更に固定金具とは別にバトンとライト吊り枠を針金で数回括り、落下防止の補強。サスの延長コードはバトンの端まで沿わせ、たるまないよう数カ所テープ止めして、サス明かりの大きさを絞ってからバトンを引き上げて綱元を固定。コード端を客席から見えないように舞台袖まで引き込んでプラグを舞台ソケットに差し込む。（コードは登場人物に蹴とばされないようテープで覆う）サスを一文字幕で隠し、下から介錯棒でライト角度の調整。

(4)次に客席天井の照明器具の仕込み。客席天井舞台寄りにあるプロセニアムライトと客席天井中央にあるシーリングライトを作業し易い高さまで降ろし、通電を確認して電球切れがないかのチェックと交換。通常はナマで使用。このライト群のスポットライトは一回路に二台が点灯するようにセットしてある。このライトは役割に応じて、その場で明かりをホリゾントに当てて光の輪の大きさを統一しておく。また、ライトの吊り下げネジと両耳ネジは強く固定しないで緩めておくと、あとで行う「明かり合わせ」で介錯棒を使う方向や角度調整が楽になる。全部を終えてから所定の高さまで戻しておく。（挨拶などピンポイントで当てるライトは光の輪の大きさが等身大になるよう絞り込んでおく）

(5)フロントライトは客席両サイドからの前明かりライトで固定式とスタンド式がある。通電確認と電球切れをチェック。

「明かり合わせ」

仕込みの最後に次の順で明かり合わせをする。

▼「挨拶明かり」最初は緞帳を閉めて、幕前で挨拶する中央専用のナマ明かりを作る。シーリングの中央

ライトを等身大に絞り、緞帳中央に当てる。ライトの方向や角度は介錯棒を使って調整。

▼「司会明かり」次に司会者が立つ下手（しもて）幕前に専用のナマ明かりを作る。フロント左右からライトを当て、光の輪を等身大に絞る。片方だけのライトにすると顔に陰が出る。

▼「コーラス明かり」学校劇ではコーラス隊や合奏隊が幕前の客席壁面に並ぶことがある。壁面から遠くにあるシーリングライトかプロセニアムライトを使ってその専用ナマ明かりを作る。

▼「幕前明かり」プロセニアムライトは舞台前を照らす前明かりとして、特に緞帳前の幕前劇には便利。明かりの照らし方は、上手ライトは下手床に、下手ライトは上手床に当てて、斜めからの光を交差させながら、舞台床面に当たる光の輪を重ねて繋ぐこと。この照らし方を照明用語で〝ブッチガイ〟と呼び、演技エリアが明るくムラのない舞台になる。学校劇では光の輪が舞台前のケコミまで広がっても構わない。また、緞帳にかかる光の輪の高さは統一しておきたい。

幕前の明かり合わせが済んだら緞帳を開き、舞台上の明かり合わせをする。

▼「ホリゾント明かり」アッパーとローのライトを照らし、その色がプランを表現しているか確認して光量調整する。ホリゾント下半分の明かり面積が少ない場合は、ローホリをホリゾントから少し離してみる。ホリゾントライトの明かりが強すぎると逆光現象になって観客に登場人物が見えにくいので注意。

▼「地明かり」舞台全体を照らす地明かりはボーダーライトが使われる。三回路を順に照らして、ホリゾントライトの表現明かりを弱めない最適な光量を確認する。舞台転換時の作業灯としての最低光量も把握しておく。

▼「前明かり」地明りだけでは登場人物の顔が暗いので、表情をよく見せるための前明かり（面明かり）としてプロセニアムライト、シーリングライト、フロントサイドライトがある。前明かりの当たる場所が登場人物の

演技エリアになる
・プロセニアムライトの「幕前明かり」で余ったライトはシーリングの当らない上手下手の袖辺りをフォローする。
・シーリングライトは舞台床全面を六分割（或は三～四分割）して〝ブッチガイ〟に照らす。つまり、舞台上に六ヵ所の演技エリアを作る事になるが、基本的には舞台床以外にはシーリングの光を照らさないこと。明りがバランスよく仕込まれると、床に光の当たらない暗い隙間はでないし、登場人物の顔は暗くならない。この確認は地明りを消した状態で、スタッフを舞台奥、中、前の三通りを上手から下手へ往復して歩かせて、床に暗い隙間や、顔が暗くなる場所があればライト角度や方向を修正するとか、光の輪を大きくして調整する。
前明かりが舞台床だけを照らすとホリゾント近くで演技する登場人物には光があたらないので顔が暗く見えることになる。その場合は前寄りで演技するよう演出に伝える事。

また前明かりを六ヵ所全部強く照らすと舞台が平坦的になるので注意。演出によっては場面に合わせて前明かりエリアを切り替えて使用することがあってもよい。
・舞台一杯に全員が登場するフィナーレ場面では、余っているシーリングライトをホリゾント下半分まで照らす仕込みを上手下手中央の三ヵ所分用意しておき、プロセニアムライトの幕前明かりと一緒に点灯すると舞台全体が明るくなり登場人物のどの顔もよく見える。この時は一文字幕に明かりがかからないようにする。
・フロントサイドライトは斜め前からの明かりなので登場人物の陰を自然に見せる時と、光の方向性を意図する時に使用する。
▼舞台照明の仕込みはここまでだが、最後に客席照明の電球切れを確認・交換して終了とする。

「調光卓操作」

調光卓操作は照明プランの基になる照明進行を記入した脚本を見て操作するが、タイミングがずれないようにする。それには稽古に立ち会って演技者の動きと

・舞台照明器具の配置図

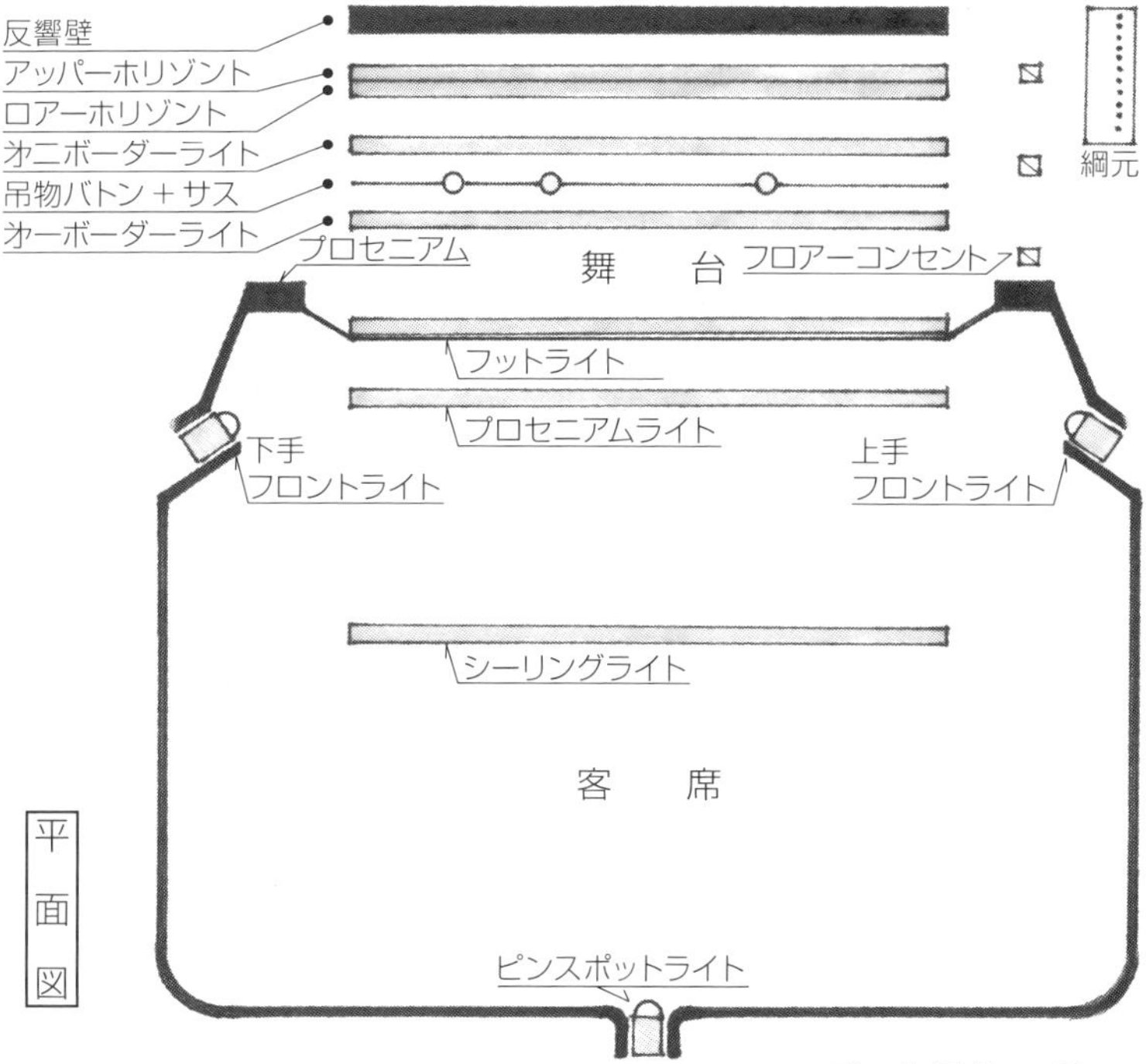
反響壁
アッパーホリゾント
ロアーホリゾント
オニボーダーライト
吊物バトン＋サス
オーボーダーライト
プロセニアム
舞　台
綱元
フロアーコンセント
フットライト
プロセニアムライト
下手
フロントライト
上手
フロントライト
シーリングライト
客　席
平面図
ピンスポットライト

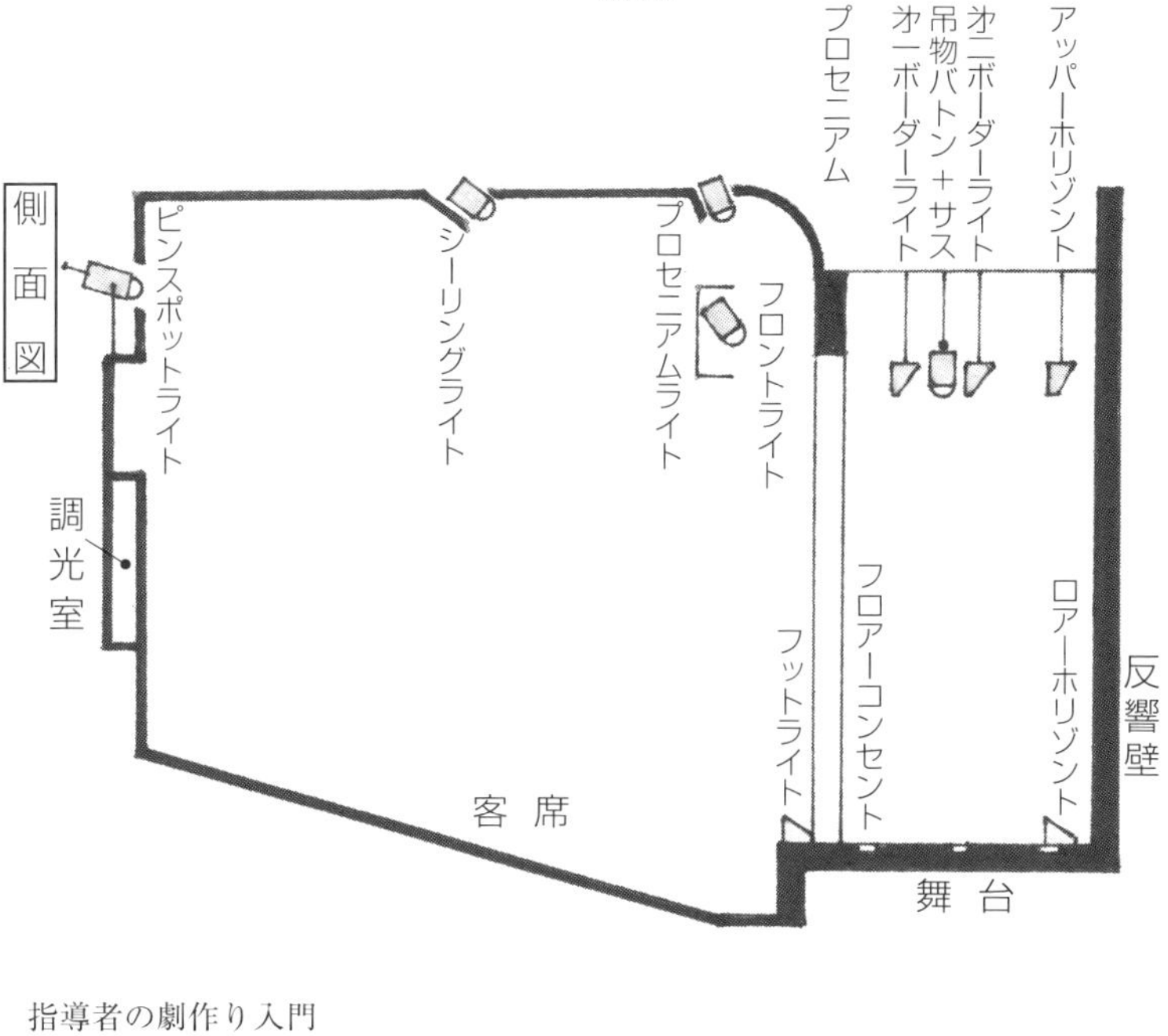
側面図
プロセニアム
オーボーダーライト
吊物バトン＋サス
オニボーダーライト
アッパーホリゾント
ピンスポットライト
シーリングライト
プロセニアムライト
フロントライト
調光室
フットライト
フロアーコンセント
ロアーホリゾント
反響壁
客席
舞　台

明かりのタイミングを知ることが大事。余韻を残したい時のフェードアウト、演技者の動きでパッと明かりを入れるなど、稽古に立ち会わなければきっかけはつかめないものだ。

・**舞台照明のタブー**

★舞台が明るすぎると観客の目が早く疲れて集中力を切らし、暗すぎると登場人物の表情がよく見えずイライラを募らせる。

★ホリゾントが明るすぎると、その前に立つ登場人物が逆光状態になり表情が見えなくなる。

★必要ないのに照明をくるくる変化させると、観客はそこに気を取られ劇を壊すことになる。

★暗転が30秒を超えると観客はそこまでの劇のイメージを継続できなくなる。

★照明器具の扱いで素手は厳禁。必ず軍手をはめるのが常識で、火傷・感電・電球寿命の為には必需品。特に電球に手の脂を付けると電球寿命が短くなるので注意。

音響効果

・**音響効果はムードメーカー**

劇の進行に沿って流す音楽や生活音を総称して音響効果と呼び、観客が劇のイメージを膨らませるための手助けという役割が強い。つまり観客は、軽快な曲であれば楽しい劇を、重い曲であれば悲しい情景を想像するし、生活音を聞かせればその環境や状況を具体的にイメージしてくれる。こうした音響で音量やタイミングがぴったり決まれば魔法の様に観客を劇にのめり込ませられるが、魔法にかければかけるほど観客には音響としての意識がなくなるのだと理解したい。

・**音響効果のプラン作り**

まず効果音のチェックとして、脚本のト書きに指定された音や台詞から読み取れる生活音を拾い、その情景を想像するのがポイント。これをどのくらいの時間、どのように聞こえるのか、そしてこの音を舞台袖からナマ音でだすか、録音で再生するかを決めて表にする。

音楽については脚本を読み込み、その必要性がある場面や観客の受け止め方を想像しながら検討する。例えば「劇のイメージを感じさせるための開幕曲」とか、「舞台転換で観客を次場面に引き込むためのブリッジ曲」とか、劇の山場で「登場人物の心情を訴えたいときの曲」とか、或は「観客の心情を盛り上げるための曲」とか、「大団円となる終幕曲」などが検討対象になる。

・**音集め、音作り**

プランがまとまったら音集めや音作りになる。最初にすることはどの位の時間を必要とするか立ち稽古に参加して時間を計測する。この計測した実時間を基準に音響はやや長めに用意しておくこと。

効果音や音楽曲は市販の効果音CDから探す。ここになければ音作りは舞台でナマ音にするか録音して再生するかになる。ポピュラーな名曲は観客が様々な個人的イメージを抱えているので、既成曲から選ぶ時には避けるのが賢明だ。

学校劇には合唱する詩を入れて舞台回し的役割を持たす脚本が多くある。この場合は演出イメージを伝えて音楽教員に作曲してもらうのがベスト。このメリットは主旋律をアレンジしてもらうことまで頼めるので、節目の場面に流すことができて骨太の音響効果が期待できる。

・**音響操作する**

音響が揃ったら立ち稽古で音を入れてみて、音量の度合いを測り、タイミングを何回も繰り返して掴む。どんな素晴らしい音響でも不適切な音量とか、タイミングを外しては観客の気持ちが劇から離反してしまう。

稽古で音を入れたら演出イメージにそぐわなかったり、劇より曲に気を取られる場合がある。苦労して探した曲であってもきっぱり削るか別のものに差し替える覚悟をもちたい。また、観客は生活音を聞こえる方向から虚実判断するので、スピーカーで音を出す場合はその位置決めに配慮したい。

舞台では映画やテレビと違って登場人物のセリフに被せて音響効果を入れることはしない。被せるとセリフが聞えなくなるのでセリフのないときになる。被せなければならない時には音量を絞りこむか、セリフの間（ま）を見つけて入れること。

・音響効果のタブー

★セリフに被せて音楽を流すと観客にはセリフが届かない。

★劇中に名曲は流さない。

扮装

演技者を劇中人物に見せるため衣裳、化粧、かぶりもの、履物など身につけさせる総称を扮装と云う。大人の劇では表情を強調するとか、照明のノリをよくするために化粧（メークアップ）するが、小学生にはその必要はないので特殊な場合以外はメークをさせない。

学校劇では動物や虫や花を擬人化した劇が多く上演されるが、子どもは大人に比し想像力が豊かなので、そのお面やかぶりものを頭に乗せるだけでスッとその世界に入っていける。この項では頭に載せるお面とかぶりものの説明に留める。

・お面作り

お面は顔の前ではなく頭を巻き付ける紙帯にセットして上から被せるのが基本型で、子どもに作らせると喜んで取り組む。図柄は図鑑を見て描かせた方が劇にはしっくりくる。材料は統一寸法に裁断した白ボール紙にクレパス塗りさせ輪郭を切り抜かせる。紙帯は白ボール紙を４㎝幅の帯状に切って頭を巻く輪にし、両端をそれぞれ３㎝くらい内折りして輪ゴム二本を掛けて内折りをホチキス止めにする。こうすると紙帯は伸縮してどの頭にも被せる事が出来る。この紙帯の外側中心に10㎝の長さの幅広両面テープを貼り、お面の下部を重ねて紙帯の内側からホチキス止めして完成。

ポイントは「お面の大きさの統一」と「目玉は大きく描く」の二点。どちらも舞台の見栄えに大きく影響する。

お面はそれだけで役柄を表現するので、それに合う色の普段着と履物を持参させて衣裳にすれば子どもは喜んで劇中の人物になってくれる。同色の衣装が大量に必要な場合でも、不織布の既製品が廉価で販売されているので予算的にも安心。

・かぶりものの展開例

最近では全身をくるむ着ぐるみから帽子のような頭に被るものまでを「かぶりもの」と称しているが、ここではお面を立体形にした頭に被るものを指す。種類は二通りあり、一つはペーパークラフトで作る立体的なかぶりもの。稽古から発表までの長期使用では保管に注意が必要。扱いが雑になると何回も作り直すことになる。

丈夫で使い易いのは布地で作るかぶりもの。基本形は図にあるヘッドキャップのような形。型紙で裁断した二枚の布地の頭頂部を縫い、縁縫いして形を整え、裏返しにして被り、顎の下をマジックテープで止めるもの。このかぶり布をベースにボール紙で鳥のクチバシや動物の上顎や耳にしてつけたり、針金やモールをつけて角や触覚にしたり、ボタンを目にしたりすると、様々なかぶりものに展開できる。（次頁図参照）

ヘッドキャップ型のかぶりものでも衣裳の考えはお面と同じでよい。しかし頭部が立体的なのだから、チョウや鳥の羽とか動物のシッポくらいは素材を工夫して付けてやらないと片手落ちの様な気もする。

劇指導の心得

・学校劇の取り組む狙いとは

初等教育の学校劇とは子どもに演劇を教えることや学ばせることを主目的とするのではなく、その創作過程を通して学級（集団）の社会性とコミュニケーション能力を高める学習活動と抑えておきたい。それは、子どもが関心もつ仮想世界をドラマ（演劇形式）化して、ドラマの役と状況に同一化させ、テーマに気付かせ、他者への共感を促し、その成果を舞台で表現してダイレクトに観客に伝える中から生まれる果実だ。子どもには面白くて楽しい疑似体験型学習になる。

学校劇は発表会仕様なので諸外国の演劇教科授業で取り上げる「多文化共生」のテーマにまで深めることはできない。だが、学校劇を現状の言語教育に不足がちな対話型実践学習「生きた言葉使い」と捉えると、試行錯誤しながら言葉を全身で表現する演劇的手法は子どもに他者との意思疎通を考えさせ深めさせるコミュニケーション能力育成の最適な教材になるだろう。

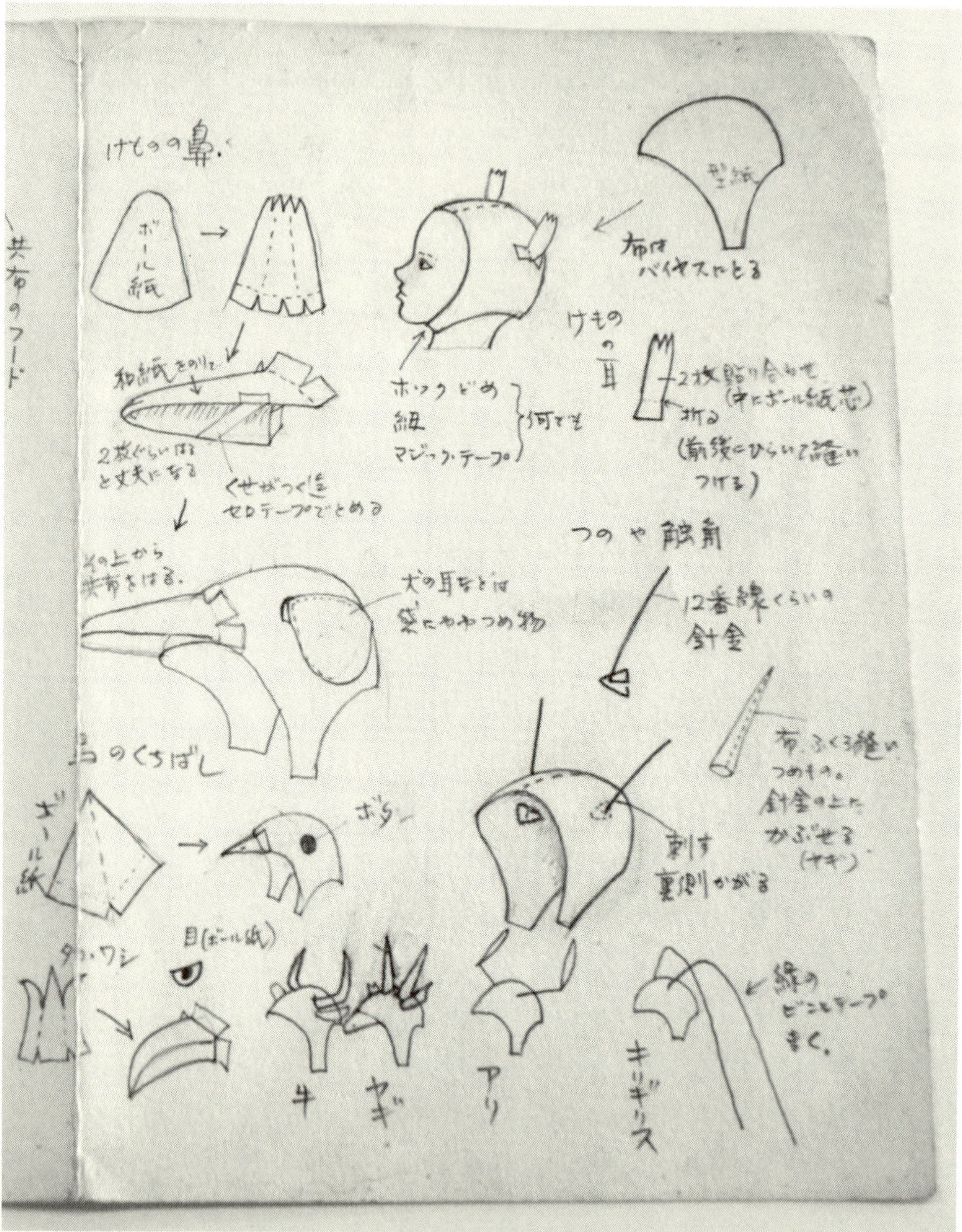
けものの鼻.
共布のフード
ボール紙
和紙をのりで
2枚ぐらいはると丈夫になる
くせがつく迄セロテープでとめる
その上から共布をはる.
犬の耳などは袋にしわつめ物
鳥のくちばし
ボール紙
ボタン
タカ・ワシ
目(ボール紙)
牛
ヤギ
アリ
キリギリス
型紙
布はバイヤスにとる
ホックどめ
紐
マジックテープ
何でも
けものの耳
2枚貼り合わせ(中にボール紙芯)
折る
(前後にひらいて縫いつける)
つのや触角
12番線くらいの針金
布ふくろ縫いつめもの。針金の上にかぶせる(ヤギ)
刺す
裏側かがる
まく.

「かぶりもの」参考図

・**観客を飽きさせない事前の練習**

低学年劇を観て観客が飽きてしまう大きな原因は、出演者のセリフが聞こえない、無表情、そして身振りのない棒立ちだ。これは稽古に入ってから気付いてもすぐには修正できないので、学年劇の年度には次の様な基礎練習を普段の授業や日常生活に取り入れたい。

▼楽しい詩の暗唱。口を大きくあけて、ノドもひらいて、腹からの呼吸で大きな声を出して暗唱する。日常的に繰り返すとノドが鍛えられて、言葉の強さ、美しさ、リズムが身について来る。（室外練習が望ましい）

▼短編脚本の読み合わせ。セリフを喋るとき・聞くときの約束事を徹底する練習。（台本作成はセリフに通し番号を入れて、その上下にメモを記入する余白欄を設定すると便利）

①出演者同士の会話であっても前を向き、口を大きく開けてゆっくりと、観る人に語り掛けるようにセリフを喋る。

②セリフの内容に併せて身振りと喜怒哀楽の表情をつける。

③傍にいる者は、セリフを聞く間は全員で喋る人に目線を向け、喋り終ったら軽いリアクションを起す。

・**道具が演技を殺してはならない**

舞台稽古どころか立稽古に入ったら、塗りかけでも構わないから大道具を立て、小道具を使わせ、扮装もさせて、早くから出演者が道具に馴染むよう優先するとよい。このような稽古をしておけば、本番の時に扉を反対に開けてメリメリ云わせたり、遠見の山を跨ぐミスをさせたり、付けヒゲがとれたり、ギラギラ光る刀（銀紙貼）を無闇に振り回したり等々、劇の流れを断ち切る演技や事故を防ぐことが出来るのだ。それらが稽古で壊れたら壊してしまい、本番で壊れない様に作り直せばよい。当日これらが起きて観客の目を奪ったら、学校劇のご愛嬌とは云ってられないほど劇はめちゃくちゃになってしまう。

そのほかにも舞台前におけるキリダシの配置や袖幕の扱いに注意したい。指導者は会場の最前列の端にも観客は座るのだと頭に叩き込んでおきたい。そうでな

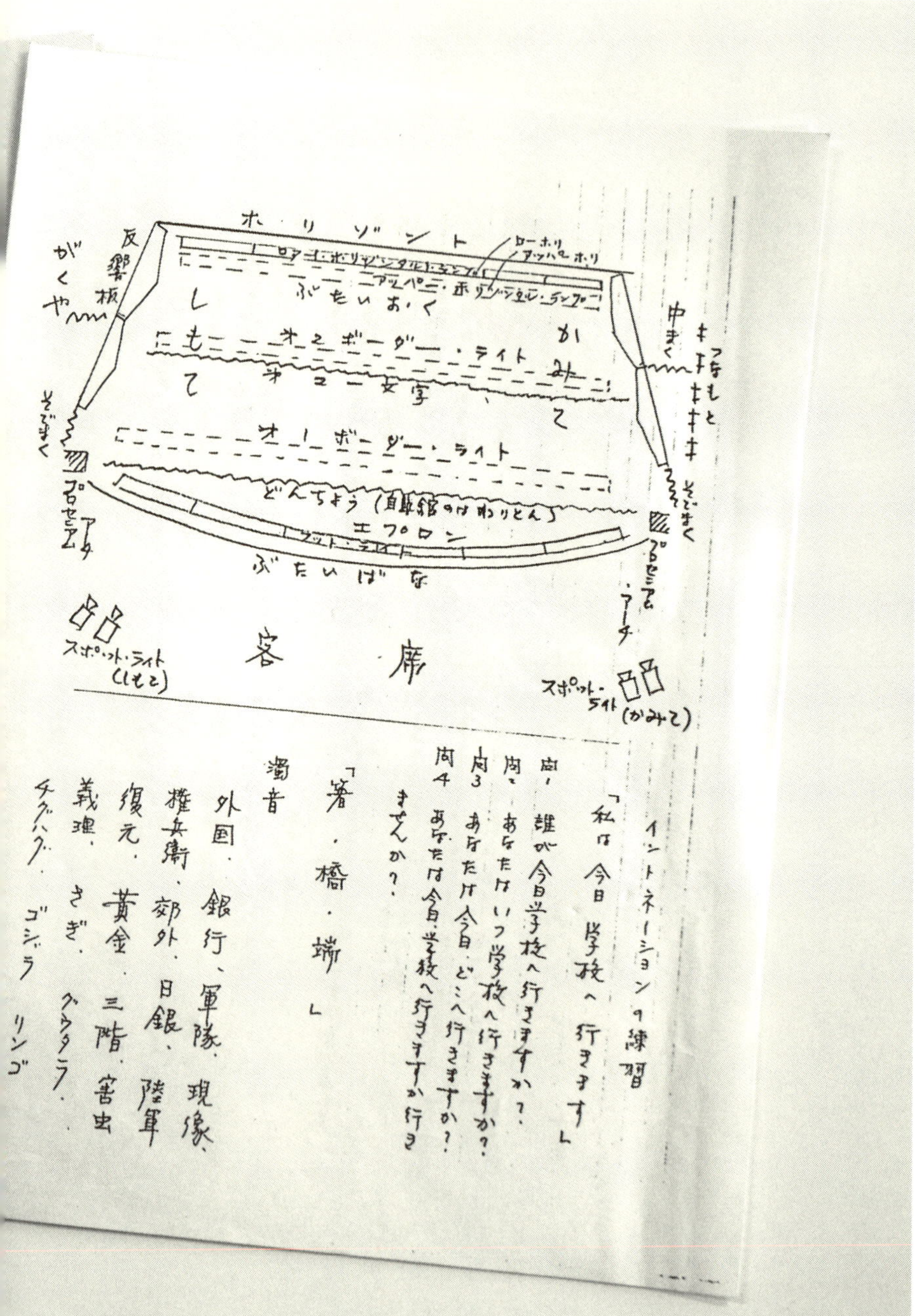

イントネーションの練習

「私は今日学校へ行きます」

問1 誰が今日学校へ行きますか？

問2 あなたはいつ学校へ行きますか？

問3 あなたは今日どこへ行きますか？

問4 あなたは今日学校へ行きますか行きませんか？

「箸・橋・端」

濁音

外国、銀行、軍隊、現像

権兵衛、郊外、日銀、陸軍

復元、黄金、三階、害虫

義理、さぎ、クワタラ、

チグハグ、ゴジラ リンゴ

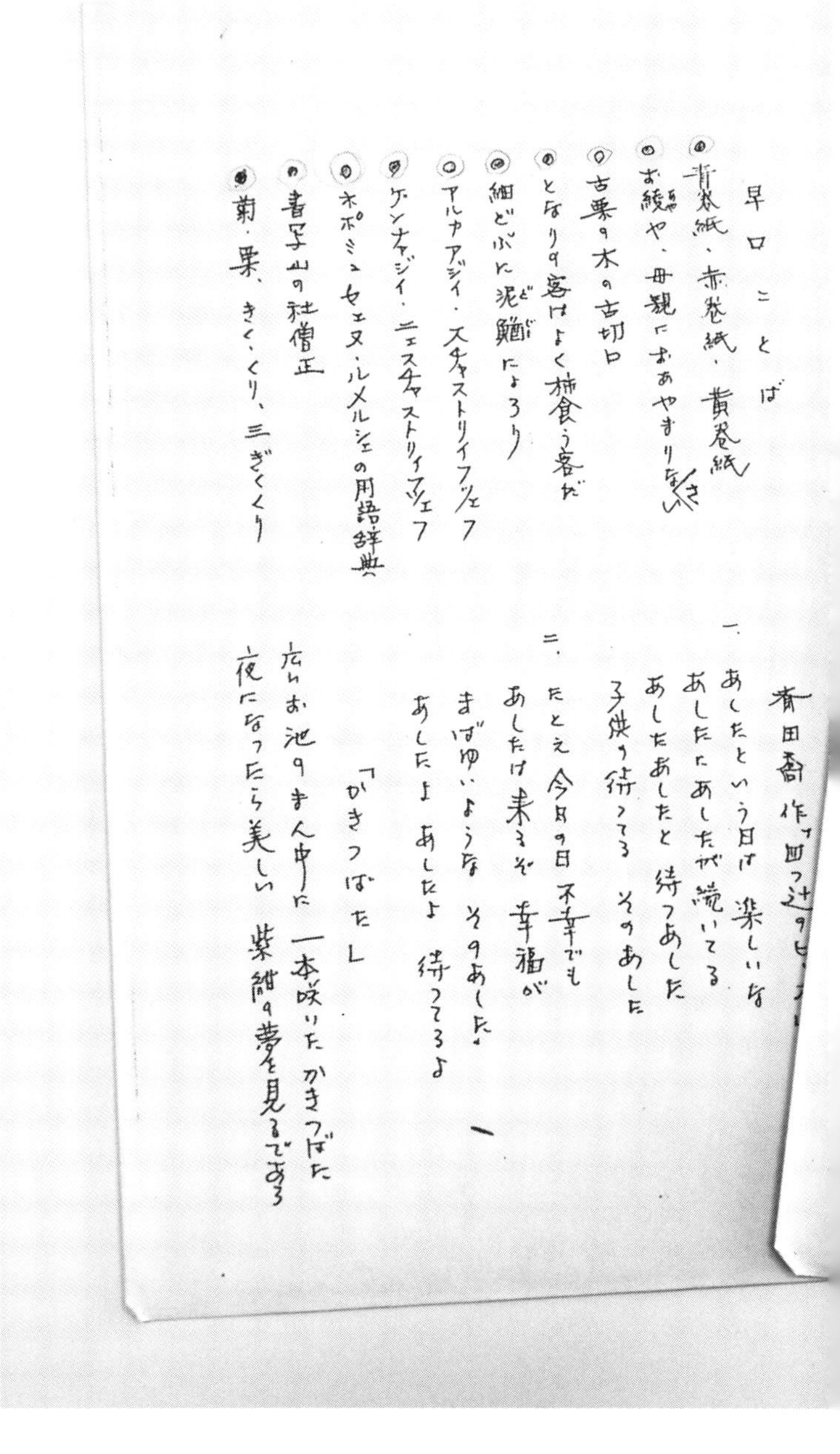
早口ことば
◎青巻紙、赤巻紙、黄巻紙
◎お綾《あや》や、母親におあやまりなさい
◎古栗の木の古切口
◎となりの客はよく柿食う客だ
◎細どぶに泥鰌《ど》によろり
◎アルカアジイ・スチャストリイフツェフ
◎ゲンナヂイ・ニェスチャストリイフツェフ
◎ホポミユセェヌ・ルメルシェの用語辞典
◎書写山の社僧正
◎菊・栗、きく・くり、三きくくり

斎田喬作「四つ辻のピッポ」
一、あしたという日は楽しいな
あしたあしたあしたが続いてる
あしたあしたと待つあした
子供が待ってる そのあした
二、たとえ今日の日不幸でも
あしたは来るぞ幸福が
まばゆいような そのあしたが
あしたよ あしたよ 待ってるよ

「かきつばた」
広いお池のまん中に 一本咲いたかきつばた
夜になったら美しい 紫紺の夢を見るである

「演劇部員用プリント」。右上は舞台平面図に舞台言語の名称を書き込んで演劇初心者の共通知識とした。右下は言葉の強弱によって伝える目的が異なるイントネーションの練習と言葉の端切れをキチンと発声するための濁音の単語が並べてある。左上は子どもが喜ぶ早口言葉十遍。左下は斎田喬作「四辻のピッポ」の歌詞と「かきつばた」の歌詞。岩田は数多くの美しい歌を口ずさみ、演劇部員に教えるのを喜びとしていた。（著者手書き資料⑨）

いと不用意な舞台端のキリダシが演技を隠したり、舞台裏が見切れてそこでウロチョロする子どもの姿が演技を殺すことになる。いずれも観客を興醒めにさせて劇をぶち壊すことになり、指導教員の責任となる。

・舞台転換での安全対策

舞台には危険なものが沢山あり安全対策を重視する。

①舞台作業ではどんなときでも舞台上を走らない。
（上演中に登場人物が走るのはかまわない）

②舞台作業で作業担当以外の子どもは舞台に入れない。

③照明器具やバトンの昇降では綱元と舞台作業の教員スタッフが声を掛け合いながら進める。

④綱元は子どもに任せない。責任者が綱の締め付けを確実に行う。

⑤大掛かりな舞台装置は事前に組立練習をしておく。このときもキチンと声を掛け合う。

舞台名称あれこれ

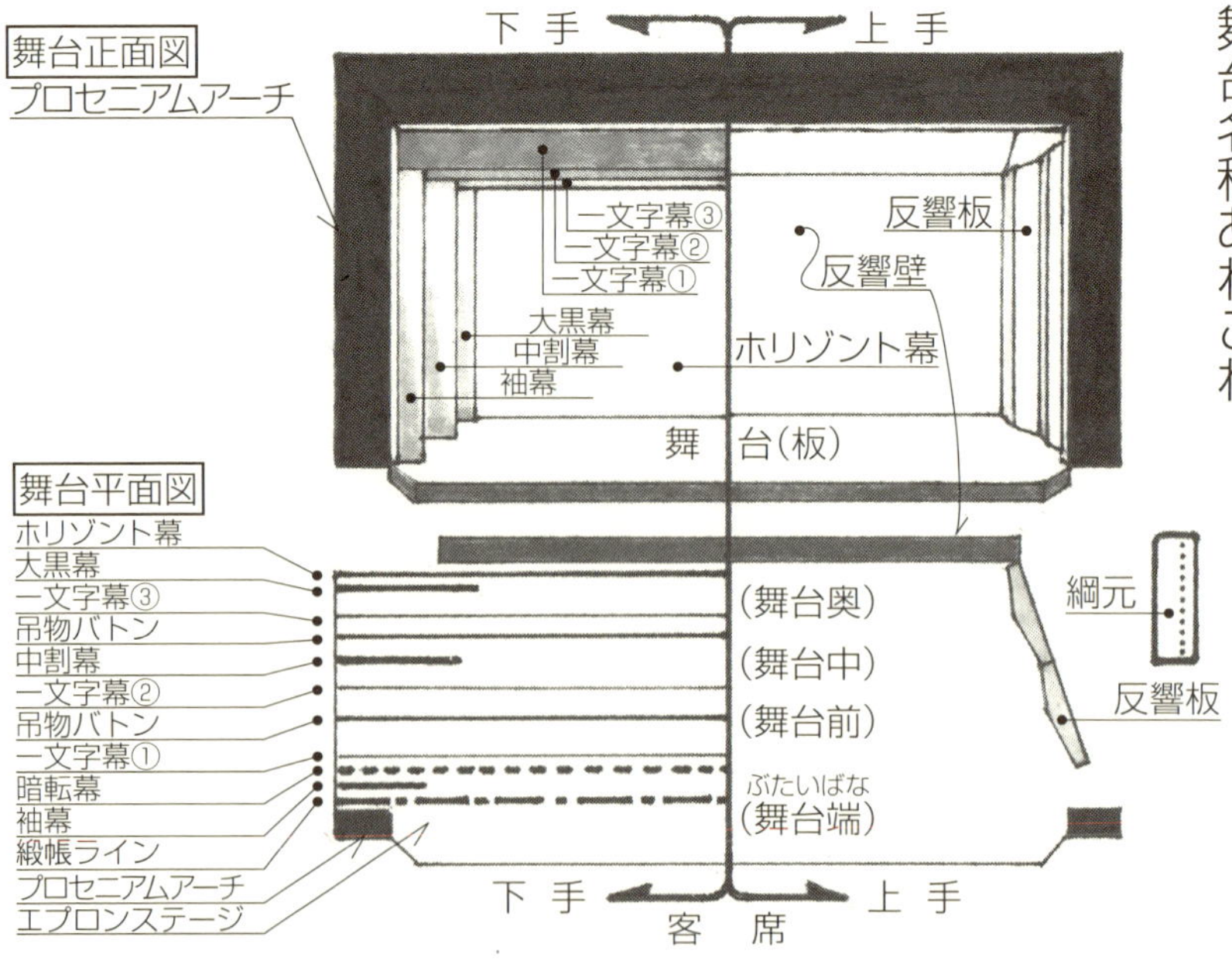

岩田健のまなざし —エッセイ選—

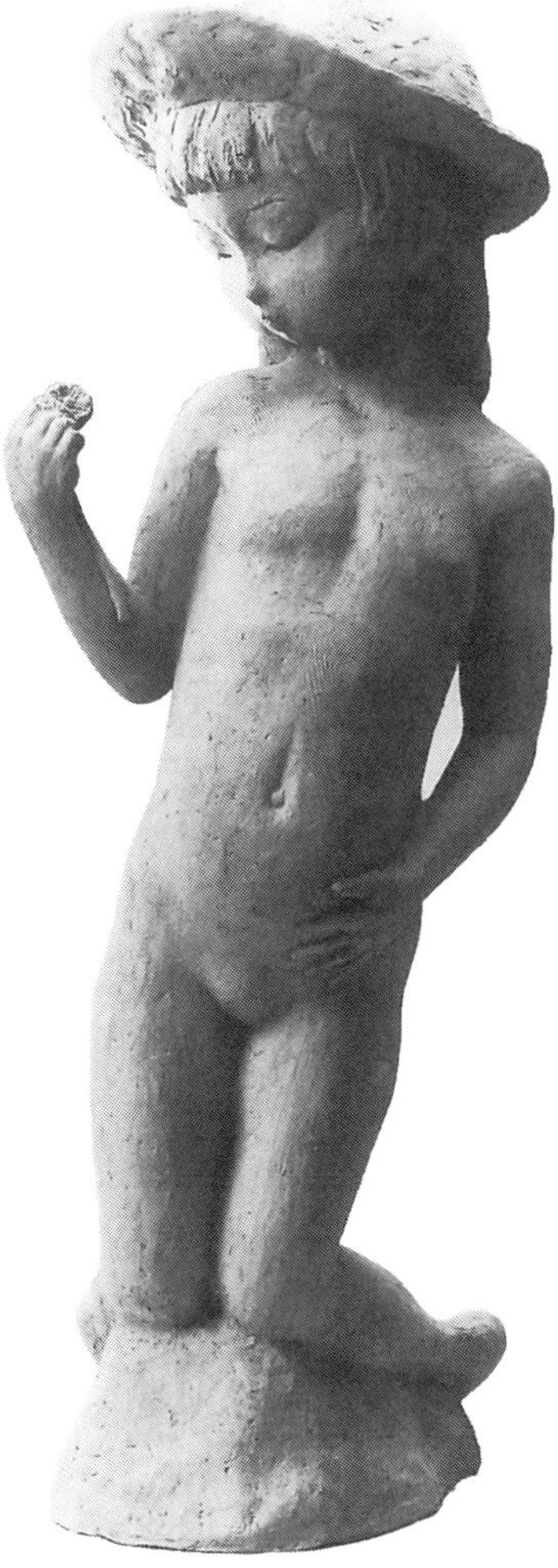

タンポポ

“創造科”という学科の夢

子供の手の働き

幼児の手の働きは知能に比例します。大企業の工場のベルトの前に立たされた工員さんの手の動きと混同して貰っては困るのです。幼児は一所懸命頭脳を働かせ、それによって自分の意思通りに手を動かそうとします。頭脳の発達が速い子ほど手の働きもいいのです。それを学校の先生すら、入学前の器用性を見ようと云うとフンという顔をして、創造性を見ると云えば大賛成とおっしゃいます。

五才児の創造性って何でしょう。うっかりすると、与えられた折紙で無茶苦茶なものを折り、「これ何?」と訊いた時、「オリガミカイジュウ」と答えると創造性満点で、きちんとお母さんに教わった鶴を正しく折り上げるのは、むしろ創造力不足の子だと云う間違った観念が、我々教師の間にすら醸成されつつある様な気がします。

戦前、日本の図画手工教育には大きく二通りの流れがありました。一つは明治政府の文部省が打ち出した「形の模写、図面の読み方」を主流とした産業教育、一つは大正期に帰朝した山本鼎氏の提唱された「自由画運動」の流れ。前者がそのまま用いられ、即戦力に発展していった事は、四十才以上の方ならよく御存知と思います。凡そ創造性と縁遠い教育で、形が忠実に写せたり、図面を読んで正確

幼児が一所懸命手を動かす時…

な立体を組み立てられる能力は、結構ではありますが、個人の精神生活を別に豊かにはしてくれません。
先程の幼児の手の働きと、今お話した大人の手の器用さは決して同じものではないことを御理解頂けるでしょうか。幼児が不器用に手を動かして紙を思う様に切ろうとしている姿には無限の可能性が秘められているのですが、チャップリンの「モダンタイムス」の職工さんの手の動きは、むしろ悲哀以外の何物でもないのです。

子どもの絵は褒《ほ》めていればいいのか

戦後、前記の反動で自由画運動が復活します。〝創造美育〟の運動です。

——教師の指導は却って自然の児童の魂の流露を阻害する。子どもの作品は間違いがあるが故に美しい。子どもの絵は褒めておけばいいのだ。——

この思想は私の様な不精な教師にうってつけのカクレミノになります。「好きな絵をかけ」と云って、興にのって描き散らす児童の作品を、懐手して褒めていると教師が勤まるのです。可哀想に子どもは褒められるものだから、かきなぐりを繰り返し、自分の左手すら満足に写生出来ぬまま小学校を卒業してしまい。中学で悟性が発達すると、手が伴わぬまま、ふっつり、絵を描かなくなってしまうのです。

こんな行き方に反動が現われます。〝新しい絵の会〟の行き方です。この先生方は主に社会主義国の図工教育を範として、絵の指導にも数学等と同じく、各学年に応じたステップがある筈だ。その段階をふんで教育して行けば、○○先生だからこの指導が出来たのだという腹芸的な教え方でなく、どの先生が教えても、どの子も、卒業までに或る程度の描写力を持てる様になると説きます。

前者創造美育の行き方を私は皮肉に書きましたが、優れた先生がこの方法を取った場合、児童の個性は見事に引き出されます。戦後、その例は多いのです。

現代日本の生徒達は、この二潮流のどちらかの先生にめぐり逢うかによって、評価にAを貰ったり、Cを貰ったりするのです。不幸と謂えば言えるでしょう。

子供の絵は褒めてりゃいい

戦後のもう一つのうごき

ところが私達図工教師から離れた場所で、別な動きが起こっていました。敗戦の理由を理科教育の不備に帰し、工業立国を目指した教育立て直しの動きです。昭和三十年代になりますと理振法（理科振興法案）に続く産振法（産業教育振興）が騒がれ、職業科を技術科と看板を書き換え、中学生に旋盤のかけ方を習わせ、工業高校を盛んに新設することになります。日教組は義務教育の中に低賃金職工養成策を持ち込んだものとして反対します。どちらが正しいのか知りませんが、皮肉な事にこのころ（昭和三十年代半ば過ぎ）から、高校進学志望が激増し、中卒は金の卵と騒がれ、折角、義務教育段階でボール盤や旋盤を仕込まれた子達が、普通高校へ進学して行ってしまいます。

十年前、内申書が5と4ばかりでなければ入学できなかった都立工業高校、商業高校への志願者は激減し、今年あたりは2が幾つかあっても這入れる様になったと、公立中の先生が語ってくれました。皮肉なものです。勿論、今の話の中学や商工卒の人達は、工業日本の指揮官でなく、下士官兵として作られようとした事、お判りの事と思います。そして、モダンタイムス側の人々である事も。

（「幼稚舎新聞」昭和四十八年五月三十日）

現代日本に欲しい人

「罪と罰」の主人公ラスコリニーコフは、こんな事を云っています。「自然の法則によって、人間は大体二組に分けられる。ただ自分達の同類を生む役目をする人達、つまり材料の組と、仲間の間で『新しい言葉』を発する人間とだ」。今更ここでこの小説の解剖をする気はありませんが、傾向が飽く迄従順な産業人間を欲しているとすれば、我々は逆に「言葉を発する人」を育成しようとすべきでしょう。別の言葉に言い直せば「創造性のある人」です。もし日本が前者ばかりで一杯になった時、第二のヒトラーが現われたら、また「一億一心」の繰り返しになり兼ねません。「自分の言葉」を持った人をなるべく多く社会に送り出すことです。公害に対しても自分の発言が出来る人をです。

これは私塾であり、明治以降の藩閥政府の間に独自の発言力を持ち続けた慶應義塾の義務でもありましょう。近代日本で本当に創造性のある人々の多くが明治維新で死んだり、以後の政府に弾圧されたりしなければ、（福澤先生の様な例外もありましたが）現代日本のあり方はもっと別なものになっていた筈です。

「創造性のある人」とは

遂に問題の「創造性」に来ました。都合のいい言葉で、今では猫も杓子も文部大臣も「創造性」と云います。しかしお判りの様に、図面を読んで正確な立体が作れるからと云って、「創造性」とはなりません。それをする職工さんは自己解放どころか、時には全く自己抑制を強いられているからです。国家が危険な方向へ進んでも「自分の言葉」が発せられる人というのは、逆に自己の抑制から解放されていなければなりません。どんな時代にあっても自己解放に成功できる人、それこそ未来の日本に欲しい人です。

問題は、自分で意図すればいきなり自己解放が出来るかという事です。出来れば教育なんて必要なくなるでしょう。寧ろ幼児、小学生時代から伸び伸びと自己解放する教育を受けた人でないと、逞しい創造力は育たないと云いたいのです。と、云うのは、人間は自由を求める本能と同じ程度に、石垣の一部に組み込まれて安心立命したがる性質を持っているからです。

私はここでゲルマン民族と大和民族では、どちらがより自由を希求する性向があるかの歴史談義を始めたいとは思いませんが、余りに風土と四季の美しい日本にあって、又、単一民族、単一国家の有難さに慣れて、日本知識人の自己解放は社会改造の方に向わず、伯夷《はくい》叔斉《しゅくせい》（註：出典「史記」清らかな人格の人のたとえ）を範とした遁世《とんせい》（註：俗事とのかかわりを絶つこと）の方に向ってしまったのではないでしょうか。

ともあれ、常に問題意識を持っている人、自己改造を望んでいる人、現実を直視できる人こそが創造性のある人で、プラモデルを何十組立てても創造性とは縁のないものだと御理解戴けたでしょうか。

20年代図工教育の片隅でささやかれていた言葉が

英国と日本の知識人

最近面白い話を聞きました。イギリスの商社マンと日本の商社マンの働きぶりを較べて、ある英国の知識人が「教養の差だ」と云った由です。英国ではオックスフォード、ケンブリッジを卒業する少数エリートの他は、ほとんど大学教育を受けていません。ところが我が日本の大学普及は御承知の通りです。この英国紳士は日本人の「モーレツ」ぶりを悪く解釈せず、この様に見てくれたのです。

この考えをもう一歩進めてみますと、日本には「創造性」を持った青年が多く、英国にはそれが少ないと云えそうです。何故？　戦後三十年、日本の教育には前回私がチクチク悪口を云った傾向があったにせよ、概ね自己を解放する方向に向いていたと云えるのではないでしょうか。ところがイギリスには大戦が終っても、同じ教育改革はなかったのです。つまり戦前の日本の中学、実業学校の教育形態が、今日まで持ち越されたと見て、そう違ってもいないようです。

一方、日本の教育は敗戦を境にガラリと変わりました。この時の先生方は、大正リベラリズムの空気を若い時代に吸っていたという事もあって、この教育の民主化、なによりも個性を大事に育てる教育は、幾分かの反動はあっても、日本へしっかりと根を下ろしました。以来二十五年間、日本の若い人は、自己の解放と個性の尊重という土壌の上に、逞しい繁茂を見せつつあります。これが戦勝したにも拘らず、何時の間にか大英帝国の版図《はんと》（註：領土）も矜持《きょうじ》（註：誇り）も失って行った英国の若い人達との差といえそうです。つまり英国紳士のお考えになった高等教育の差ではなく、自己解放の差、つまり初等教育の差と云えそうです。

（「幼稚舎新聞」昭和四十八年六月六日）

教養の差というより創造性の問題

日本の戦後教育は世界的に優秀

こう考えてきますと、何かと悪口を云ってみるものの、日本の戦後の義務教育は、創造性を育てる立派な教育だったと云えるのです。国家への奉仕の優先という事すらありません。各教科が個性の尊重を肝に銘じてやっています。もし、ＡＡ諸国あたりで、日本の教育を範としたとしても、教師の差、文盲の差、国民感情の差で、同じ効果があがるとは思えません。

ところがいい事は渦中にあっては見難いものと見えて、先生方の間にこの形態を毛嫌いなさる方があるのは、遺憾な事です。例えば小学校教育でありながら、体育、音楽、図工などは選択制にしてしまえなどという声も聞こえるのです。世界の各国でこれ等の学課を必修にしたくても、色々の制約で出来ないでいるのに、そちらの方が文明国だとでもお思いなのでしょうか。

体音図などという学科は決してその専門家を養成する為に作られたのではなく、児童の全人格的成長に欠かせない学科なのです。個性の伸長、自己の解放に大きな役割を果たしているのです。戦前の図画手工、又はイギリスの小学校に見受けられる手工（ハンドクラフト）なら、家庭でやればいいかも知れませんが、現在の図工は全く目的の異なる大切な学科—しかも、現状では家庭学習では補えない学科である事を、忘れて頂いては困るのです。

将来お子さんはどんな職業に？

或るアメリカの評論家が、世界の進歩からあと二十年経ったら、半数近い人達が今全く知られていない職業についているだろうと予言しています。そう云えば原子力関係、ＴＶ関係、宇宙開発関係、宣伝広告関係など、私の子どもの時には無かった職業が、何と沢山あることでしょう。

東大の工学部を出た教え子が遊びに来て、経済をやればよかったと云っていました。彼は国鉄に入り、エリートコースを歩み、今、新幹線の企画に従事しています。「都市と都市を鉄道で結んだ時、その利用度は引力の法則と同じで、距離の二乗に反比例し、質量（人口）に比例します」と面白い事を教えてくれ、そんな仕事は経済出のほうが工業出よりいいのだそうです。仕事の方が、新しい型の人間を求めているのです。

二十年後、この子はどんな職業に向くだろうと考えて訓練するより、新しく出来てくる仕事に適応して行ける弾力性ある頭脳の持主を作るべきなのです。そういう人間こそ「創造性に富む」人なのです。戦時中、食料増産の声に躍らされて農業に進んだ人が、敗戦後になって工業への転換を強いられて来た実例を我々はいやというほど見て来ました。無限の可能性を引き出そうとする教育も、型にはめ込もうとする教育も、共に「教育」という文字が使われているのは恐ろしい事です。

児童の絵が教えるもの

一年生に、テーブルを囲む人達の絵を描かせますと、余程指導された子でない限り、テーブルを真上から見、脚を四方に拡げて描き、こちら側の人を展開図の様に倒れているみたいな書き方をするのは、どなたも御存知の事と思います。自我がまだ確立していない彼にとって「ここ」の観念が乏しく、従って視点が「ここ」に留まっていないでそこかしこに移動してしまうのです。図の人物の顔の輪郭は前向きなのに、鼻は横向き、胴は前向きなのに、足は横向きと云う絵は、視点の移動を物語っています。何故そうなるかと云えば「印象し易く、表現し易い」方位を無意識に選んで描くんですね。

二年生になってもこの傾向は見られ、随所に表現の混乱が見られます。家や車の絵でも、内部にいる人が重要な時は、レントゲン写真の様に内部が透けて見える様に描きます。まあ、容体を客観的にとらえられる様になるのは、三年生以降（勿論例外はいくらでもありますが）でしょう。物差しの読み方を教えようとしても、基点となるべき0（ゼロ）点が主観と共にピョイピョイ移動してしまう幼児にあっては、何センチが計れる筈がないのです。

（「幼稚舎新聞」昭和四十八年六月十三日）

幼児の絵とエジプトの絵
視点が移動している

だから算・理・社は一年生には不必要

こんな事を云うと、さぞ専門の先生がお気を悪くなさるでしょうが、理科・算数などという学科は物象を客体としてとらえる学科です。観察をしようにも「ここ」に自分がいない一年生に、客観視できるはずがないのです。同様に社会科も、社会を自分とのかかわりにおいてとらえて行く学科です。自我のない児童にそれを強いるというのは無理と云うものです。そこで担任の先生は「理科的」「社会的」お遊びの中に、その時間を飛翔されるより仕方がないのです。

だから、一年生の算数、一、二年生の理科、社会は図工の時間にしてしまえ……と云うと、余りに表現が強くなるので、これ等の時間をひっくるめて、仮称「創造科」というものを作ったらどうだろうというのが私の提案なのです。創造科と云う言葉が流行語であるのがシャクなので、適当な言葉があったら、別の名で一向に構いません。

ではこれを誰が教えるかなのですが、文部省に創造科の免許がない以上、誰が教えてもいい様なものですが、今の私の構想では、管理を工作科の教師がやり、クラスを二分して、仮に平面室に担任が居る時は立体室に図工科教師が居る様にし、その更に一部は外の砂場で助手の指導のもとにお遊びをするようにします。教師の定員や持時間を考えてないとお叱りの向きもありましょうが、現に幼稚舎の英語はこの春から複式授業の形態をとっています。前回、私は日本の現指導要領を褒めました。外国にももっと優れたカリキュラムを、その土地に応じて持つ学校もありましょう。しかし全国一律にしてこれだけ優れたものを持つのは日本だけでしょう。逆に創造科の構想は、幼稚舎だからこそ考えられるカリキュラムだと思うのです。

理想の創造科の教室

図をご覧下さい。平面室に近い材料室には、画用紙、わら半紙、模造紙、折紙、色画用紙、方眼紙、工作用紙、新聞紙、包み紙など常備しておきます。他に接着剤、接着テープ、はさみ、クレヨン、えのぐ、塗料、フィンガーペイント、筆、刷毛、定規、物差し類、その他に積木、ブロック、プレイタイル類も置いておきたいですね。そして床下暖房の裸足で上れる床でありたいのです。水道のカランと掲示の場所は豊富に欲しいものです。陣取り遊び、劇遊びもここならできます。

立体室の方は四人から六人の共同机、粘土で作業したりする時に、デコラの机カバーを被せます。釘打ち工作やガラクタ工作、版画、廻ったり浮かんだりする玩具などここで作ります。材料室のこちら側には、段ボールの箱やら白ボールの小箱、乳酸飲料の瓶、牛乳ビンのフタ、包装紙、木片、木材、ボール紙、版画材料など。それに見合う接着剤、カッター、ホッチキス、接着テープ、釘、針金等を揃えておきます。勿論、物差し、鋸、金槌、刷毛なども。

なお、テラスがコンクリート、タイル貼りで、五マス目毎に色タイルにし、砂場との境目のタイルに更に小さい目盛りをつけます。砂場にはコンクリートブロック、煉瓦などを積木代りにおき、移植ゴテや小型ジョウロ、フルイなど置きたいですね。砂場の外回りは幅50cmほどの大変細長い池になり、一方に流れるようにし、木片の舟や、瓶に釘のオモリを入れた潜水艇が浮かび、水車が廻る様にします。

平面室の二階に高学年図画室が来たり、立体室の手前は機械室を隔てて高学年工作室が続いていれば理想的です。

この設備で、これだけの時間を使って何をやるか。それは私が申し上げないでも、先生方は次々に思いついておやりになる事でしょう。目標を「一、手の働きの習熟。二、個性の伸長と自己表現。」にしておけば、楽しくそれに副え得ましょう。

低学年の、自分の描く絵の中で「ボクはここにいるんだ！」と叫び続ける年代に、充分この時間を与えてやらないで、高学年になってから自己開放をさせてやろう思ったら、何倍もの時間と労力をかけることになります。

（「幼稚舎新聞」昭和四十八年六月二十日）

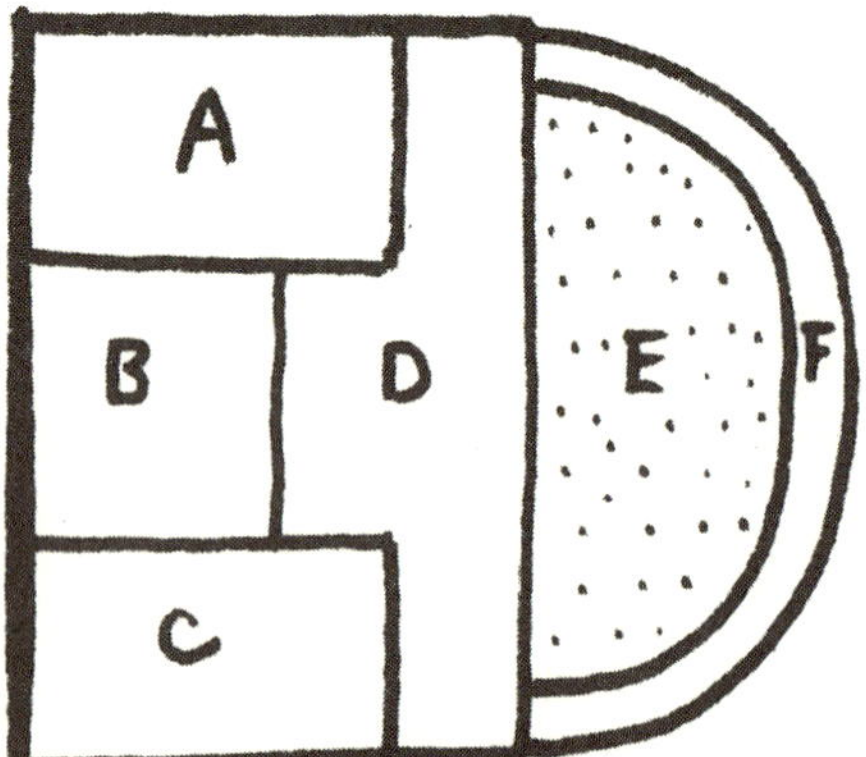

A．平面室　　B．材料室、作品保管室
C．立体室　　D．テラス　E．砂　場
F．池　G．高学年工作室付属の機械室

幼児のうちにこうして下さい

もしあなたのお子さんが六歳になった時、目の前に粘土をドカッと一貫目（註：約４kg）ばかり与えたとします。その山から小さく粘土をむしって掌で丸めてオダンゴを作りだしたら要注意。ワーッと喚声を挙げて叩いたり踏んづけたり、粘土と格闘し始めたら、充分に開放されたお子さんと思っていいのです。ドロンコ遊びが如何に幼児の精神衛生上大切か、如何に現代のマンション生活が幼児からその幸福を取り上げているか、別の機会に申し上げたいのですが、公立の小学生達に較べて遥かに恵まれている筈の幼稚舎入学生が、却って痛めつけられていて、服を汚すのを怖れるのです。粘土をちょっといじるとすぐ手を洗いに行くのです。

「創造科」はそう云う子供の為にこそ欲しいのです。もしあなたのお子さんが、雨が降ってもドロンコ遊びをやめず、服をドロドロにして帰ることがしばしばでしたら、この学科はなくていいかも知れません。

ドロンコ遊びの出来ないお子さんの為に、どうぞ粘土を用意してあげて下さい。なるべく二才半頃から。ヘラは不要ですから、玩具のジョウロと叩く棒を添えて。粘土は一貫目ほど。これは水をかけてやわらかくなる本当の粘土でなければいけません。油粘土、ゴム粘土、ビニール粘土、プラ粘土などでは代用になりません。作り方の指導は不要です。はじめは手足をドロドロに、ぬたくっていればいいのです。このぬたくりを充分にさせれば、指しゃぶりや乳いじり、性器いじりの悪癖は止むと

オダンゴを丸め出したら要注意

云っている教育者もいます。

粘土の家庭遊びを重視して、毎年夏休み前、一、二年生に粘土とお母様向けの作らせ方のプリントを差し上げていたのですが、プリントをお読みにならず、宿題又は作品展へ出すものと勘違いして、如何にも大人の手が入った作品を持ってくる児童が多くなったので、憤然としてやめてしまいました。普通の粘土がなかなか入手し難いので、ご要望があれば再開したいと思っています。

粘土で充分手を汚しましたら、他はお絵かき、折紙、切り紙、積木、それから空箱やテープで家や船を作るガラクタ工作を好きなだけやらせて下さい。大人しく遊んでいるとお母さんが考える時、幼児は「遊んでいる」以上に素晴らしい手と頭の働きを習得している事をお忘れなく。妙な塾で偏ったドリルをするより遥かに創造的な遊びを、彼等はやっているのですよ。

手足をどろどろにぬたくっていれば…

前回、私が夢の創造科教室の材料室に揃えておきたいものを列挙しましたが、ご家庭の箱かタンスの一つに、これらのガラクタ材料と接着剤、鉄などの工具類が入っている工作箱を一つご用意ください。彼が創作意欲に駆られたら、何時でも間に合うといったようなものを。「釘打ちなんてとんでもない。金槌で指をつぶしてしまう」と御心配のお母様へ。一度つぶしたら二度と痛い目に合わないで、うまく打つようになりますよ。逆に、電池を入れれば動き出すと云った既成の玩具、プラモデル、ミニチュアの怪獣や車。これらは

積木や空き箱工作と併用する以外にいいところはありません。

粘土については、又、項を改めて書かせて頂きたいと思っています。そんな事知らなかった。いま知ったってウチの子はもう七才になる。遅かったとお思いになる御両親様へ。そう云うお子さんの為に「創造科」が必要なんですよ。

（「幼稚舎新聞」昭和四十八年六月二十七日）

切れた鞄

エジプトの絵と子どもの絵

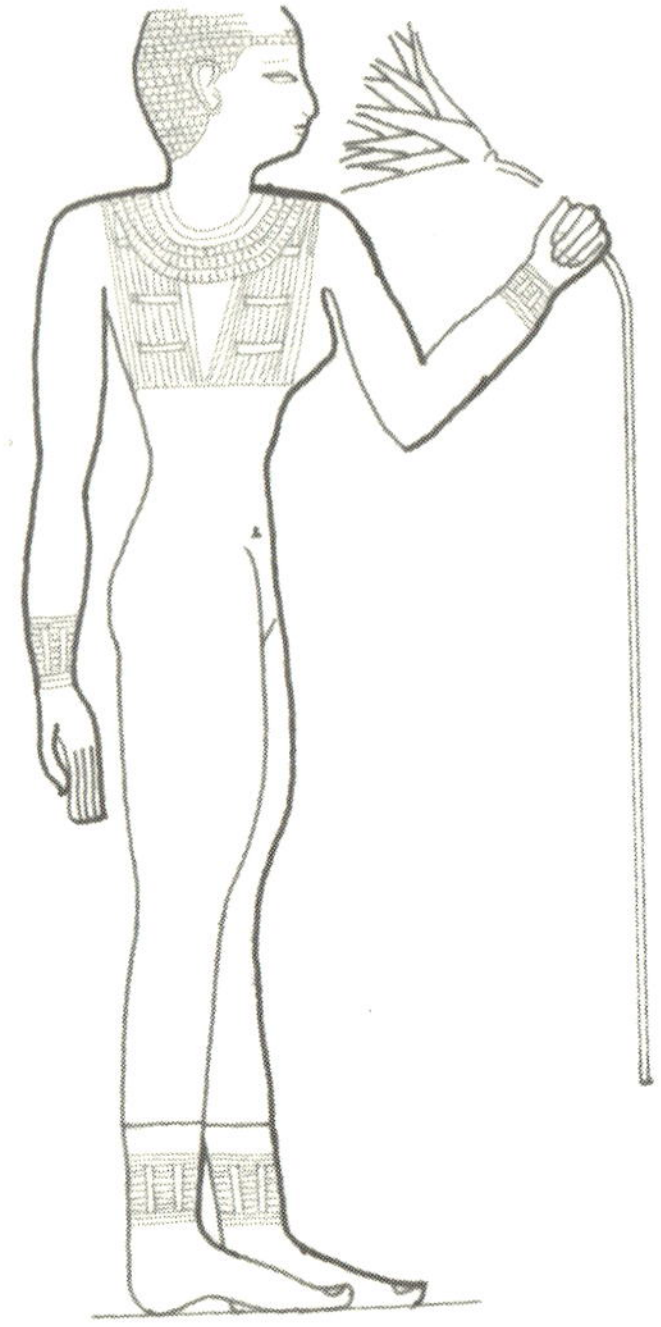

第一図

この絵を見て下さい。今から四千五百年前のエジプトの絵です。絵といっても、石灰岩に彫られた浮彫りですけれども、四千五百年前と言ってもあなた方ピンと来ないでしょうね。聖徳太子が千三百年前、卑弥呼女王でも千七百年前と言ったら、へえ、古いんだなあ、といくらか判るでしょう。日本なら弥生式時代をとび越えて、縄文式の、竪穴に住んでドングリを喰べていた時代です。でもエジプトではもうこんな美しい絵が彫られ、あのクフ王のピラミッド（霞が関ビルより高いんですよ！）も建てられていました。少女がナイル川のハスの花を手折って、匂いを嗅いでいます。美しいからだの線がながれるようです。

では第二図を見て下さい。こんどは三千二百年ばかり前の、やはり浮彫りで、きれいな色もついています。これはツタンカーメンの次に王位についたセチ一世という王様が、ハトホルの女神から首飾りをもらっている図です。右側のかつらにコブラの飾り（上エジプトのしるし）をつけているのが王様、左の太陽の冠をかむっているのが女神です。これも見事な絵ですね。でも今、あなた方に見てもらいたいのは、絵の美しさではないのです。この第一図と第二図は、古代エジプトの絵の特徴をよく表している絵なので、よく見て、そして現代の私たちの絵と較べて、何か変な所がないか考えてみてほしいのです。

ついでに次ページの写真の絵を見て下さい。これはラモーセという人のお墓の中に描かれたもので、お葬式の行列を迎えて、泣き女たちが泣いている有名な絵です。一人一人の泣き女の動作を見て行くと、面白くてなかなか見飽きないのですが、それは後でゆっくり見る事にして、今はこの絵のかき方も、第一図、第二図と同じような描き方をしているなと思ってくれればいいのです。

第二図

さあ、変な所が判りましたか？　五、六年生の人なら気がついたでしょう。なになに？　全部横向きに描いてある？……。そうですね。エジプトの絵の中で、前向きの人の姿を捜すのは、蛇の中で白蛇を見つけるほど難しいのです。

ほかに気付いた事は？　肩が変？……。うん、どう変なのでしょうね、よく考えて下さい。手が変？　たしかに変ですね。どう変か考えて下さい。目も変。……これはね、今の女の人のアイシャドウ……というより、日本のお芝居のくまどりみたいに、目にお化粧しているから、すてきな目になるんですよ。いや、そうじゃなくて……顔が横向きなのに目だけこっちを向いてる……。おや、いい所に気がつきましたね、大変いい考えですよ、それは。その考えでもう一度第一図、第二図を見直して下さい。上の方から見て行きましょう。顔は？……横向き。目は？……前向き。じゃ、もう私は答を言いませんよ。肩は？……腰は？……足は？……。

判りましたね。違った方向から見た顔や肩を、バラバラに組み合わせてあるんですね、エジプトの絵は。さすが幼稚舎生、よく気がつきました、なんて褒めませんよ。そんな事気がつくの、上級生なら当たり前ですから。さあ、考えて下さい。なぜエジプト人はこんな描き方をしたんでしょう。それが今日の問題です。これは中学生にちょうどいい問題ですが、でも幼稚舎の諸君なら、頑張って判ってみて下さい。

実は図書室のお話しの会で、ここまで話した時、四年生のH君が、ちゃんと正解を出したんです。よしっと思う人は、ここで読むのをやめて、しば

紀元前千三百年頃　ラモーセ墓の壁画

らく、二つの図とにらめっこをして下さい。判りましたか？　そう、四年生のＨ君はこう言ったんです。

〝特徴が出るように描いたんだと思うな〟

その通りなんですよ。皆さん、自分で顔、目、肩、足の四つについて、前向きと横向きの絵をかいてみて下さい。するとどっち向きが特徴が出るように描き易いか、すぐ判るでしょう。ことに足の前向きなんて、鼻の前向きと同じく、難しくて仲々描けませんね。

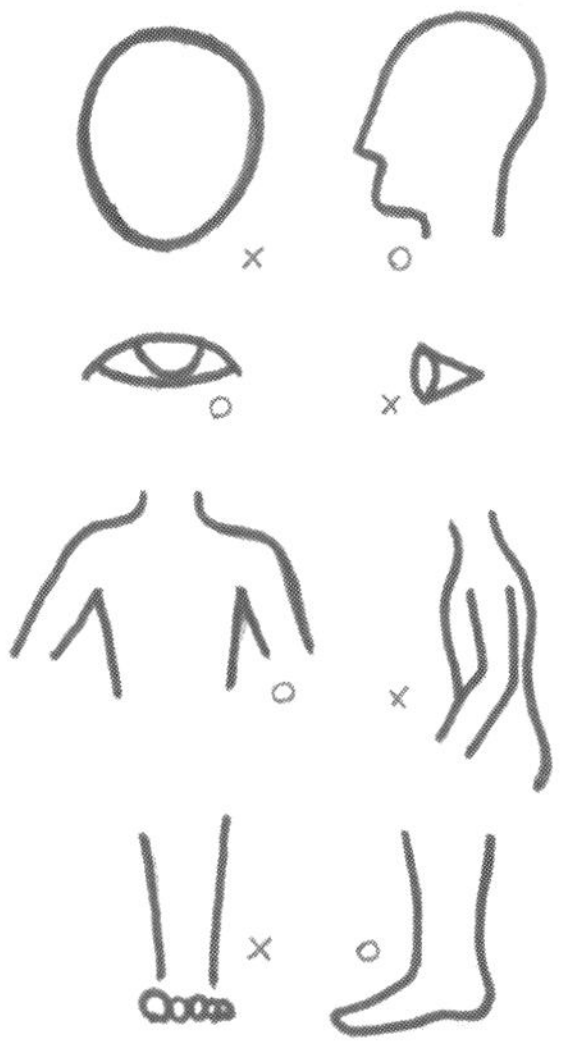

第三図

さあ、第三図を見て下さい。小さな○印がかいてある方が、特徴をとらえて描き易い方向ですよね。そしてエジプトの絵はこの○印の方向ばかり集めちゃったんです。一度人間をバラバラにして、描き易い方向からばかり組み立てた、これはサイボーグ絵ですね。

ここ迄来て、興味をもってくれた人なら、このサイボーグ絵は、エジプト人だけの専売じゃない事に気がつきませんか。そう、小さい子どもの絵がそうなんです。あなた方がまだ幼稚園へも行かない頃、道に石やチョークで絵をかいて遊んだ思い出はありませんか。おうちに小さな弟さんや妹さんがいる人は、鉛筆と紙を持たせて、人間をかかせて御覧なさい。たいていこんな絵をかくものです。（第四図）

第四図

そら、顔、目は前向きなのに鼻だけ横向きで、平仮名の〝し〟の字みたいにかくでしょう。もっと小さい子だと下の絵の様になります。……え？　一番下の絵は何だって？　鼻の前向きをかいて見たんですよ。ちっとも感じが出ませんね。〝し〟の字の方がずっと鼻らしいですね。それから手やからだは前向きをかいています。エジプトの絵と同じでしょう。

ただ、子どもの絵とエジプトの絵の違う所は、覚えにくい胴の部分を、子どもは小さくしてしまうのに対して、エジプト人はそんな事しない――きちんとつり合いを保って描いている事です。もう一度第四図を見て下さい。子どもは頭の三倍もある胴を、ずいぶんと小さく描きます。又、目は顔の上下のまん中にあって、ひたいや髪は、頭の半分を占める大きな部分なのに、子どもはずっと小さくしてしまいます。何万本とある髪の毛は、三本ぐらいで代用してしまいます。印象に余り残らないのでしょう。耳も実際は眉から鼻の下までの大きさがあるのですが、ずいぶん小さいですね。下の小さい子の絵にいたっては、胴も耳も無視されます。小さい子にとって、人間のどこが印象に強いか、まことによく判ります。

その点、エジプトの絵は、方向だけはバラバラでも、実に美しいからだの部分のつり合いを保っています。もっとも、美しいつり合いは一人の人間に限った場合で、王様とか一家の主人を大きくして、家来や奥さんをその半分もない位に描く事は、エジプトではザラにあります。ちょうど子どもの絵で〝ぼく〟やお父さんを大きく、ほかの人達を小さく描くのと、よく似ています。

もう一つ、子どもの絵と似ているエジプトの例をあげましょう。第五図は何だか判りますか？　答えをよむ前に考えてみて下さい。額縁だろうって？　違いますね。この絵の右には粘土を固めて煉瓦を作る人々が描かれているのです。更にその右には、煉瓦を積んで建物を作っている人々が……。

おや、もう判って手を挙げたそうな顔をしている人もいる様ですね。そうです。これは四角な池から水を汲む人を描いたものなんです。四角い池の周りには木が生えている所です。あなた方なら第六図の上の図の様にかく所を、エジプト人は真上から見た絵にしちゃうんですね。それでいて水を汲む人はちゃんと横向きに描いてあります。でも、四角なテーブルを囲んでお茶をのんでいる人達を描きなさいって言われて、第六図の下のように描いた人は、一年の時ずいぶんいましたよ。

そうそう。そのテーブルのお茶碗を、子どもはどう描くか考えてごらんなさい。あなた方なら第七図のBかCのように描く所を、子どもはAのようにかきます。なぜなら、子どもにとってお茶碗って物は、口が丸くて、ご飯が入るものなのです。ですからBのお茶碗ではご飯の入る所がないんです。ところがお茶碗の底は平らで、テーブルの上にちゃんと立つものです。Cのように描いたら、ごろごろして立っていませんよね。で、Aの子どもの絵は、口は上から見て丸く描き、底は横から見て平らな所を描くわけです。あなた方が見てただ笑ってはいけません。確かに合成した絵だけれど、この方がお茶碗

第六図

第五図

の本当の姿が描いてあると思いませんか。お茶碗は丸くてご飯が入り、底は平らできちんと立つものなのです。子どもの絵は、ピカソの絵みたいに、物の真理をとらえて描いているわけです。ピカソも物をバラバラにし、又、組み立て直して描きました。

第七図

左の絵を見て下さい。ピカソがドーラと言う女の人を描いた絵です。ずいぶんサイボーグですね。下にあるモナ・リザの絵と較べてごらんなさい。笑っちゃいますね、全く。でも、今までの話を頑張って読んで来てくれた人は、こんな事考えてもいいんじゃないかな。

あなた方が電車に乗りました。横の方に吊皮をもって立っている黒い服の女の人が、何処かで見た様だけ

20世紀の絵　「ドラ・マールの肖像」
パヴロ・ピカソ　1937

16世紀の絵
「モナ・リザ」
レオナルド・ダ・ヴィンチ

ど、思い出せません。どうも気になっているうちに、斜め前の席が空いて、その女の人は坐りました。髪の長いその女の人は、前に手を組んで、少し斜めにあなたの方を見て、ニコッと笑いました。そのとたん、あなたは思い出したのです。

〝あっ、あれはモナ・リザだ！〟

その筈です。あなたはモナ・リザの絵を何十ぺん見たか知れないけど、まだ一度も彼女の横顔を見てないんです。気にしていても判らなかったのは当然です。ところが、あなたは遥か遠くから担任の先生を見かけたとしても、すぐ先生だと気付きます。あなたの頭の中に、担任の先生の全体像がちゃんと刻み込まれているからです。反対に、モナ・リザの方は斜め前向きの、あの方向からしか覚えていないわけです。

さて、ピカソのドーラの絵をよく見てから、町の中で本物のドーラに会ったとします。きっとあなたは、横顔だけでも、前向きの時でも、

〝あっ、ピカソのモデルのドーラだ。〟

と判るに違いありません。ピカソはそう言う描き方をして、この一見おかしげな絵を作ったのです。でも、これは決して、ドーラの絵が、モナ・リザより優れていると言っているわけではありませんので、念の為。

子どもの絵とエジプトの絵から、お話が少し脱線しましたね。でもH君の言った人間の「特徴が出るように」描こうとしたエジプトの絵と、子どもの絵と、そしてピカソの絵と、何か一つ繋がっているものがあるという事が判って貰えたでしょうか。

さて、エジプトの絵に戻りましょう。もう一つあなた方がおかしいと思った所がありました。特に第二図です。そう手がオカしいですね。どっちの人の手が変でしょう？　女神様の手？……どっちの？……首飾り

を持った手?……。そうかしら?変なようですが、よく考えて下さい。もし首飾りをさし出して、てのひらが見えたとしたらおかしくないでしょう。では、反対のおろした手。いいえ、これも王様の手を握っているとしたら、親指がこっちへ来ているんだから、おかしい様でおかしくありません。

反対に王様の手。これはオカしくない様で、実は両方共変ですよ。親指が反対側についているでしょう。ああ、そうだ。判った判った。なんて喜ばないで、又、なぜエジプト人はこう描いてしまったのか考えてみましょう。その前に又、ラモーセの墓の泣き女の絵を見て下さい。

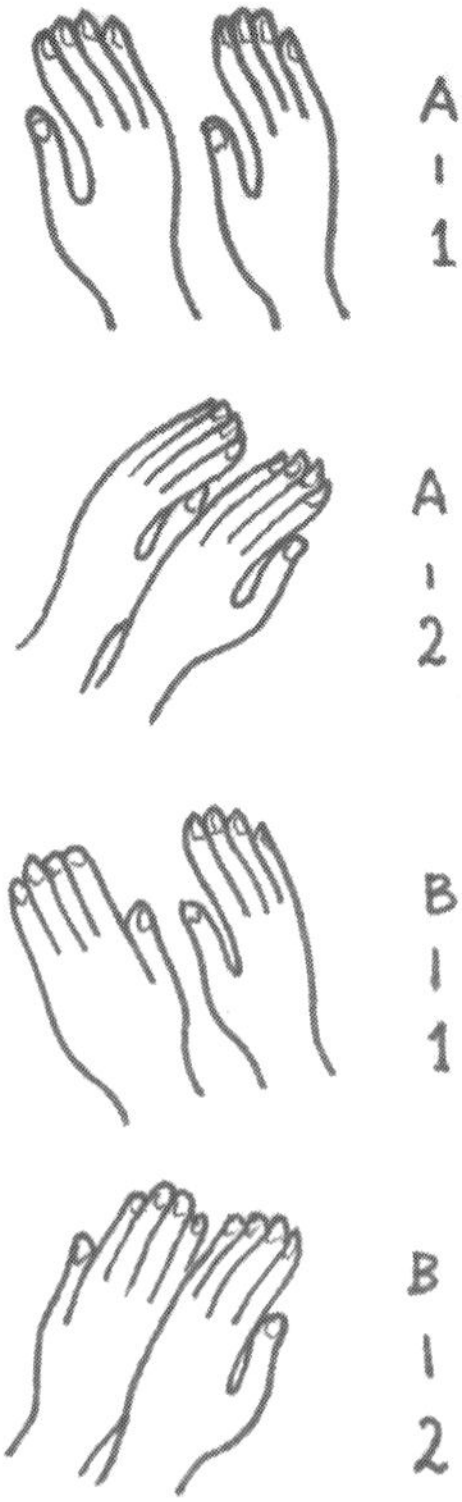

第八図

先ず二種類の動作があるのが判るでしょう。一方はお葬式の行列の方に両手をさし伸べて泣いている女。もう一方は自分の顔を覆って泣いている女。第八図で言えば、Ａの１は差し伸べている手、Ａの２は顔を覆っている手です。自分でやってごらんなさい。それぞれ、Ｂの１、Ｂの２の様になるのが本当です。(もし爪がこちらに見えるとしたら)ところがＡとＢとを見較べて気がつくでしょう。Ａの方が遥かに手の運動がよく出ています。Ａの１は確かに向うに差し伸べられ、Ａの２はまったく、顔を覆おうとしています。ところが本当である筈のＢを見てごらんなさい。１も２もストップと言っているみたいで、ちっとも手が運動していません。

もう判ったでしょう。エジプト人は運動の方向へ親指をつけちゃうんですね。親指がどっちに付いているかより、手がどっちに運動しているかの方が大事なんです。その目でもう一度、第二図を見て下さい。王様は今、首飾りを受け取ろうと、左手を出しているんです。親指を反対に付けてごらんなさい。〝下さい〟と言う手でなく〝いりません〟と言う手になってしまいますよね。

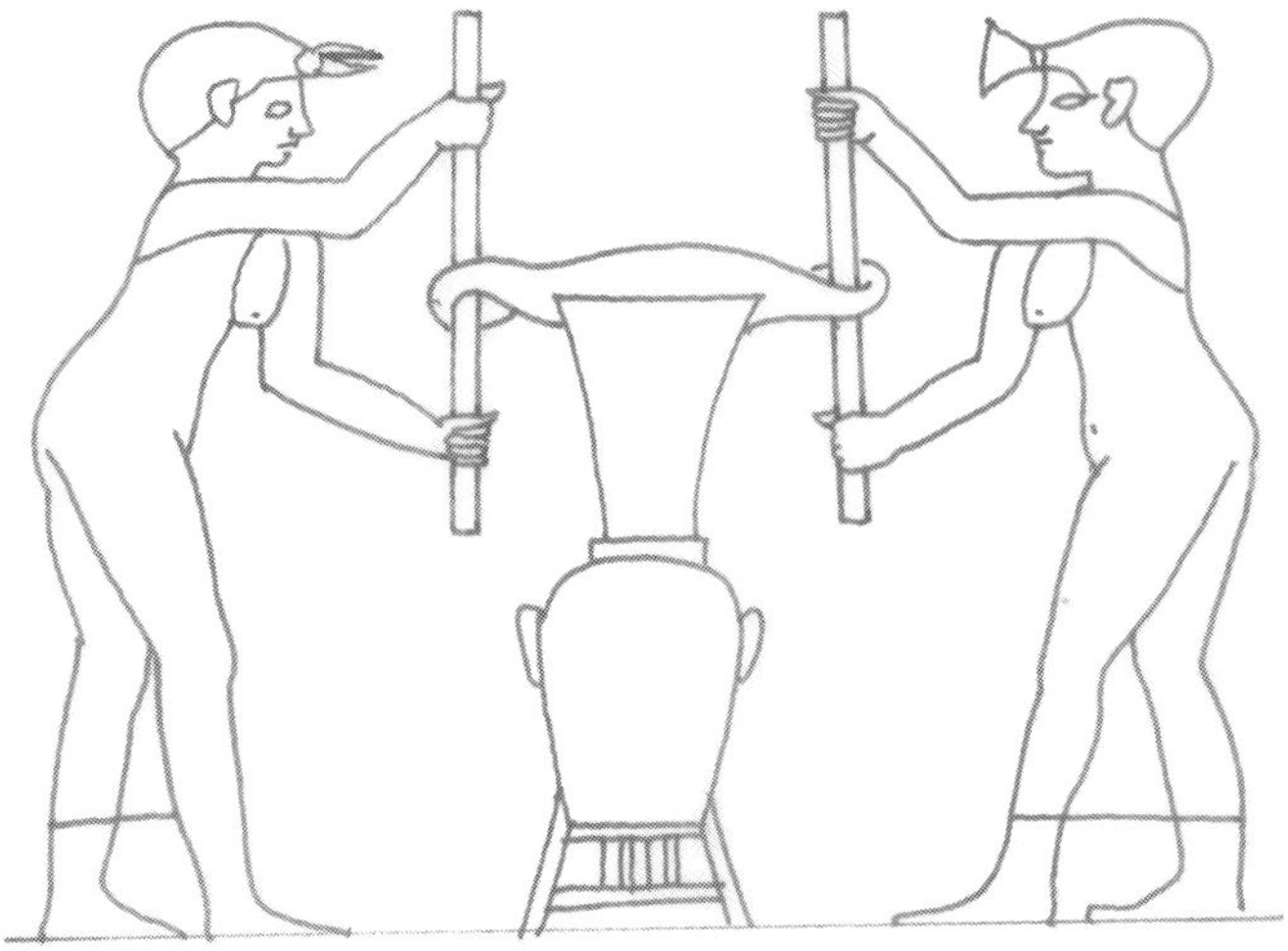

第九図

さあ、もう一つ、エジプトの絵を見て下さい（第九図）。これは、ユリの花を袋に入れて、絞って香水を作ろうとしている所です。袋を二人の女が棒で捻じっています。袋からユリの液が流れ出て、壺の中に入っています。

どっちかの女の手が両方共オカしいでしょう。そう、右の女の手ですね。何故でしょう。ここ迄がまんして読んでくれた人には、もう判りますよね。そう、手の向きよりも、ここでは〝絞る〟という動作の方が重要だったわけです。左の人はどっちへ棒を倒そうとしていますか？　向こう側ですね。だからもちろん、右の人はこっち側へ棒を倒さなければ、袋は絞れません。手の持ち方をふつうに描いてごらん。右の棒も向う側へ倒れてしまいます。棒をこっち側へ倒す為の、指の付き方なんです。

さあ、大切な「仔馬」のページを、だいぶ使わせて頂いて

第十図　浮世絵の人物は、皆このようにななめ右か左を向いています。なぜでしょう？

しまいました。そろそろおしまいにしましょう。まだ、肩と胸との問題、首飾りは前向きか横向きかの問題、第一図の少女の乳房、あなた方の言葉で言う〝ボイン〟は、一体右の乳房か左の乳房か、などの問題は色々ありますが、もしこのお話が面白くて、何か発見した人や、前向きのエジプト人の顔が見たい人など、どうぞ工作室へやって来て下さい。日本の浮世絵って知ってますか？　あの中に出て来る人物の顔が、全部斜め右か左を向いていて、前向きや横向きがほとんどないのは何かエジプトと共通点があるのでしょうか。

あなた方が夜、野原にいたら、目の前にミニＵＦＯが落下したとします。テニスボール位のね。びっくりしてたら、ポコンと蓋があいて、宇宙人からのメッセージが出て来ました。読んでみたら（まあ、日本語で書いてあるとして下さい。）

「私たちは、非常に地球人のことが知りたい。どうぞ地球人の写真を送って欲しい。一緒に入っている返信用のＵＦＯに入れて返送して下さい。（なるほど、ピンポン玉位の超ミニＵＦＯが入っていました）ただし、返信用ＵＦＯは、たいへん形が小さいので、35ミリ写真一枚しか入りません。それ以上入れると、私たちの星に着く前にエネルギーがなくなってしまいます。どうぞ、一枚だけ地球人の特徴が一番でている写真を、お願いします。」と書いてありました。

さあ、どんな写真を送りましょうか。前向きに立った写真が一番いい様にも思えます。けれどそれでは地球人の鼻は出っぱっているとか、足の爪先はずっと前につき出していて、ゾウの足と違うとか、関節はヒジやヒザで曲がるものだとか言う所が、宇宙人に判ってもらえそうもないですね。あれや、これや験《ため》してみたら、どうやらエジプトの絵のようなポーズを取った人の写真が一番人間の特徴を現しているんじゃないかと考えられて来ました。四年生のH君の返事を、もう一度思い出してみて下さい。

第十一図　ともに幼稚舎二年生の絵。どちらがエジプト風の描き方で、どちらが浮世絵風の描き方か、よく判って面白いですね。

（おしまい）

（幼稚舎「仔馬」第30巻2号　一九七八（昭和五十三年）七月）

出雲の昔話

出雲の国に特別の思い入れがあるのは、小学校の国定教科書や小学唱歌に、スサノオ、オオクニヌシがしばしば登場したからです。国譲りの話や因幡の白兎、その他。成長すると私は、古事記、日本書紀を読み漁るようになりました。

日本を作った夫妻の神のうち妻イザナミノミコトが亡くなって、黄泉《よみ》の国（死者の国：あの世）まで、夫イザナギノミコトが追って行きます。この世と黄泉の国の境の黄泉比良坂《よもつひらさか》が、出雲と伯耆《ほうき》の境となっています。してみると古事記が書かれた大和から見れば、鳥取はまだこの世で、島根はあの世なんですね。アマテラスの子孫の大和族は、出雲の国をあの世と思っていたのかもしれません。「蘇る《よみがえ》」という日本語は、どうやら「黄泉《よみ》帰る」ではないでしょうか。だから天照大神《アマテラスオオミカミ》は弟の乱暴者のスサノオノミコトを出雲に追放します。スサノオは肥《ひ》の川（現在の斐伊《ひい》川）の辺りでヤマタノオロチを退治し、生贄《いけにえ》にされたクシナダ姫と結婚します。

八雲立つ　出雲八重垣　妻籠《つまご》みに　八重垣つくる　その八重垣を

という美しい歌は、その時のスサノオが詠んだ歌とされています。

オオクニヌシの登場

さてそのスサノオが老境に入って、娘のスセリ姫と暮らしている所へ、若い神が道に迷って一晩泊めて下さいとやって来ます。スセリ姫は一目で好きになって、父に泊めてあげたいと言うのですが、勇猛なスサノオはこんな優男《やさおとこ》は気に入りません。男を蜂の室《むろ》や蛇の室に泊めさせたり、狩りに連れ出して矢を捜させ、その間に枯れ野に火を付けたりします。この難題をスセリ姫の助けで次々に乗り切ったその若い神は、やっとスセリ姫と結婚します（このあたり芥川龍之介の「老いたる素戔嗚尊《すさのおのみこと》」に面白く描かれています）。古事記ではアシハラノシコオ又はオオナムチと名乗っていたこの神が、この時スサノオからオオクニヌシの名を貰い、そして今の出雲大社の地にスセリ姫と住居を構えます。この出雲地方が古事記によれば葦原中国《あしわらなかつくに》だそうです。

オオクニヌシはこの国を良くしようと、小男で非常に賢いスクナビコナの手を借りて治めます。スクナビコナが常世《とこよ》の国（海の彼方にある異界：あの世）に旅立ってしまった後は、三輪山の※1オオモノヌシという神の手を借りて、国を立派にします。

※1少し変ですね。出雲のオオクニヌシが大和の三輪山の神様の手を借りるなんて。いま大和の山の辺の道の大神《おおみわ》神社へ行ってみると、ご祭神はオオモノヌシ、オオクニヌシ、スクナビコナとなっています。大和で出雲の神様がご祭神になっているのです。そればかりか、実在を信じられる第一代（神武天皇から数えて第十代）崇神《すじん》天皇は、三輪山の麓に都を置き、三輪の神様の力を借りてこの地方を統一したことになっています。オオモノヌシはオオクニヌシの別名になっているのですね。大変混乱していますね。

天照大神は出雲をも大和の勢力下に置こうとタケミカヅチの神を使者として、出雲を献上せよとオオクニヌシに迫ります。イナサの浜（出雲大社の西の浜）に十拳劔《とつかのつるぎ》を突き立て、その上に胡坐《あぐら》をかいたタケミカヅチはオオクニヌシに談判します。オオクニヌシが二人の息子の意見を聞いてからと言っている所へ、長男のコトシロヌシが帰って来て「仰せに従います」と云って青柴垣《あおふしがき》に引退してしまいます。次男のタケミナカタは逆にタケミカヅチに勝負を挑み、負けて信州の諏訪湖まで逃げてそこで降参します（※2諏訪大社の由来）。

※2ご存じでしょうが、こうして出雲を大和民族の配下に収めたタケミカヅチは、茨城の鹿島神宮に祀られているので、藤原氏は奈良に春日大社を建て、鹿島からタケミカヅチを勧請《かんじょう》して一族の守り神とします。一方、負けたタケミナカタは諏訪の大社に落ち着くことになり、七年に一度の御柱《おんばしら》祭りは山から大木を引き降ろす豪壮な行事で知られています。

諏訪から勝って帰ったタケミカヅチがオオクニヌシに二人の息子の顛末を話し、ここにオオクニヌシは国《くに》譲《ゆず》りをすることになります。その条件として、「天つ神に劣らぬ壮大な宮殿を建てて自分を祀ってくれれば隠居する」（※3出雲大社の由来）と云い、天照大神は許諾します。

※3こうでもしないと古事記を書いた大和族は、征服した出雲にあんな立派なお社が建っている事に納得できなかったのでしょう。前にも話しましたが、平安時代に当時の高層建築ベストスリーとして「雲太《うんた》、和二《わに》、京三《きょうさん》」という言葉が残されていて、出雲大社が一番で、大和の東大寺大仏殿が二番、京都の大極殿が三番という事になっています。何しろ今の出雲大社は八丈（約24ｍ）の高さですが、江戸時代以前には今の倍の十六丈（約48ｍ）の高さが、さらに、往古にはその倍の三十二丈（約96ｍ）もあったと云う伝説が残っています。（註：雲太の雲は出雲を指し、太は太郎を示す長男のこと）この後に天孫降臨（アマテラスの孫、ニニギノミコトが高天ヶ原からこの国に天降る）となりますが、もう少

し出雲の話を続けます。先程オオクニヌシの別名オオナムチ又はアシハラノシコオと云いましたが、その他にも、ヤチホコノカミ、ウツシクニタマノカミの別名があります。異名の多さは多面的性格を表しますが、色々な神々をオオクニヌシ一人に習合させたものでしょう。

例えばオオナムチは大変大勢の兄さん達がいて、何回も兄達に殺されては助かり、いつも兄達の荷物を持たされて、袋を背負って一番うしろから付いていきますので、仏教の大黒天と混同されています。また、因幡の白兎を助けたのもこの時でした。

ヤチホコノカミの時は、浮気が多く、美人を求めて北陸や大和まで行こうとして、奥さんのスセリ姫の嫉妬に合い、たいへん官能的な素晴らしい長歌を詠んで、彼女とやりとりしたり、奥さんを宥《なだ》めたりしていま す（今ここにご紹介できないのが残念です）。

氷川神社のこと

話は別になりますが、埼玉、東京に住んでいる人達は、氷川《ひかわ》神社と云っても珍しくありません。でも、地方に行って「ヒカワサマ」と云うと、どんな字を書くのかと聞かれます。つまり武蔵の国に数多い氷川神社は、武蔵国一宮の大宮氷川神社を武蔵の村々が勧請したからです。では大宮氷川神社はと云いますと、人皇《じんのう》第五代の孝昭天皇（九代目の開化天皇までは架空）の時、出雲より移し参らせ、御神体はスサノオ、クシナダ姫、オオクニヌシとなっています。きっとこの時代は大和族によって、征服された出雲族が大量に未開の武蔵野に入植させられ、心の拠り所として出雲の神様をお祀りしたのでしょう。隣の茨城には出雲を征服したタケミカヅチが、鹿島・香取神宮に威張っていることですしね。

スサノオが勇敢な武人だったため、源頼朝が鎌倉に来ると、武の神として氷川神社を崇拝しました。北条氏、後北条氏、そして徳川家康、明治天皇と、江戸に来たリーダー達は、必ず武蔵一の宮・大宮氷川神社に何回も礼を尽くしています。氷川の名はどうやら肥の川、つまり現在の斐伊《ひい》川から来ているようです。

出雲風土記の話

また別の話。今までは主に古事記からの話でしたが、出雲風土記には、別の大変面白い話が載っていますのでご紹介します。登場するのは八束水臣津野命《やつかみずおみつぬのみこと》と云う巨人神です。この神様は出雲の国は小さいからと、朝鮮半島や北陸地方の四か所から土地を引いてきて縫い合わせ、現在の島根半島を作ってしまいます。その国引きの様子をこう表現しています。

「童女の胸鉏《むなすき》取らして、大魚《おふお》のきだ衝《つ》き別けて、はたすすき穂《ほ》振り別けて、三身《みつみ》の綱うち挂《か》けて、霜《しも》黒葛《つづら》くるやくるやに、河船のもそろもそろに、国来《くにこ》々と引き来縫へる……」

少女の胸ような幅広い鋤を取り、大きな魚のエラを突くように大地に突き刺し、屠《ほふ》り分ける様に土地を切り離し、三本縒りの太い綱を引っかけて、霜枯れた黒い蔦カズラを操るように手繰り寄せ、河船をそろりそろりと引くように、国よ来い国よ来いと引き寄せて縫い付けた……

そして土地を繋ぎ止めるために最初に西の部分を引いた綱を、止める杭に見立てた佐比売山《さひめやま》（三瓶山《さんべさん》）に掛けると、その綱が稲佐浜《いなさのはま》になり、最後の東の部分を引いた綱は火神岳《ひのかみのたけ》（伯耆大山《ほうきだいせん》）に掛けると、その綱が弓ヶ浜になった。国引きが終った八束水臣津野命は辺りの杜に杖を突き立て「おゑ（おう）」とおっしゃったので、ここが意宇《おう》という地名になった。出雲地方には今も意宇、八束《やつか》などの地名が残っています。ちょっと日本には珍しい雄大な神話です。

古事記の出雲から

皆さんがこれから行く出雲の国は、このように大和の国より古い神話の国なのです。この文の始めにスサノオとオオクニヌシを随分端折《はしょ》って書きましたが、ぜひこの機会に古事記を再読なさってください。大和朝廷は三輪の神様の事は無視できなかったようです。国造りを助けたスクナビコナは、高天ヶ原のカミムスビノカミの子と云うことになっています。大和朝廷が、何とか征服した出雲族と関係を付けたがっている事がお判りでしょう。出雲族は海人族（あの魏志倭人伝にでてくる）だという人も多いのです。とすれば、海のない関東の真ん中に入植させたのも、政略の一つかもしれません。

考古学からの出雲

出雲の古墳は、その他の地方の古墳とやや違った所があります。日本の特徴である前方後円墳は多くなく、方墳・前方後方墳は見られますが、全く他では見られないものに四隅突出型墳丘墓《よすみとっしゅつがたふんきゅうぼ》があります。これは断然出雲だけのもので、詳しくは現地の専門家が説明して下さる筈です。楽しみにしていてください。

これまで古墳から出土する銅剣と銅鐸は、日本地図上でそれぞれが文化圏として区別されていました。九州及び中国・四国の西部は銅剣、近畿から関東までは銅鐸の文化圏でした。ところが、昭和五十九年、島根県斐川町西谷《さいたに》の古墳：神庭荒神谷《かんばこうじんたに》遺跡から、なんと銅剣三百五十八本、銅矛十六本、銅鐸六個の常識を超える大量出土があったのです。当時の考古学者が面食らったのも無理はありません。これもお話が聞けると思います。

また、玉造《たまつくり》温泉の名で知られるように、この辺りでは出雲石と呼ばれる碧玉《へきぎょく》や瑪瑙《めのう》を使っての玉造りが盛んでした。勾玉や管玉が弥生時代から平安時代まで作られていたそうです。高松塚古墳の絵にある美女や、法華寺の十一面観音のモデルと伝えられる檀林《だんりん》皇后（嵯峨天皇妃＝橘嘉智子）の胸元を飾った玉も、案外この辺りで作られたのかもしれません。奈良時代、ここで作られた玉の数々を朝廷に献上するのが、毎年の貢ぎ物だったそうですから。

古事記と日本書紀とでは神名の表示が異なります。神社をお参りしたときに御神体が判るように、参考までに記紀の相違を記載しておきます。

読み	**古事記**	**日本書紀**
イザナギ	伊邪那岐	伊弉諾
イザナミ	伊邪那美	伊弉冉
スサノオ	須佐之男	素戔嗚
タケミカヅチ	建御雷	武甕槌

オオナムチ	大穴牟遅	大己貴
クシナダヒメ	櫛名田比売	奇稲田姫
スセリヒメ	須勢理毗売	
スクナビコナ	少名毗古那	少彦名
タケミナカタ	建御名方	
アシハラシコオ	葦原色許男	葦原醜男

お寺でご本尊を拝むのは我々の醍醐味ですが、神社で御神体はどなたか知るのも面白いものです。

二〇〇三（平成十五）年十月

（本稿は、有志が企画した旅行「岩田先生と行く古代ロマンの旅・神話と文学の出雲を訪ねて」の配布資料として執筆）

雛《ひな》 鍔《つば》

（註：拾った銭をお雛さまの刀の鍔に見たてた古典落語の演題。親の育て方によって子どもは変わるという主旨。）


家内と遭う前のこと、私はある少女と恋愛の様な事をしていた。何故「の様な事」と謂うかというと、相手は未だ中学校の生徒であったし、「これは恋じゃない」と自分にいいきかせていたからだ。

「恋だったら、キェルケゴールの謂う『どうにも抵抗し様もない力』で魅きつけられなければならない筈だ。こんなのは恋じゃない。しかし俺は彼女が好きだ。好きな理由はこうなんだ……」

私は恋を恋する青年にあり勝ちに、くどくどと自分自身にいい聞かせていた。その頃、私は教師になろうなどと露思ってはいなかったから、理想像を愛する教育者の目というわけでもなかったが、彼女は二つの出来事によって、他の多くの女の子達と断然違った印象を私に与えていたのであった。

ある日、私は彼女を芝居に誘った。演じ物は某ボードビリアン演じる「リリオム」だった。終戦の混乱の生々しい頃、こんな物でも大きな慰めだったのだ。席は前の方のいい席だった。二幕を過ぎた頃、私は彼女が隣の座席の上に身を固くしているのに気付いて、不審に思った。前の席とはいいながら、こんなにも小さくなっていては、嘸《さぞ》見え難かろう。三幕が終った所で、私は何故もっとよく見ようとしないのか、芝居が面白くないのかと彼女に問うた。

「ううん。とても面白いわ。私、これでよく見えるのよ。」

彼女は朗らかな声でいい返えし、そしてこう付け加えた。

「でも、後ろの席の人が見えないと悪いでしょう」

私は瞬間感動した。白い鳥を見た思いだった。常々私も背の高いのを、劇場内で苦にする習慣があったので、我が意を得たという所もあったし、終戦後の既成のモラルの崩壊時代、つき合っていた他の子供からは、こういう返事は望むべくもなかったからだ。この時から、私の彼女に対する感情は、一歩前進したようだった。

次にもう一つの話。私と彼女の電車の中での会話。

「本を読んでいるでしょう。隣の人に覗き読みされるの厭ね」

「うん、厭だね」

私は何気なしに返事をした。その不快さを思い起こしながら。すると彼女は何時もの明るい声で続けた。

「だって、何時ページをめくっていいのか判らないんですもの」

私はやられたと思った。全く予期しなかった快いショックであった。私は益々、彼女が好きになった気がした。その好きという感情を、自らすり換えて恋愛感情と思い込もうとしていたのであった。

× × ×

それから二十年経った。私は別の人――今の家内と結婚して息子を作った。息子は小学校の五年生になる。この間の春休みのこと、息子の要望黙し難く、一緒に怪獣映画を見に行った。映画館はひどく混んでいた。後ろの立見席は疎か、通路一杯に人が入り込んでいた。私達は二階の最後部の映写室脇の階段通路に立って、辛うじて画面を眺めていた。然しそんな不自然な姿勢が続く筈もなく、後部座席の人の要求もあって、人達は階段通路に腰を下ろし始めた。私も息子と並んで腰をおろした。私の前にいたオジサンだけは別であった。その人は小さい娘を抱き、二人並んで丁度坐れる階段に一人でいっぱいに中腰となり、娘をあやし、大きな声で話しかけ、食べ物を与え、腕が疲れると娘を傍へ降ろして暫く立たせ、又抱きかかえるのであった。女の子が前に立つ度に、息子は何も見えなくなるらしく頭を動かした。

「史朗。一段おりて小父さんと並んで見なさい」

堪まり兼ねて私はいった（そうすれば小父さんも、隣の女の子を立たせる事は出来ないだろう）。しかし息子は生返事をするだけで動かなかった。彼は女の子が立つ度に漏らす隣席の人の不満の声を聞いていると、とても自分がその不満の対象となる気になれなかったらしい。それ位なら彼は、半かけの画面で我慢するであろう。そういう息子に、私はいい知れぬ歯痒ゆさを感じた。

休憩時間が来た。少数の人が立ち上がり、多数の人がその席を争った。と、今迄私の傍らを離れた事のなかった息子が、つと立ってぐんぐん前の方へ降りて行った。おや、便所なら反対だぞと思って見送ると、息子は人混みの通路の先の方迄行って、座席を見廻している。その時になって、彼が空席を取ろうとしている事に気付いて、意外に思うと同時に、何となく満足感を味わったのである。

「いいぞ史朗。図々しく捜せ」

私は今迄気遅ればかりして何も出来ないと思っていた息子に、一寸した頼母しさを見出した。

私達が二つ並んだ空席に雪崩れ込めたのは、更にその次の休憩時間であった。並んで座ってしまうと、満員の通路に立って座席を捜す息子のさっきの姿が思い出された。同時に、嘗《かつ》て彼女に要求していた事と正反対を、自分の息子に要求している私自身に気が付いた。

他人様の子供には謙譲を、そして吾子には厚顔を要求するは、父親としての本性だろうか。教師としては許さるべくもない話である。然らば世の御両親達は、我々教師にお子様達を、どちらの方向に教育せよとお望みだろうか。頼母しさと図々しさとが、同意語でなければ生きて行けない様なこの世において……。私は怪獣が家々を踏みつぶして暴れ廻るのを見ながら、ぼんやりと考え続けていた。

（幼稚舎「仔馬」第十九巻一号　一九六七（昭和四十二）年六月）

お笑い申すべく

皆さんはこんな話を知っていますか。昔の日本人の証文（何かの約束ごとを書きしるした紙——たとえばお金を借りていつまでに返すというような）の終りに、この約束を守らなかった時は「満座の中でお笑い申すべく候」（みんなのいる中で笑ってあげますよ）と書かれていた事。今の約束だったら、守らなかった時は何々をさし上げますとか、家をとられても文句をいいませんとか、必ず担保《たんぽ》（代わりの品物）を書く所ですが、昔の人は恥を何よりの担保としたのです。人前で笑われる方が自分の家を取られるより、なお怖かったようです。皆にあいつはダメな男だと笑われたら、その人の人生はもうきまってしまうのでしょう。そういえば「愧死《きし》」（はずかしくて死んでしまう）ということばが中国にもあるのです。昔の東洋人はすばらしいですね。もしこんな人達ばかりだったら、ロッキード事件も起こらなかったでしょうね。だれですか、ぼくは笑われても、お金を返さない方がいいやなんていっている人は。

ある時、私はイギリスのある町からロンドン行きの列車に乗りました。混んでいたので席をさがして一番うしろの車輛まで行ったところ、最後の車輛に若者の団体がのっていました。いや占領していたというべきでしょう。戸口に三人ほど肩を組み一般のお客さんを入れまいとし、ガラスの中では少年少女がタバコをすい、酒をのみ、大声で歌っていました。私には西洋人が何国人か見分けられなかったのですが、入室をはばまれたイギリス紳士が「アメリカ人め」とつぶやくのを聞いて、ああそうかと思いました。そして、あれほど世界中にお金を貸してやったり、仲よくさせようとしたり、いろいろ尽くしてくれる「親切な」アメリカ人が、なぜか多くの国の人から嫌われているのは、ただ金持ちに対するねたみだけじゃないんだな、と判ったような気がしました。それまでにも私は何人かのイギリス人から「アメリカは嫌いだ」と聞かされていましたし、フランスやイタリアで日本に好意を示す人でも、アメリカというとフンという顔をするのを目にしていましたが、その原因が判るような気がしたのです。あの大騒ぎの若者達はヨーロッパを見物して廻りながら、逆に見物され、「満座の中で笑われている」のを、自分では気がつかないのです。

私は今でもあの列車のイギリス人たちの軽蔑の目をありありと思い出します。日本人は東南アジアで大丈夫かしらとも思います。それから考えが横すべりして、幼稚舎生の姿が目に浮かびます。あなた方は通学の電車やバスの中で、ほかの人から白い目で見られた事はありませんか。幼稚舎の制服を着て「満座の中で笑われている」ような事をしてはいないでしょうか。多勢が一緒にいるという事はこわい事ですね。自分というものを忘れちゃうからです。あなた方は笑われることを一番の恥とした人達の子孫である事を忘れないで下さい。

（幼稚舎新聞　一九七六（昭和五十一）年五月十二日）

髪の母子像

岩田健　年譜

1924（0歳）　大正13年
1月4日、父・岩田三史、母・豊の次男として埼玉県川口町に生れる　本名健（つよし）　生家は川口の大地主

1929（5歳）　昭和4年
私立羽鳥幼稚園入園

1930（6歳）　昭和5年
川口尋常高等小学校入学
祖父武三郎は詩歌書画を愛好し自邸に画家や彫刻家を出入りさせていた　その影響で幼時から画技を得意とした

1936（12歳）　昭和11年
県立浦和中学校入学　美術・昆虫採集・天体観測・音楽鑑賞・宮沢賢治に夢中　愛称・寒山

1941（17歳）　昭和16年
太平洋戦争勃発
県立浦和中学校卒業　昆虫学に憧れ北大農類受験失敗　浪人生活で美術家志望を決意

1942（18歳）　昭和17年
東京美術学校（現東京芸術大学）彫刻科塑造部入学（朝倉文夫・北村西望両教授に師事）
童話劇研究会「緑の丘」入会（演劇への第一歩）

1943（19歳）　昭和18年
グリム童話「ヘンゼルとグレェテル」を三幕八場の脚本執筆　（登場人物50名　上演4時間）劇団緑の丘　日本青年館（神宮外苑）で公演

1944（20歳）　昭和19年
学徒動員　特別操縦見習士官として宇都宮陸軍飛行学校入隊

1945（21歳）　昭和20年
日本敗戦　復員
東京美術学校復学　級友5名と石井鶴三教授排斥運動起す　愛称・おケンちゃん

1946（22歳）　昭和21年
父三史、GHQの公職追放令で貴族院議員・埼玉県人会副会長・埼玉県医師会長・埼玉新聞社社長等全ての公職から退く
自宅弓道場を反教授学生のアトリエにして授業拒否
仏・露文学に傾倒
美校演劇部を復活し部長に推挙される
芸術祭でゴーゴリ作「検察官」五幕　演出・主演（新進演出家芥川比呂志の指導を受ける）三時間の上演劇一般公開は連日満席
劇団「緑の丘」主宰者後藤真行氏死去により劇団を引継ぎ主宰　自作童話劇上演に傾倒

１９４７（23歳）　昭和22年

高村光太郎へ反教授学生連名（28名）の直訴状を代表執筆・投函　美校上野直昭校長の教室増設裁定で反教授運動終結（山本豊一・菊池一雄両教授に師事）

建畠覚造の晨生彫塑展（銀座・千疋屋）に出品

美校演劇部自主公演　モリエール作「強制結婚」クルトリィヌ作「我が家の平和」科学博物館講堂

劇「ヘンゼルとグレェテル」大隈講堂で劇団緑の丘再演

１９４８（24歳）　昭和23年

父・三史、農地解放と事業失敗により破産

晨生彫塑展（銀座・千疋屋）に出品

東京美術学校彫刻科卒業後も研究科と称し登校

劇「ヘンゼルとグレェテル」を移動演劇用に改作し劇団緑の丘で都内と静岡に巡回公演

１９４９（25歳）　昭和24年

第13回新制作派展に「トルソ」初出品（以後第31回まで出品）（彫刻家としての第一歩）

昭和女子大付属中・高演劇部講師

劇「ヘンゼルとグレェテル」演出・同演劇部上演

１９５０（26歳）　昭和25年

彫刻家木内克に私淑

東京都豊島区立雑司ヶ谷中学校図画工作科教諭就任演劇部と美術部顧問（教師としての第一歩）

劇「最後の一葉」オー・ヘンリー作・翻案・演出・雑中演劇部上演（校内上演並びに区立中学校連合学芸会出演）

英語劇「ビアンカ」（斎田喬作「雪の少女」より）・脚色・演出・選抜生徒上演（英語劇コンクール豊島区１位東京都１位）

【編註】　当時は中学生向け脚本がなく以後創作劇と英語劇の脚本を毎年執筆　演出　上演　世に先駆けた中学生向け脚本の数々は後に各出版社の脚本集に収録されて全国の中学校演劇部で上演された）

１９５１（27歳）　昭和26年

村山幸枝と結婚

劇「最後の一葉」翻案・演出・雑中演劇部上演（二回目）

英語劇「うぐいす」斎田喬作・脚色・演出・選抜生徒上演（英語劇コンクール豊島区１位　東京都２位）

１９５２（28歳）　昭和27年

劇「蝶になった蟻」作・演出・雑中演劇部上演

英語劇「卵売りと手品師」（斎田喬作「ぶどう祭り」より）・脚色・演出・選抜生徒上演（英語劇コンクール豊島区１位　東京都１位）

寄稿「演劇と結びついた図工科の活動」「中学教育技術」第２巻４号（小学館刊）

１９５３（29歳）　昭和28年

劇「さそりの火」（ゴーリキー作「イゼルギリ婆さん」よ

り）・脚色・演出・雑中演劇部上演（山川幸世氏の推奨で都中学校連合学芸会出演）
英語劇「父と子」（メルメ作「マテオ・ファルコーネ」より）・脚色・演出・選抜生徒上演（英語劇コンクール豊島区1位　東京都3位）

1954（30歳）　昭和29年

劇「幕のしまらない劇」作・演出・雑中演劇部上演
英語劇「贈り物」作・演出・雑中演劇部上演（英語劇コンクール豊島区1位　東京都1位）
夏期の巡回地区懇談会活動夜間催行
【編註】夏休みに学区内七～九ヵ所巡回して地域の子供達に人形劇・紙芝居・幻燈を野外上演。一ヵ所四百名弱延三千五百名も集客する時代背景。演劇部と美術部の中学生は七月の放課後を制作と練習に費やし八月の半月に夜間催行した）

1955（31歳）　昭和30年

田村興造・中野將・岩田健三人展（銀座・サトウ画廊）
劇「いじわるケンちゃん」作・演出・雑中演劇部上演
英語劇「出来事」作・演出・雑中演劇部上演（英語劇コンクール東京都選外佳作）
夏期の巡回地区懇談会活動夜間催行

1956（32歳）　昭和31年

息子史朗誕生
田村興造・岩田健二人展（銀座・サトウ画廊）
劇「百円札事件」作・演出・雑中演劇部上演
英語劇は都大会が輪番制となり休み
夏期の巡回地区懇談会活動夜間催行

1957（33歳）　昭和32年

劇「白雪姫」作・演出・雑中演劇部上演
英語劇「イエス・ママ」作・演出・雑中演劇部上演（英語劇コンクール豊島区1位　東京都1位　東京都高校英語劇大会特別出演）
脚本「最後の一葉」・脚本「蝶になった蟻」　学校劇創作脚本集収録（豊島区立中学校演劇研究会編）
夏期緑陰子供会活動（昼間催行になり名称を地区懇談会から変更）

1958（34歳）　昭和33年

劇「火星探険隊記」作・演出・雑中演劇部上演
NHK教育TV中学生向け番組「芸術の窓」　台本執筆・出演・編集委員（～'63）
脚本「火星探険隊記」・寄稿「生徒と共に出演して」「児童演劇」第2巻6号収載（日本児童演劇協会刊）
脚本「火星探険隊記」・脚本「桃太郎」　学校劇創作脚本集2収録（豊島区立中学校演劇研究会編）
夏期緑陰子供会活動

1959（35歳）　昭和34年

劇「桃太郎」作・演出・雑中演劇部上演
脚本「最後の一葉」　新選日本学校劇集中学編収録

（実業之日本社刊）

脚本「幕のしまらない劇」　中学生の学校劇②収録（小学館刊）

夏期緑陰子供会活動

1960（36歳）　昭和35年

劇「誰も知らない」作・演出・雑中演劇部上演　東京都中学校連合学芸会出演

東京都板橋区立加賀中学校教諭就任

1961（37歳）　昭和36年

斎田喬戯曲賞「ピーターパン」の影像制作（日本児童演劇協会斎田喬先生の依頼による）

第1回川口市美術展に出品（以後毎回出品）

脚本「幕のしまらない劇」　日本児童劇全集第1巻収録（小学館刊）

放送台本「美術シリーズ・城」中学校用校内放送台本集上巻収録（実業之日本社刊）

放送台本「美術シリーズ・茶碗の思い出」同右下巻収録（実業之日本社刊）

1962（38歳）　昭和37年

秋　体調を崩し一ヵ月静養（血圧240まで上昇）

1963（39歳）　昭和38年

慶應義塾幼稚舎工作科教諭就任

1965（41歳）　昭和40年

劇「おもちゃの裁判」久保田万太郎作・演出・幼稚舎放送部上演

1966（42歳）　昭和41年

劇「百花村物語」額田六福作・演出・幼稚舎放送部上演

脚本「幕のしまらない劇」　中学校劇脚本集（上）収録（国土社刊）

脚本「誰も知らない」　中学校劇脚本集（下）収録（国土社刊）

1967（43歳）　昭和42年

埼玉県美術展に初出品（以後毎回出品）

劇「四辻のピッポ」斎田喬作・演出・幼稚舎放送部上演

幼稚舎演劇部を創部

童話「月見草と兵士」（「仔馬」第18巻5号収載）

1968（44歳）　昭和43年

第1回個展（銀座・一方堂画廊）

劇「仔鹿と狼」作・演出・幼稚舎演劇部上演（英語劇「イエス・ママ」の日本語版）

1969（45歳）　昭和44年

第23回二紀展に初出品「脱出・大」（以後'97年迄毎年出品）

埼玉県美術展審査員（'07年迄）

劇「出来事」作・演出・幼稚舎演劇部上演（同名英語劇の日本語版）

劇「ビアンカ」脚色・演出・幼稚舎演劇部上演（同名英語劇の日本語版）
『岩田健中学校劇脚本集』（私家版）

1970（46歳） 昭和45年
二紀会同人となる
初外遊
劇「卵売りと手品師」脚色・演出・幼稚舎演劇部上演（同名英語劇の日本語版）
人形劇「三匹の熊」南江治郎作・演出・幼稚舎演劇部上演
脚本「さそりの火」 新しい中学校劇集Ⅱ収録（正進社刊）
論文「戦後の図画工作」（慶應義塾幼稚舎史収録）

1971（47歳） 昭和46年
第2回個展（銀座・一方堂画廊）
劇「贈り物」作・演出・幼稚舎演劇部上演（同名英語劇の日本語版）
人形劇「いじわるケンちゃん」作・演出・幼稚舎演劇部上演
学年劇「春の忘れ物」作・幼稚舎二年生上演
寄稿連載「日本の心『仏像』」（幼稚舎新聞収載）

1972（48歳） 昭和47年
劇「椎の木の蜂達」吉永仁郎作・脚色・演出・幼稚舎演劇部上演

1973（49歳） 昭和48年
第3回個展（銀座・彩壺堂サロン）
劇「だんごとるなら」作・演出・幼稚舎演劇部上演
寄稿連載「創造科という学科の夢」（幼稚舎新聞収載）

1974（50歳） 昭和49年
劇「父と子」メルメ作・脚色・演出・幼稚舎演劇部上演（同名英語劇の日本語版）

1975（51歳） 昭和50年
劇「仔鹿と狼」作・演出・幼稚舎演劇部上演（狼役で出演）

1976（52歳） 昭和51年
第4回個展（銀座・セントラル絵画館）
劇「卵売りと手品師」脚色・演出・幼稚舎演劇部上演

1977（53歳） 昭和52年
劇「火」岡田陽作・脚色・演出・幼稚舎演劇部上演

1978（54歳） 昭和53年
劇「だんごとるなら」作・演出・幼稚舎演劇部上演
脚本「蝶になったアリ」 新作中学校劇脚本選・上巻収録（国土社刊）
寄稿「学校演劇・舞台美術担当者の心得十ヵ条」「演劇と教育」第267号（晩成書房刊）
論文「エジプトの絵と子どもの絵」（「仔馬」第30巻2号収載）

1979（55歳）　昭和54年
第5回個展（銀座・セントラル絵画館）
二紀会会員となる
劇「さよなら宇宙人」作・演出・幼稚舎演劇部上演
1980（56歳）　昭和55年
画廊企画個展（池袋・西武百貨店）
『岩田健彫刻集』（毎日新聞社刊）
劇「蛙の臍」吉永仁郎作・脚色・演出・幼稚舎演劇部上演
寄稿連載「お母さんご一緒に」（幼稚舎新聞収載）
1981（57歳）　昭和56年
劇「夜の教室」作・演出・幼稚舎演劇部上演
学年劇「春の忘れ物」作・幼稚舎二年生上演
脚本「仔鹿と狼」　みんなの学校劇5年生収録（ポプラ社刊）
1982（58歳）　昭和57年
第6回個展（銀座・セントラル絵画館）
画廊企画個展（田園調布・ギャラリーナカマ）
劇「ガマと宇宙船」作・演出・幼稚舎演劇部上演
論文「記紀昆虫記」（「仔馬」第34巻3号収載）
1983（59歳）　昭和58年
劇「だんごとるなら」作・演出・幼稚舎演劇部上演
脚本「ガマと宇宙船」　新選・たのしい小学校劇中学年（下）収録（小峰書店刊）
1984（60歳）　昭和59年
岩田健・さちえ二人展（雅画廊）
劇「そら豆の煮えるまで」スチュアート・ウォーカー作・脚色・演出・幼稚舎演劇部上演
脚本「最後の一葉」　新選・楽しい中学校劇3収録（小峰書店刊）
脚本「誰も知らない」　新編中学校学校劇全集第1集収録（国土社刊）
脚本「幕のしまらない劇」　新編中学校学校劇全集第2集収録（国土社刊）
脚本「蝶になったアリ」　新編中学校学校劇全集第3集収録（国土社刊）
1985（61歳）　昭和60年
第7回個展（銀座・セントラル絵画館）
劇「仔鹿と狼」作・演出・幼稚舎演劇部上演（狼役で出演）
1986（62歳）　昭和61年
劇「火」岡田陽作・脚色・演出・幼稚舎演劇部上演
英語劇「ビアンカ」斎田喬作・脚色・演出・英語クラブ上演
1987（63歳）　昭和62年
劇「卵売りと手品師」斎田喬作・脚色・演出・幼稚舎演劇部上演

学年劇「春の忘れ物」作・幼稚舎二年生上演（冬爺さん役で出演）
学年劇「王様のメガネ」（シャルル・ヴィルドラック作「ライオンのメガネ」より）・脚色・幼稚舎三年生上演
慶應義塾幼稚舎定年退職

1988（64歳）　昭和63年
岩田健・さちえ二人展（日本橋・ギャラリーフィガロ）
版画作品集『わたしたちの学校』全六巻（リブリオ出版刊）

1989（65歳）　平成元年
第8回個展（銀座・セントラル絵画館）

1992（68歳）　平成4年
第9回個展（銀座・セントラル絵画館）

1993（69歳）　平成5年
川口市美術家協会会長に就任（85歳迄在任）
川口駅東口歩道橋に「人魚の母子像」設置

1994（70歳）　平成6年
講演「日本の工芸―日本人の心」
（岩田健先生の話を聞く会と古希祝宴　会場：東京芸術劇場中会議室）

1995（71歳）　平成7年
第10回個展（銀座・セントラル絵画館）
画廊企画個展（川口・そごう）

1996（72歳）　平成8年
画廊企画個展（渋谷・東急本店）
岩田健作品選集（彫刻写真集）（聖豊社刊）
小説『荒川と御成街道と―小説岩田三史』（私家版）

1997（73歳）　平成9年
二紀会退会（腰痛で大作制作が無理と決断）

1998（74歳）　平成10年
画廊企画個展（川口・エスパスミュウ）

2000（76歳）　平成12年
日英対訳学校劇脚本集『イエス・ママ！』（晩成書房刊）
第4回講演「フェルメールと東大寺・興福寺」
（岩田健先生の話を聞く会主催　会場：東京芸術劇場中会議室・以後の講演は全て同会場同会主催）
第5回講演「日本古代の美術―神話より飛鳥まで」

2001（77歳）　平成13年
第6回講演「日本古代の美術―神話より飛鳥までその2」
第7回講演「日本古代の美術―飛鳥・白鳳の美術その1」
第8回講演「日本古代の美術―飛鳥・白鳳の美術その2」

2002（78歳）　平成14年
美術研修旅行「岩田先生と行く奈良の旅」

第9回講演「日本古代の美術―天平時代の美術」
第10回講演「古代ギリシャの美術―エーゲ海文明」

2003（79歳） 平成15年
美術研修旅行「岩田先生と行く古代ロマンの旅―神話と文学の出雲を訪ねて」
論文「出雲の昔話」（企画旅行資料）
第11回講演「古代ギリシャの美術2―暗黒時代から古典まで（ギリシャの風土）」
第12回講演「古代ギリシャの美術3―古拙・古典・爛熟時代」
第13回講演「古代ローマの美術1―共和政時代」
第14回講演「古代ローマの美術2―共和政より帝政へ」

2004（80歳） 平成16年
傘寿回顧展・岩田健彫刻展―川口文化センター・リリア
NPO法人「アート・コア・かわぐち」理事就任
随想「戦後美校の演劇部誕生秘話」（芸大美術学部杜の会報18号）
第15回講演「古代ローマの美術3―古代ローマ帝国の衰亡」
第16回講演「西洋中世の美術上―ビザンチンとロマネスク」
第17回講演「西洋中世の美術下―ゴシック時代」
第18回講演「ルネッサンスの美術1―初期ルネッサンス」

2005（81歳） 平成17年
美術研修旅行「岩田先生と行くフィレンツェの旅」
第19回講演「ルネッサンスの美術2―初期ルネッサンス」
第20回講演「ルネッサンスの美術3―レオナルド・ダ・ヴィンチ」
第21回講演「ルネッサンスの美術4―ミケランジェロ」

2006（82歳） 平成18年
日本陶彫会会長に就任（85歳迄在任）
第1回川口市文化賞受賞（川口市制定）
第22回講演「ルネッサンスの美術5―2人の先輩とラファエロ」
第23回講演「北方ルネッサンスの美術1―ヴェネチア派の爛熟と北方の目覚め」
第24回講演「北方ルネッサンスの美術2―ボスとブリューゲル」

2007（83歳） 平成19年
第50回さいたま文化賞受賞（埼玉新聞社制定）
第25回講演「北方ルネッサンスの美術3―ドイツ地方の画家」
第26回講演「バロックの美術1―イタリア・スペイ

ン」
第27回講演「バロックの美術2―ルーベンス・レンブラント」
2008(84歳) 平成20年
第28回講演「バロックの美術3―オランダ・フランス」
第29回講演「ロココ美術」
第30回講演「新古典派の美術」
2009(85歳) 平成21年
第31回講演「ロマン主義の美術」
第32回講演「写実主義・ラファエロ前派」
第33回講演「印象派・ジャポニズム」
2010(86歳) 平成22年
岩田健母と子のミュージアム開館記念展「岩田健(彫刻)、西耕三郎(染色)、黒澤正(日本画)三人展」(会場:川口市立アトリア)
第34回講演「後期印象派・新印象派」
第35回講演「フランスの近代彫刻」
第36回講演「エジプト絵画と子どもの絵の相似性」
第37回講演「世紀末の美術」
2011(87歳) 平成23年
東日本大震災
「今治市　岩田健母と子のミュージアム」開館
設計:伊東豊雄建築設計事務所(愛媛県今治市大三島旧宗方小学校校庭跡地・展示作品44体)
第38回講演「岩田先生が選ぶヨーロッパ美術百選」(岩田健先生の話を聞く会終了)
2012(88歳) 平成24年
第1回講演「伴大納言絵詞」(第4回まで岩田先生を囲む会主催、会場:川口リリア)
第2回講演「出雲の神話」(会場:川口メディアセブン)
2013(89歳) 平成25年
第3回講演「日本の仏像―飛鳥から鎌倉」(会場:川口メディアセブン)
2014(90歳) 平成26年
第4回講演「桂離宮」(会場:川口メディアセブン)
2015(91歳) 平成27年
講演「昭和の豊島区・特色ある学校教育―学校演劇」(会場:豊島区中央図書館会議室)
2016(92歳) 平成28年
岩田健散文集『ムカシトンボ』(私家版)
9月28日永眠　　戒名　慶雲院慈刻健導居士
墓所:川口市善光寺16列角から11番墓

岩田健演劇関係書誌目録

【演劇についての解説】

・「演劇と結びついた図工科の活動」『中学教育技術　数学・理科・図工』第二巻第四号（小学館、一九五二年七月）、二三―二九頁

・「装置の作り方」『中学演劇ハンドブック第4集　効果編』（東京都中学校演劇教育研究会）、五―一七頁

　発行年が明記されてないが、岩田の所属は板橋区立加賀中学校。奥付のタイトルは、『クラブ活動ハンドブック　第四巻　効果編』となっている。同巻は、「舞台について」「装置の作り方」「照明の作り方」「効果の方法と用具」「小道具」「扮装について」からなる。なお、第一巻は「基礎編」、第二巻「脚本編」、第三巻「演出編」である。

・「学校演劇・舞台美術担当者の心得十カ条」『演劇と教育』第二六七号（日本演劇教育連盟編集、晩成書房発行、一九七八年十一月）、一二―一三頁

　特集「会場づくり・舞台づくりの手帳」の一つ。

【脚本の掲載誌】

・「火星探険隊記」『児童演劇』第二巻第六号（日本児童演劇協会、一九五八年六月）、二五―四三頁

　岩田自身による「生徒と共に出演して」（四三―四四頁）も掲載。また、同号の「一九五七年度「作品賞」―該当作なし―」に三人の選評があり、同作品が最終候補四作品の一つであったことがわかる。

【脚本が収録された脚本集】（初演年順）

・「最後の一葉」（一九五〇）

『学校劇創作脚本集』（豊島区立中学校演劇研究会編・発行、一九五七年九月）、一―一五頁

　冒頭に、「昭和二四年度、雑司ヶ谷中学校上演」とある。編集委員は四人で、その一人として「岩田健（雑司ヶ谷中学）」と記されている。一四―一五頁に本人による「あとがき」がある。

『新選日本学校劇集　中学編』（日本児童演劇協会編、実業之日本社発行、一九五九年九月）、八二―九八頁

　九九頁に演出ノート。他に、小学初級編、小学中級編、小学上級編がある。小学中級編には「ぬまにおとしたおの」（人形劇・田中清之助）、小学上級編には「こうのとりになった王様」（影絵劇・田中清之助）、「ハメルンの笛吹き（ブラウニングの詩より）」（影絵劇・藤城清治）等も収めている。

『新選・楽しい中学校劇3』（椎崎篤、辰島幸夫、森本秀夫編、小峰書店、一九八四年二月）、二四―四三頁

　全五巻のうちの第三巻。二五頁の舞台図は吉岡正紘。四三頁には本人による「演出ノート」がある。なお、

第二巻には加藤道夫の「天邪鬼」等も収めている。

・「蝶になったアリ」（一九五二）

『学校劇創作脚本集』（豊島区立中学校演劇研究会編・発行、一九五七年九月）、三五―四四頁

冒頭に、「昭和二六年度、雑司ヶ谷中学校上演」とある。四四頁に本人による「あとがき」がある。

『新作中学校劇脚本選・上巻』（日本演劇教育連盟編、国土社、一九七八年九月）、五一―六六頁

二四〇頁の「作品について」は桃井恒春。

『新編中学校学校劇全集　第3集』（日本演劇教育連盟、国土社、一九八四年四月）、六十―七五頁

全六巻のうちの第三巻。六十頁の舞台美術は吉岡正紘、七四―七五頁の演出ノートは桃井恒春。同シリーズの第五・六集には小山内薫等の作品も収めている。

・「さそりの火」（一九五三）

『新しい中学校劇集Ⅱ』（日本児童演劇協会編、正進社、一九七〇年九月）、七三―九八頁

全三巻のうちの第二巻。副題に―ゴーリキー原作「イゼルギリばあさん」から―とある。九八頁には本人による「上演の手引き」「指導の手引き」がある。

・「幕のしまらない劇」（一九五四）

『中学生の学校劇②』（日本学校劇協会編、小学館、一九五九年十一月）、一五一―一七四頁

全三巻のうちの第二巻。装置図は河野国夫、各頁下段の演出ノート、一七四頁の「演出のポイント」は宮津博。

『日本児童劇全集　第一巻』（日本児童劇全集刊行会編、小学館、一九六一年十二月）、三四二―三五二頁

全四巻のうちの第一巻。三四三頁にはベレー帽の顔写真付の本人による「作品について」がある。三五二頁に演出ノート。他に巌谷小波、新美南吉、浜田広介、加藤道夫、山本有三等の作品も収む。第二巻には、小山内薫、菊池寛、内村直也、第三巻には、坪内逍遥、田中千禾夫、第四巻には、鈴木三重吉、竹久夢二、宮沢賢治、飯沢匡、久保田万太郎などの作品も収めている。各巻の巻末には、「日本児童演劇史・上―Ⅰ九四五年まで」（宮津博・第一巻）、「日本学校演劇史・上―一九四五年まで」（内山嘉吉、第二巻）、「日本児童演劇史・下―一九六一年まで」（永井鱗太郎・第三巻）、「日本学校演劇史・下―一九六一年まで」（落合聰三郎・第四巻）を収載。

『中学校劇脚本集　上』（日本演劇教育連盟編、国土社、一九六六年九月）、六三―七七頁

全二巻のうちの上巻。六三頁の装置図は滝口二郎。二四三頁に本人による解説と作者の紹介がある。

『新編中学校学校劇全集　第二集』（日本演劇教育連盟編、国土社、一九八四年四月）、七六―九一頁

全六巻のうちの第二巻。七六頁の舞台美術は吉岡正紘、九十―九一頁の演出ノートは桃井恒春。同じ巻には加藤道夫の、飯沢匡、宮沢賢治、新美南吉等の作品

も収めている。

・「火星探険隊記」（一九五八）

『学校劇創作脚本集第二集』（豊島区立中学校演劇研究会編・発行、一九五八年十二月）、三一―四九頁

冒頭に、「昭和三二年、雑司ヶ谷中学校上演」とある。編集委員は四人で岩田はその一人。巻末の編集後記（一五一―一五二頁）も岩田による。

・「桃太郎」（一九五九）

『学校劇創作脚本集第二集』（豊島区立中学校教育研究会演劇部、一九五八年十二月）、一二二―一四一頁

冒頭に、「昭和三三年度、雑司ヶ谷中学校上演」とある。

・「だれも知らない」（一九六〇）

『中学校劇脚本集　下』（日本演劇教育連盟編、国土社、一九六六年九月）、八九―一一四頁

全二巻のうちの下巻。八九頁の装置図は滝口二郎。二四三―二四四頁に本人による解説と作者の紹介がある。

『新編中学校学校劇全集　第1集』（日本演劇教育連盟、国土社、一九八四年四月）、九八―一二三頁

全六巻のうちの第一巻。九八頁舞台美術は吉岡正紘、一二二―一二三頁の演出ノートは桃井恒春。同じ巻には久保田万太郎等の作品も収めている。

・「仔鹿と狼」（一九六八）

『みんなの学校劇　5年生』（栗原一登監修、ポプラ社、一九八一年四月）、一九―三六頁

本書での表記は「仔じかとおおかみ」。『みんなの学校劇一年生』―『同　六年生』、『人形劇とかげ絵劇』、『子どもがつくるテレビ・ラジオ・映画』からなる「ポプラ社の学校劇」全八巻の一冊。二四頁、三六頁に本人による装置図、指導の手引きがある。指導の手引きの冒頭、以下のように説明されている。

この作品は、かつて中学生用の「英語劇」として創作したもので、「イエス・ママ」という題名である。そのために、せりふも英訳できるようセンテンスを短くしてあったが、五年生用の童話劇として発表するために、せりふ、ストーリーとも、若干の訂正をしてある。

反抗期の仔鹿が、つねに「ノウ・ママ」と言って母鹿をなやませるが、母鹿の危機に対面してはじめて、「イエス・ママ」の大切さにきづいていく過程を、ドラマ化したものである。

この作品をうみだすきっかけとなったのは、岡田陽作「すずらんの鐘」である。劇中、つりがね草を鳴らして、助けを求める場面などがそれであるが、その点、ストーリーを岡田先生に説明して、事前に了解を得ていることも、あえて記しておきたい。

・「ガマと宇宙船」（一九八二）

『新選・たのしい小学校劇中学年（下）』（阿坂卯一郎監修、小峰書店、一九八三年三月）、一二四―一三六頁

低学年、中学年、高学年、各上下二巻の計六巻の一冊。二二五頁、二三六頁に本人による舞台図と演出ノートがある。

【台本が収録された校内放送台本集】

・「城」

『中学校用校内放送台本集上巻』（日本児童演劇協会編、実業之日本社、一九六一年五月）、二四―二八頁

四月の放送〜十月の放送　まで、学校放送の台本が収められている。内容は、伝記劇、名曲鑑賞、理科物語、科学劇場、数学の対話、俳句鑑賞、私たちの日本文学、English hour、〇月の行事、等の見出しが付けられているように多岐に亘る。本作品には「美術シリーズ」の見出し。

・「茶碗の思い出」

『中学校用校内放送台本集下巻』（日本児童演劇協会編、実業之日本社、一九六一年五月）、九四―一〇一頁

十一月の放送〜三月の放送　まで多台本が収められている。本作品には「美術シリーズ」の見出し。

【自作のみの脚本集】

『岩田健中学校劇脚本集』（私家版、一九六九年十月）

「最後の一葉」、「蝶になった蟻」、「さそりの火」、「幕のしまらない劇」、「百円札事件」、「白雪姫」、「火星探険隊記」、「桃太郎」、「誰も知らない」の九作品と、英語劇用の「ビヤンカ」、「うぐいす」、「卵売りと手品師」、「父と子」、「贈物」、「出来事」、「イエス・ママ」の七作品を収めている。巻末の「あとがき」で全作品についての経緯と私的な思い出を七頁に亙って記している。

『YES, MAMA! イエス、ママ！　日英対訳　学校劇脚本集』（晩成書房、二〇〇〇年一月）

「ビアンカ」、「うぐいす」、「卵売りと手品師」、「マテオ・ファルコーネ」、「贈り物」、「できごと」、「イエス・ママ！」を日英対訳で収めている。

彫刻目録

1. ピーターパン　1974
ブロンズ
90cm×60cm×34cm　表紙

2. 斎田喬戯曲賞　1961
ブロンズ
25cm×16cm×13cm　裏表紙

3. いちばん星　1978
ブロンズ
42cm×22cm×18cm　背表紙

4. 渚の姉弟　1982
ブロンズ
119cm×65cm×37cm　本扉

5. 朝の母子像　1976
ブロンズ
179cm×67cm×40cm　目次

9. あくび　1973
ブロンズ
39cm×15cm×10.6cm　P.170

10.　横顔（レリーフ）1960
テラコッタ
25cm×22cm　P.207

11. タンポポ　1989
テラコッタ
57cm×21cm×19cm　P.231

6. 二人と猫　1979
ブロンズ
35cm×20cm×13cm　P.1

7. ポリアンナ　1992
石膏
72cm×34cm×36cm　P.149

8. 麦わら帽子　1982
ブロンズ
35cm×19cm×12cm　P.150

13. 髪の母子像　1974
ブロンズ
25cm×18cm×16cm　P.271

12. 切れた鞄　1970
ブロンズ
41cm×12cm×19cm　P.245

今治市岩田健母と子のミュージアム

彫刻家岩田健が愛媛県今治市へ寄贈した屋外彫刻美術館。設計は伊東豊雄建築設計事務所。
しまなみ海道観光スポットで大三島旧宗方小校舎の民泊施設と海が隣接。
http://museum.city.imabari.ehime.jp/iwata/

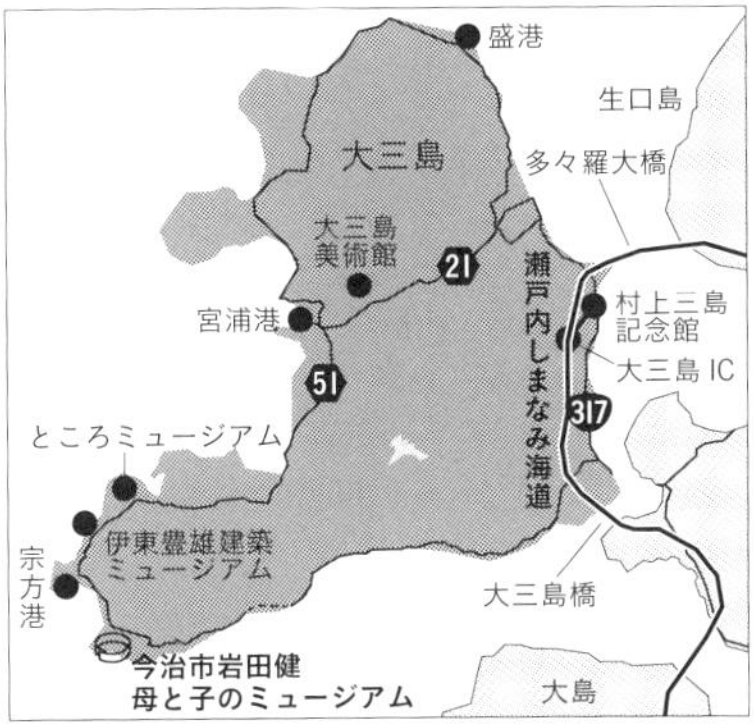

おわりに

近藤由紀彦

岩田健先生はただの工作の先生ではありません。何でもできる方です。私は、岩田先生ほど素敵な先生をほかに知りません。本業の工作教師は当然のことですが、仏教芸術、歴史学、考古学、天文学、建築学等々、大変な博識で、沢山の引き出しをお持ちです。先生は歌もお好きで、よく生徒と一緒に歌っていらっしゃいました。生徒に慕われ、近くにいる者は自然とその魅力に引き込まれていく、岩田先生とはそんな先生です。

私は岩田先生と同じ職場で六年間ご一緒させていただきました。岩田先生は工作の先生、私は学級担任という立場の違いこそあれ、常に私の仕事の支えであり、岩田先生の教えは生涯の宝物です。

そんな岩田先生ですが、劇にかかわっている時は、より輝いていたように感じました。低学年生の演じる学年劇はいつも温かいまなざしでご覧になり、稽古の時や総練習の日は客席から具体的な指導をしていらっしゃいました。ところが、演劇部の稽古になると岩田先生の表情は一変します。物凄い形相で部員を叱りつけるのです。

「勉強は嫌でもやらなければならない。しかし、演劇部は君たちが好きで入ってきたのだ。そんな演技ではだめだ！」

と容赦はしません。特に本番前日の総練習の時は気合を入れる意味もあったのでしょう。さらに大きな雷を落としていらっしゃいました。

「声が小さい！　言葉の粒立てはどうした！　君たちは史上最低の演劇部だ！」

と次々に叱責の言葉が飛び交います。褒められる部員など一人もいません。うまくいかない時はダメ出しで劇が中断します。そして、何度でも同じ場面をくり返します。しかし、ただ怒っている訳ではありません。一人ひとりの演劇部員に具体的且つ分かりやすい指導をなさるのが岩田先生の持ち味なのです。

「悲しんでいるこの子を見て、周りにいる君たちは何をすればいいのかをよく考えてごらん。そうすれば自然に動きが出てくるよ。」

　傍らから拝見していた私は、本当に劇が好きな先生なのだなと感じました。

　劇の本番中、先生の定位置は舞台裏でした。平台を素早く出し入れし、舞台装置をホリゾント裏の通路から運び出し、装置が動かないようにウエイトを置く……というような作業を黙々となさっていました。

　私は駆け出しの頃、学年劇の舞台装置のことで岩田先生にいろいろな無理難題をお願いした記憶があります。

・ここに大きな木があるといいです。
・王様の天蓋は四人で持てる大きさにしたいです。
・椅子は平凡でなく素敵な形がいいです。

　岩田先生はニコニコしながら、

「近ちゃんの注文はいつも難しいものばかりですね。」

と苦笑していらっしゃいましたが、次の日に工作室に入ると私のリクエストが見事なまでに具現化されているのです。ありがたい気持ちと申し訳ない気持ちで胸が熱くなり、少しずつ勉強させていただくようになりました。

　そんな岩田先生が突然、選択定年でお辞めになるという話を聞きました。昭和六十一年の秋です。私は居ても立ってもいられず、

「岩田先生！　私に演劇部を手伝わせてください！」

とお願いをしに行きました。

　次の年、吉岡正紘さんが岩田先生の後任としていらっしゃいました。吉岡さんは、岩田先生が中学校の美術の先生をしていらっしゃった時の愛弟子です。演劇に詳しい吉岡さんと共に演劇部を担当することになりました。吉岡さんの演劇センスや指導力にはとても敵わないので、私は裏方に徹することにしました。しかし、それはとても勉強になりました。脚本の書き方、舞台装置の作り方、衣装の整え方、照明や音声の効果

的な使い方等々、岩田先生から直接教わることができなかった内容を吉岡さんという演劇人を通して、間接的に学ぶことができたからです。

私は大変な財産をいただきました。現在、第二の職場である慶應義塾横浜初等部で劇を楽しむ会の指導ができるのもすべて岩田先生と吉岡さんのお力によるものです。

昨年の七月から四年生の部員十一名と取り組んだ劇は、岩田演劇の傑作「ガマと宇宙船」でした。練習の最中、いつも私の脳裏をよぎるのは、岩田先生ならどのように演技をおつけになるだろう、どのように一人ひとりの部員を動かすだろうということでした。私の耳には、

「棒立ちになっている子がいますよ。」

「セリフの粒立てができていませんね。」

「近ちゃんの演出はまだまだです！」

という厳しいコメントが聞こえてきました。そういえば、私は先生に褒められたことがありません。

二学期を迎え、練習に熱が入ってきました。そんな九月の終わりにとんでもない訃報が飛び込んできました。まさか発表前に岩田先生が亡くなるとは……、考えもしなかった事実に気が動転しました。生徒たちの「ガマと宇宙船」は追悼公演になってしまったのです。

この脚本集の完成を待たずに天国へ旅立たれたことは残念至極であります。しかし、岩田先生の残された脚本や演劇に対する真摯な姿勢は教え子の皆さんや私の中に今も生き続けています。

よく慶應義塾の学生・生徒は本番に強いと言われます。本番を迎えると気合が入り、見違えるような良い演技ができるというのです。私もそれを期待していました。

劇の発表中に不思議なことが起きました。舞台の上にいるどの部員も私の演出をはるかに超えた演技をするのです。演出家が考えた以上のことをしている様を目の当たりにして、私は呆然としました。これは脚本の力に違いないと確信しました。

岩田演劇に主役はいません。どの生徒も主役です。場面ごとにすべての生徒に光が当たるように巧みに作

られた脚本です。その脚本に操られるように舞台上の生徒たちが勝手に演技を楽しんでいるような瞬間を目の当たりできたのです。岩田先生が天から指導してくださったのかと思ったぐらいです。

岩田先生は裏方の存在に光を当てた稀有な演劇教師です。これは中学校時代からの伝統で、卒業後に裏方の会という集まりがあることに象徴されています。幼稚舎の学習発表会においては、舞台の演劇部員や幼稚舎生は勿論、舞台装置を作る教員、衣装作りを手伝う保護者などが一体となって劇を作り上げていきます。このネットワークこそは岩田ワールドだといえましょう。

今回の脚本集に集められた十本の脚本は名作揃いです。小中学生に演じてもらいたいものばかりです。言い回しなどはそれぞれの演出家が生徒や状況に応じて変更してください。ただし、劇を貫いている主題やトーンは変えてほしくありません。

私はこれからも岩田先生の残してくださった劇を舞台で発表しながら生徒諸君と共に楽しみたいと思います。

この文章を書いていて、改めて感じたことがあります。岩田健先生という方の全人格的教養を文章にすると、とても安っぽくなってしまうということです。直接、先生と時間を共有した者にしか分からない温かく深い眼差しやユーモアたっぷりの語り口など、文章ではとても表現できません。今回は、お書きになった脚本を通して岩田先生という不世出の芸術家に出会うチャンスなのではないかと感じた次第です。

なお、本書の出版に当たっては、岩田先生の奥さま、岩田幸枝さんが様々な場面で私たちを支えてくださいました。岩田先生の人生におけるパートナーであり、一番の理解者である奥さまの協力を得られたことで、自分たちのしていることが間違っていないことを確かめることができました。慶應義塾大学出版会の熱心な編集者である及川健治さんと大石潤さんが、私たちの難しい注文に快く応えてくださいました。

お世話になった皆さんに心より感謝申し上げます。

〈編者略歴〉

吉岡正紘（よしおか　まさひろ）

元慶應義塾幼稚舎造形科教諭。昭和18年満州生まれ。12歳から岩田健の薫陶を受け演劇と美術を学ぶ。昭和42年武蔵野美術大学彫刻科卒業。昭和62年岩田の後継として幼稚舎工作科教諭に就任し演劇部を指導。平成20年工作科を改称した造形科教諭を退任。平成22年「岩田健　母と子のミュージアム」応援団代表。

近藤由紀彦（こんどう　ゆきひこ）

慶應義塾横浜初等部教諭。昭和30年生まれ。昭和56年東京学芸大学教育学研究科修了。同年より慶應義塾幼稚舎教諭。幼稚舎演劇部を岩田の後継として指導。平成25年横浜初等部に移る。専門は社会科。幼稚舎、横浜初等部主事を歴任。

山内慶太（やまうち　けいた）

慶應義塾大学看護医療学部・大学院健康マネジメント研究科教授、慶應義塾福澤研究センター所員。博士（医学）。昭和41年生まれ。平成3年慶應義塾大学医学部卒業。慶應義塾横浜初等部の開設準備室長、部長を歴任。

岩田　健（いわた　つよし［作家名 けん］）
1924（大正 13）年生まれ。旧制浦和中学から東京美術学校彫刻科に入学、朝倉文夫・北村西望に師事。1944 年 20 歳で応召。戦後復員して東京美術学校復学、彫塑の勉強とともに演劇部を復活させ、数々の公演を開催。卒業後豊島区立雑司ヶ谷中学校、板橋区立加賀中学校教諭を経て 1963（昭和 38）年幼稚舎工作科教諭。彫刻制作、教育活動とともに小中学校演劇脚本を多数執筆。また公立中学・幼稚舎とも演劇部顧問として活動を指導。1987（昭和 62）年幼稚舎退職。2006（平成 18）年～ 2009（平成 21）年日本陶彫会会長。2007（平成 19）年第 50 回さいたま文化賞受賞。2011（平成 23）年愛媛県今治市に「今治市 岩田健 母と子のミュージアム」（設計：伊東豊雄建築設計事務所）開館。脚本集として『岩田健中学校劇脚本集』（私家版、1969 年）『YES,MAMA! イエス、ママ！　日英対訳 学校劇脚本集』（晩成書房、2000 年）がある他、多数の学校劇脚本集に作品が収録されている。2016（平成 28）年 9 月 28 日逝去。享年 92。

岩田健小学校劇脚本集――指導者の劇作り入門

2017 年 9 月 15 日　初版第 1 刷発行

著　者――――岩田健
編　者――――吉岡正紘・近藤由紀彦・山内慶太
発行者――――古屋正博
発行所――――慶應義塾大学出版会株式会社
〒108-8346　東京都港区三田 2-19-30
TEL〔編集部〕03-3451-0931
〔営業部〕03-3451-3584〈ご注文〉
〃　03-3451-6926
FAX〔営業部〕03-3451-3122
振替　00190-8-155497
URL http://www.keio-up.co.jp/
装　丁――――鈴木衛
組　版――――株式会社ステラ
印刷・製本――中央精版印刷株式会社
カバー印刷――株式会社太平印刷社

Printed in Japan　ISBN978-4-7664-2442-3